托多罗夫学术译丛

Le jardin imparfait

La pensée humaniste en France

不完美的花园

法兰西人文主义思想研究

[法] 茨维坦·托多罗夫 著

周莽 Zhou Mang 译

北京大学出版社
PEKING UNIVERSITY PRESS

著作权合同登记号　图字：01-2008-5590

图书在版编目(CIP)数据

不完美的花园：法兰西人文主义思想研究 /（法）托多罗夫（Todorov, T.）著；周莽译.—北京：北京大学出版社，2015.1
（托多罗夫学术译丛）
ISBN 978-7-301-25349-6

Ⅰ.①不… Ⅱ.①托…②周… Ⅲ.①人文主义学派-研究-法国 Ⅳ.① B503.91

中国版本图书馆 CIP 数据核字 (2015) 第 005441 号

Tzvetan Todorov
Le jardin imparfait: La pensée humaniste en France
© Grasset & Fasquelle,1998

书　　　名	不完美的花园：法兰西人文主义思想研究
著作责任者	[法]茨维坦·托多罗夫 著　周莽 译
责任编辑	黄敏劼
标准书号	ISBN 978-7-301-25349-6
出版发行	北京大学出版社
地　　址	北京市海淀区成府路 205 号　100871
网　　址	http://www.pup.cn　新浪微博：@北京大学出版社　@培文图书
电子信箱	pkupw@qq.com
电　　话	邮购部 62752015　发行部 62750672　编辑部 62750112
印　刷　者	三河市国新印装有限公司
经　销　者	新华书店
	650 毫米 × 980 毫米　16 开本　17.25 印张　231 千字
	2015 年 1 月第 1 版　2015 年 1 月第 1 次印刷
定　　价	42.00 元

未经许可，不得以任何方式复制或抄袭本书之部分或全部内容。
版权所有，侵权必究
举报电话：010-62752024　电子信箱：fd@pup.pku.edu.cn
图书如有印装质量问题，请与出版部联系，电话：010-62756370

献给我的哲学家朋友

吕克与安德烈

目 录

引　言　不为人知的契约 *1*

第一章　四个家族的游戏 *10*

　　　　保守主义者 *12*

　　　　断开的链条 *18*

　　　　唯科学主义者 *22*

　　　　个人主义者 *28*

　　　　人文主义家族 *32*

　　　　家族之争 *35*

　　　　"骄傲"与"天真" *39*

　　　　自然的与人为的 *42*

　　　　历史上的人文主义 *46*

第二章　自主的宣言 *51*

　　　　蒙田 *52*

　　　　笛卡尔 *59*

　　　　孟德斯鸠 *65*

　　　　卢梭 *70*

　　　　贡斯当 *75*

第三章　相互依赖 *84*
　　社会本质 *85*
　　群居性 *86*
　　注视与依恋 *91*
　　人类交往 *95*

第四章　独自生活 *100*
　　个体的时代 *100*
　　对孤独的赞颂 *103*
　　作为让－雅克的审判者的卢梭 *106*
　　对独立的渴望 *112*
　　有所作为的生活与静思的生活 *116*

第五章　爱的道路 *122*
　　不可能的替代 *123*
　　爱—欲 *126*
　　爱—喜 *132*
　　以个体为目的 *135*
　　对不完美的爱 *141*
　　爱与人文主义 *144*

第六章　个人：多元性与普遍性 *148*
　　人，多样的与起伏不定的人 *149*
　　主导的形式 *151*
　　以个体为目的（副篇）.. *155*
　　唯一的存在 *159*
　　我与他人 *163*
　　人类命运 *164*

第七章	价值的选择	*170*
	个人主义者的生活艺术	*172*
	蒙田的智慧	*176*
	拉罗什福科的诚正	*180*
	波德莱尔的唯美主义	*185*
第八章	适合人性的道德	*190*
	第三条道路	*191*
	双重的存在	*197*
	对道德的辩护	*200*
	对基督教道德的批判	*204*
	良知与理性	*210*
	义务与快乐	*213*
	脆弱的幸福	*218*
第九章	对热忱的需要	*221*
	利益的主宰？	*221*
	利益与感情	*223*
	去中心的人	*228*
	道德与宗教	*234*
	道德与真理	*237*
结　语	人文主义的赌约	*242*

参考书目 *254*
索引 *261*
译后记 *266*

引言

不为人知的契约

第一份约定是由魔鬼向耶稣提出的。魔鬼在迫使耶稣在沙漠中断食 40 日之后，让他在一瞬间里看尽俗世上所有的王国。于是魔鬼对他说：这一切皆属于我管辖。但我却准备全部让给你。作为交换，我只要求你做一件小事：那就是你承认我是主人；如果你这样做，那就由你去统治。但是耶稣回答：我不想要这权力，因我只侍奉上帝，他的国不在这俗世。所以，耶稣拒绝了约定。他的后继者们最终却接受了约定；从君士坦丁皇帝到路易十六，在 14 个多世纪的时间里，他们想方设法去统治魔鬼的王国。之后不久，一位俄国通灵巫师声称，当耶稣重临人间之时，他会因为拒绝了约定而遭到宗教裁判者的严厉谴责：宗教裁判所的法官大概会这样对他说，人类是软弱的，单单信仰上帝是不够的，上帝的律法更有意义。

第二份约定是在 15 世纪由魔鬼的代言人墨菲斯托菲里斯①向一位骄傲的野心勃勃的男子，一位名叫约翰·浮士德（Johann Faust，也可能叫格奥尔格 [Georg]·浮士德）的魔法师、通灵者和魔术师提出的，他试图洞悉生死之奥义。鬼使对他说，既然你么好奇，那么我向你提出

---

① Méphistophélès 是七大魔鬼之一，亦称靡菲斯特。——译注

一笔交易:你将通晓这世界上一切知识,没有任何谜题是你所不能破解的;而且你也知道,知识是通向权力的。作为交换,我并不要求你做出重大的臣服宣言,我只要求一件事,这的确是有些不同寻常的事情:25年后(25年可很长!如果你不与我交易,可能还没有这么长寿命呢),你将完全属于我,不论身体还是灵魂。与耶稣不同,浮士德接受了合约的条款。于是,他享有无尽的知识,受到所有人的崇敬。但据说在合约的最后几年里,浮士德变得郁郁不乐,足不出户,对任何秘密都不再感兴趣;他祈祷魔鬼会忘记他。然而,魔鬼并未忘记,在合约到期的那天,他来带走浮士德,浮士德束手无策地发出恐怖的喊叫。

第三份约定大致是与浮士德的约定在同一时代;但是这约定具有一个独特之处:它的存在被揭示出来的时间与合约生效的时间不同时。魔鬼的狡诈在于这一次他让缔约方对于合约一无所知,这次的缔约方就是"现代人";魔鬼让他以为他是靠着自身的努力而获得一些新的好处,而且他永远不用付出任何代价。这一次,魔鬼所提供的不再是权力(pouvoir),也不是知识(savoir),而是提供愿想(vouloir)。现代人将会拥有自由自在地进行愿想的可能,掌握自身的意志并按照自己的意愿来生活的可能。魔鬼掩藏着自由的代价,为的是让人类喜欢上自由,随后不再愿意放弃自由——从而让人类发现自己不得不去清偿欠债。

现代人——文艺复兴的人、启蒙运动的人——在一段时间之后才意识到他所可能获得的东西之影响深远。现代人的代表人物中的某些人,他们仅仅要求按照自己的喜好来组织个人生活的自由。他们将有权利选择在自己喜爱的人身边生活,而不是遵循血缘或者城邦的法律,或者遵循父母的命令。同样,他们将能够自由地选择他们的居住场所:决定他们的生活环境的是他们的意愿,而非偶然性!随后,这些代表人物中的另一些,他们觉得这样享有自由太过温和了,他们无法接受自由仅限于感情。于是,他们要求理性也得到解放:让理性不再必须承认传统的权威,而传统是由人类记忆所承载着的。传统可以继续在城邦事务中或者神圣事务中占主导地位；但是理性必须自由地认识真与伪。只有知识是被宣布为可靠的，而人们是通过理性的自然启蒙来到达知识的。由此产生了纯粹意义的人文科学，这与浮士德博士的那种全知科学截然不同。

在品味到这两种自由——仅仅服从于自己的情感、自己的理性的自由——之后，现代人受到诱惑，他的意愿的领域再一次扩张。他实际上不得不承担起自身公共行为的广阔领域。现在，唯有在自由状态下、通过自己的意志力完成的行为才被认为是道德的（这就是人们此后称作自己的责任的东西）；唯有通过臣民们的意愿来选择的政体才被认为是合法的——这政体被称为"民主"。于是，不再有任何领域能逃脱意志的介入，意志可以在任何情况下享有自由。在此期间——整整两个世纪里——魔鬼还未曾透露过有朝一日他会讨还欠他的东西。

在这两个世纪中，夺取自由是一些研究者、一些思想家的事情，他们将自己的思考禁锢在他们著作的书页里。在17世纪后半叶，变化突然出现，这时一些行动者，他们不满于周遭世界的状况，他们了解到隐藏于这些书本中的思想，他们决定要让这些思想从书本中走出去。他们认为前辈们发现的那些新原则是美好的，他们想按照这些原则来生活，而不是仅仅在思想中欣赏它们。美国革命与法国大革命不仅伴随着（在美国革命中）独立宣言，而且伴随着自主的宣言，自主的宣言是之前从未有人公开宣示过的，那就是服从这样一个原则，即任何机构都不能凌驾于人的意志之上：人民的意志、个人的意志。

<10>

此时，魔鬼认为现代人已经足够深地咬上他的鱼饵，他选择在这个时刻来宣告有一个约定存在着，现在必须要为他过去的慷慨大方来算账了。甚至还未等到18世纪结束，而且此后又有多次，魔鬼持续捧出他的账簿。但他不想亲自出面，而是更愿意去启发一些阴郁的预言家，他交给他们的使命是向人类透露他们要结账的数目。这些预言家对他们同时代的人类说，如果你想保留自由，你必须用三重代价来结清，首先脱离上帝，然后脱离同类，最后与自我脱离。

不再有上帝：你将没有任何理由相信存在一个凌驾于你之上的存在，相信存在一个价值高于你自身生命价值的实体；你将不再有理想，也不再有价值标准；你将成为"唯物主义者"。不再有同类：其他人，他们是与你比肩而不再是在你之上，他们将继续存在，这当然了，但他们对你来说不再重要。你的圈子将缩小：首先缩小到你的熟人，然后到你自己的家人，最终缩小到你自己；你将成为"个人主义者"。于是，你将尝试去接近你的自我，但是轮到自我面临解体的危险了。一些流体纵贯你全身，你无法控制；你以为在做出决定、选择和自由地愿想，然而其实是这些隐藏的力量在替你做这些事，以至于你将失去那些好处，那些好处曾经让你觉得可以让所有的牺牲得到合理解释。自我将只是对冲动的一种杂合，一种无限的弥散；你将成为一种分裂的不真实的存在，不再配得上被称作"主体"。

当现代人（现代的女性也逐渐加入他们）从这些灰暗的预言中听到有人向他们宣布他们已经身陷其中的契约，他们有了分歧。面对他们有时认为是警告、有时认为是威胁、有时又认为是诅咒的东西，他们对于应当采用何种行动没有达成一致。自从这份契约被揭露出来，那些公开发表言论的人，那些学者、作家、政治家或哲学家，按照他们想要对这份契约给出的答复，分化成几大家族。这些精神家族在今天仍然存在，虽然杂交、背叛与领养已经有些搞乱了它们的家谱。

第一个家族是最容易识别的，它汇集了认为魔鬼获胜的那些人：他们认为自由的代价确实包含着上帝、社会与自我；他们认为这代价是高昂的；他们认为最好放弃自由。更确切地讲，这一家族的成员并不宣扬纯粹和简单地回归古代社会，因为他们明白周围的世界已经改变，这样的回归同样关系到他们所拒绝的对自由与意志的行使；但他们惋惜从前事物的状态，在试图保留下一些过去的遗迹的同时，他们反对更加彻底的现代性的要求。这一家族就是保守主义者的家族；是想要生活在新世界而同时要求旧价值的那些人。

另外的那些家族，在此归结为三个，它们的共同点是接受和赞同"现代性"的来临；正因为这个原因，有时人们会将它们混淆起来。然而，它们的区别同样是本质性的；它们对魔鬼的挑战的反应也毫无相似可言。这些现代家族便是人文主义、个人主义和唯科学主义的家族。

当那些唯科学主义者听到了魔鬼的要求，他们连眉头都不皱就排除了这些要求：他们回答说，别担心，没有代价要付，因为从未有过自由。或者不如说：唯一真实的自由便是知的自由。多亏人类的观察能力和推理能力，多亏了纯粹意义上的人类的科学，人类才有可能洞悉自然与历史的所有秘密。然而，正如浮士德已经发现的那样，拥有知识的人便拥有权力：科学导致技术；如果掌握了现存世界的法则，那么同样可以去改变这世界。至于"愿想"，除了求知的愿望之外，它的自由是有限的：不知不觉地，人类被生物学和历史学的法则引领着，他们当作自由的东西往往只是他们的无知。他们声称从中得到启发来引导行动的那些价值，它们本身从本质上讲是来源于那些不可抗拒的世界法则的。如果上帝、社会与自我是与人类一体的，那么任何东西都不能将它们与人分离；如果它们不是与人一体的，那么就没有什么好遗憾。在两种情况下，魔鬼都应当空着手离去。

第二个家族的成员，个人主义者们，他们的反应是截然不同的；这种反应就是表明：你认为我们的自由导致我们丧失上帝、社会和自我？但是对于我们而言，这不是损失，这是一种额外的解放。你对我们的状态的描述是正确的，但是我们不会忧愁（或者更糟糕地去想要走回头路），我们将致力于让这解放变得更加巨大。让人类在其本质的孤独中，在其超越任何道德束缚的自由中，在其无限的弥散中得到对自身的肯定！让人类肯定自己的权力意志，让人类为自身的利益效力：他将从中获得最大的益处，这才是最重要的。不用为此难过，反而要发出喜悦的叫喊。你当作疾病（或者当作一份不为人知的契约的痛苦代价）来描绘的东西实际上是节庆的开始。

<13>

对于唯科学主义者而言，对自由没有代价要付，因为不存在普遍意义上的自由，而只有在知识基础上对自然与历史的重新掌握。对于个人主义者而言，没有代价要付，因为失去的东西不值得遗憾，没有共同价值，没有碍事的社会纽带，没有稳定的协调一致的自我，我们照样很好。最后一个家族即人文主义者们，他们相反认为自由是存在的，认为自由是可贵的，但他们同时赞同共同价值、与他人一同生活和为自身行为负责的自我，赞同这些好处；所以他们想继续享有自由而不必付出代价。人文主义者们将魔鬼的威胁当真了，但他们不承认曾与魔鬼定下契约，他们向魔鬼发出挑战。

在我们的人类世界，我们如今仍生活在魔鬼的威胁之下。我们珍视自由，但我们害怕存活于一个没有理想和共同价值的世界，一个遍布着不再懂得爱的孤独者的大众社会；我们暗自畏惧着却不知觉，我们害怕失去我们人的本质。这些恐惧与诘问始终纠缠着我们。为了面对它们，我选择转向思想史。我回想起那骑在巨人肩膀上的侏儒，为了抗拒这些威胁，我求助于有些遥远的时代中的那些作者们的思想，那份不为人知的契约据说就是在那个时代签订的；我想要以某种方式讲述"现代性"的发明的传奇及其重要人物的故事：讲述他们的历险、冲突、联盟。我尤其认为一个现代精神家族即人文主义者家族，它比其他家族更加能够帮助我们思考我们的现状并克服其困难。出于这一原因，本书是献给这一家族的。

"人文主义者"这个词具有几个意思，但可以说它首先对应于这样一些学说，它们认为人类是人类行为的起点与终点；这些学说是一些"人类中心说"，如同另外一些学说以神为中心，还有一些以自然或传统为中心一样。这个名词在法语中第一次出现可能是在蒙田（Montaigne）的一段文字中，他用这个词来界说自己的实践，它与神学家们的实践相反。他丝毫不反对神学家有获得尊敬的权利，有存在的权利，但他更愿意将这两个领域分开，留给"人文主义者"一片由人类的活动或者"狂想",由"纯粹关乎人间"的著作构成的新园地;这些著作的主题是"形成观念的材料,而非构成信仰的材料",这些著作对于这些主题的处置"是以世俗的方式,而非教士的方式"。(《随笔集》[Essais],I,56,322—323)人类事务(与有关上帝的事务相反)的特色体现在人文主义学说的出发点上,虽然这一学说不能简化为人类事务;随着调查的深入,我们将看到其他成分出现。我们还会看到,这一最初选择并不意味着赋予人类以无条件的尊重:同样是蒙田,他从未忘记人的生活注定是一片"不完美的花园"(I,20,89)。

<15>

  为了研究的便利,我为自己划定了一些时间与空间上的界限。这些人文主义者,我仅限于从法国传统中择取(这是一种独断的限制,但必须如此)。另一方面,我所阅读的文本不属于当代。这是因为奠定这一学说的那些作者们的思想在近150年中没有彻底的更新;相反,我觉得他们的思想比我们可从当今的共识话语中看到的"人文主义"的通俗版本更加丰富和细腻。人文主义是潜在于现代民主国家之中的意识形态;但是这种无所不在的特点让它变得不为人所见或者变得乏味。因此,如今当大家多多少少都算是"人文主义者"的时候,初生状态的学说却仍能让我们吃惊并给我们启示。我曾以为远在预言被宣布之前,这些古典作者在某种程度上已经对那些"阴郁的预言家"做出了回答,当然他们并不仅止于做出回答。

  我所审视的人文主义思想经历过三个强盛时期,即"文艺复兴""启蒙运动"的世纪和法国大革命之后的时期。三位作者是这些时期的化身:蒙田,他创作出这一学说的第一个条理清晰的版本;卢梭(Rousseau),学说在他的作品中达到全盛;邦雅曼·贡斯当(Benjamin Constant),他有能力对革命动荡后的新世界进行思考。我首先转向他们,去向他们的作品中寻求能够重新应用于今日的思想工具。

<16>

  这本书属于思想史范畴。我说的是思想,而非哲学:思想的领域要比哲学的领域更宽广,更接近实践,较少技术性。我所辨别的那些精神家族是"意识形态"上的，而非哲学上的：各个家族都是政治和伦理思想、人类学说和心理学假说的集合体，它们属于哲学却不限于哲学。由于我选择研究思想本身，我已经投身人文主义家族，因为如果思想不是自由的，而是文化族群、社会阶级、历史时刻或物种的生理必需的机械产物，那么便不值得对它进行单独审视。

我还应当明确指出，首先让我感兴趣的不是再一次重构蒙田、卢梭、贡斯当和其他几人的思想；我感兴趣的是在尝试认真阅读这些作者的同时，利用他们来建立一种人文主义思想模型，即人们有时称作"理想型"的东西。我的认识对象不是"文艺复兴"，也非"启蒙运动"，也非"浪漫主义"，而是从它在各个时代所表现出的多样性中来认识"现代思想"，人文主义是其核心。换言之，我的研究计划是类型学的，而非历史学的，虽然，我坚信有益的类型划分正是历史让我们认识到的那些类型划分。出于同样的理由，我不追求事无巨细的详尽，多数情况下我不关注某个思想的初次表述，而是更关注我所认为的它最强大或最雄辩的表述。

必须加以明确，因为人文主义学说的建立不在（不管怎样，它不总是在）这些作者的有意识的计划中。在对多种对象进行思考的同时，他们顺带着确定了这种新思想的疆界，他们的思考对象有时与我的对象相去甚远，比如自我或者世界、法律的精神或政治原则。他们的思想暗含着人文主义，而非确立它。因而，我必须将他们的推理与他们的最初目标分离开，同时要当心这种挪用不会导致对他们的叛离。

我对于这些过去的作者们的使用方式主导了我对他们的阅读方式，这是一种与历史的对话，而非一种严格意义上的历史。我渴望理解他们的思想，展开其意义，而不是通过追溯起因或者复原最初的背景来对之加以解释。我是向下游发展而非逐本溯源，我仅守在思想领域，这种愿望并不意味着我认为选择相反方向是不合理的；只是这不在我当前的计划之内。

让过去的文本参与到当前的论争之中，这难道没有时代上的倒错吗？或许吧，但这大概是"批评家的矛盾"，甚至是所有历史学家的矛盾，这种矛盾存在于他的研究活动的起点上，既然这位批评家、这位历史学家要面对的总是他的同时代人，而非面对所研究的作者的同时代人。他的评论在其构成上的"斜视"让他注定要不断从一种对话向另一种对话迂回前进：即从他与他研究的作者的对话向他与自己的读者的对话前进；他所渴望的平衡只是一种赌博。此外，过去的思想家们本身，他们针对着他们的同时代人，与他们共有同一历史背景，而同时他们也针对着未来的读者，他们是全人类的代表；他们既面对当下，也面对永恒。虽然这有可能同时让纯粹的历史学家和纯粹的意识形态家都感到不满，但我坚持认为过去有助于我们思考现在。

我以思想史为依托来推进自己的思考，进行着一项1979年就着手的研究（或许对于我个人来说，这项工作就要结束了），这让我在1989年出版了《我们和他人》(*Nous et les autres*)，在这部作品里已经提到其他一些人文主义论题，特别是普适性的论题；就一些方面而言，这两本书是互补的。 <18>

第一章

四个家族的游戏

在欧洲人的思想中进行了一场革命——一场缓慢的革命,因为它花了几个世纪时间——它导致了现代世界的建立。为了进行最笼统的把握,人们可以将这场革命描述为从一个结构与法律对于每个社会成员来说都是预设的和一成不变的既定材料的世界,过渡到一个社会成员可以自己发现本质并定义标准的世界。古代社会的成员逐步学习在世界上为他保留着什么样的位置,理智促使他接受这个位置;当代社会的人并不抛弃由传统传递给他的所有东西,而是想要通过自己的方式来认识世界,他要求由自己选择的一些原则来支配他的全部生活。他生活中的元素不再全部是预先给定的,它们中的一些是自己意欲的。

在这场革命之前,一个行为被认为是正确的和值得称赞的,那是因为它符合本性(世界的本性或人的天性)或者符合上帝的意志。这两种解释有可能彼此冲突或者和解(这便是有时被描写为雅典与耶路撒冷之间的对立的东西);但两者都要求人类服从一个外在于他的主宰:只有通过理智或共同宗教,即通过一种被社会接受和传承的传统,本性或者上帝才能被他企及,这无须询问他的意见。他所居住的世界,包括其中的人类法律,都是建立在某个"别处"的基础上的,这个个体的人对此无能为力。革命就在于肯定对一个行为的最好解释、这个行为的最合理的理由来自于人本身：即来自他的意愿、他的理性、他的感情。这里，重心从世界（Cosmos）转向人类（Anthropos），从客观世界转向主体意愿；人类不再服从某个外在于他的秩序，而是想要自己来建立这秩序。所以，这一运动是双重的：对世界破除魅惑，对人类加以神圣化；从前者中去除的价值将被交给后者。新的原则要为我们的政治和法律、艺术与科学所呈现的面貌负责，而且我们尚未从这一新原则中阐发出它全部的后果。主导现代国家的也正是这一原则，如果我们接受现代国家，便无法拒绝这一原则，否则就会自相矛盾。相反，以回归宗教至上为名义（就像在政教合一的原教旨主义中那样），或者以某种并未给人类保留任何特殊位置的自然秩序的至上地位为名义（就像某些环保主义的乌托邦中那样），人们可能拒绝这一原则。

　　如今，大家很容易达成一致，去用一些多少有点相似的词汇来描述从古代人到现代人的这一过渡——它从"文艺复兴"就开始了。但是，一旦涉及分析这一过渡的后果，共识便消失了。我在此处所依据的论题如下："现代性"本身并非是均质的；在遭受批判之后，"现代性"内部表现出几种倾向，它们构成了我们如今生活于其中的社会思想框架。出于这一原因，在我看来，用一个唯一的词来指称这些反应是让人捉襟见肘的，比如"现代性""个人主义""自由主义""理性""主体性"或"西方"，因为这些词所带来的词义混合状态常被用于论争。我将这些重要倾向各自称作"家族"，因为同一家族的不同代表各有自己的特色；这还因为不同家族的成员之间的联盟仍旧是可能的。这些家族的数目为四个，从 18 世纪后半叶它们就彼此泾渭分明。孔多塞（Condorcet）、萨德（Sade）、贡斯当和波纳德（Bonald）四个人都是出生在世纪中叶，从 1740 到 1767 年之间；他们代表着这四个不同的家族，四个家族在法国大革命之后出现，那个时候，那些拒绝革命的人开始质疑使革命成为可能的那个思想框架。当然，这并不妨碍我们谈到的这四个家族都是根植于革命前的悠久传统之中的。

<21>

用一些笼统标签来汇集一些各具个性的作者的思想，这总是很别扭的事情。没有人喜欢使用"主义"（-isme）构成的词，因为，各种家族划分都具有某种暴力和独断的东西（直到最后时刻，我自己都在犹豫是要谈论三个、四个还是五个现代大家族才更正确），人们总是可以用一些介于两者之中的或者杂合的案例来反驳你。每个真正的思想者都拥有自己的个性，人们将他这个人简化为与他人的混合体；每部作品本身都是独一无二的，值得受到单独考量。只有那些门徒与追随者才是与这些标签相符的；独特的思想者们，他们总是更多接近于某一个精神家族：比如蒙田、卢梭。我知道这一方法的缺点。但我仍决定使用它，因为我还从中看出一些优点：首先，必须拥有一种共同语言才能谈论往昔（只有专有名词是不够的）；再者，详读文本让我相信（虽然不可能证明）某些相似、某些差别要比其他相似与差别更加重要，它们为这样或那样的家族划分提供了理由。最后，我觉得相异的家族之间的混合是对现状进行分析的一个最大障碍。因此，我想更多地从细节上来谈论这些家族。

<22>

在一开始，必须回顾那些从整体上对"现代性"进行的最主要的责难；矛盾的是，这些责难可以让我们辨识出第一个现代家族。

保守主义者

正是在法国大革命之后，对这场革命，对思想革命的谴责之声才清楚地被人听闻。这并非因为革命的支持者在从前没有受到过攻击；而是因为纯粹意识形态上的论争一直限于针对某个个别的作者，针对某个孤立的论题。一旦思想变成行动和制度，它们便引发特别激烈的反应和顽强的抗拒。这种抗拒在于肯定说个体与集体都有可能自我领导，但是这种自由太过危险，它的好处不足以补偿它造成的损害。所以，最好还是回到之前的状况，拥有较少的自由，但却没有这些新的坏处。

出于这一理由，人们可能会说，不管在不同的表述中的那些细微差别是怎样的，这些表述总是采用一种保守派立场。同时，这一立场并不是简单地将我们带回到古代人的世界：回归实际上已经不可能，只有最极端的反动派才从整体上拒绝现代世界。通常的保守派同样是一个现代家族，他们接受最起码的"现代性"，对于他们而言，所有其他的现代家族都混为一谈并且应当全部加以拒绝。认为现代人将灵魂出卖给魔鬼的正是保守主义者，他们认为人类应当对此后悔，甚至应当尝试赎罪。但是他们并不能通过这种批评来以建设性的方式定义自己。他们更多表现为赞同现存秩序并试图保持现存秩序的人，他们反对各个派别的革命派与改良派；他们既反对进步论者，又反对反动派（对于他们而言，"保守主义革命"的企图是在字眼上就相互矛盾的）。已经存在的东西应当存在；通常，变化所具有的缺点大于优点。保守派虽然不支持完全静止，但至少他们是支持缓慢改变的。

要想选择一位这个家族的代言人，人们便难于抉择，因为从法国大革命至今，保守派的警告声不绝。为了说明其多元性，我决定仅限于保守派最早的代表人物中的两位，尽可能选择彼此差别最大的两位。他们一个是政教合一派，一个是民主派；但是，两人所发出的责难从本质上没有变化。

第一位是路易·德·波纳德（Louis de Bonald）子爵，他公然反对法国革命，早在 1796 年他就在其《政治与宗教权力理论》（*Théorie du pouvoir politique et religieux*）中攻击革命，并在其后的三四十年中间发展他对革命的批评。

波纳德从他认为的某种灾难性后果——法国的革命现实——出发来上溯其原因，他认为原因在于哲学（他断言，革命是哲学与无神论所生的怪胎），即笛卡尔（Descartes）和卢梭的哲学，其本身又承继着"宗教改革"。革命从何而来？"来自这样的学说，它用每个个人的理性来替代所有人的宗教,用个人的利益算计来代替对至高无上的上帝与自己同类的爱。"(《政治与宗教权力理论》,I,494—495)思想承担着沉重的责任:在表现为行动之前,自由是存在于思想中的。自由作为一个侵蚀因素作用于两个方向,在波纳德看来这两个方向始终是相关联的:即对上帝的爱和对人类的爱,即高于自我的崇高与超越自我的寄托;有人会说"宗教"(religion)这个词来自"联系"(relier)。"每个人"代替了"所有人":这是路德(Luther)和加尔文(Calvin)的过错,在他们之后还有卢梭笔下那位萨瓦省的本堂神父,他声称个人的良心是善恶的最终审判者。而理性代替了宗教:此处的罪人是笛卡尔,至少是在与认识世界有关的方面。结果,我们倒向了个人利益的统治,个人利益既是不超越于个人(他是孤独的)的利益,又是为个人服务(他自私自利)的利益。一言以蔽之:现代人是由加尔文、笛卡尔和卢梭孕育,由法国大革命分娩的,他不了解任何自我之外的东西。他既不了解在他之上的东西(某种更高等的存在),也不了解他之外的东西(一些同类的存在);他注定要被禁锢于自身。

所以,自由的代价是双重的。一方面,现代人注定成为"个人主义者",我们是用这个词的通常意义:只关心自己,无视那些将他与其他人联系在一起的纽带。他们就是那些社会契约论的哲学家,首先是卢梭,他们认为这种转变是必要的;他们是那些想将革命强加于人的革命派。"最近一个世纪[即18世纪]的哲学只看到人与世界,从来看不见社会。一方面,它剁碎了(我斗胆使用这个通俗的表述)国家与家庭,从中它既看不到父母,也看不到子女,看不到主人,也看不到仆人,看不到权力、大臣、臣民,而仅仅看到人,即一些个体(individu),他们各自拥有自己的权利,而不是一些彼此通过一些关系连结在一起的人(personne)。……另一方面,这一哲学让我们去爱的只是人类"(《文学、政治与哲学合集》[*Mélanges littéraires, politiques et philosophiques*],II,246—247)。扩展到人类,这让任何真正的依恋都不可能。契约的概

<25>

念本身,就是将一切都建立在达成共识的一些个体的意志之上的企图,它导致关于人类的一种"个人主义"的概念,从其深层来说它是令人无所适从的:《社会契约论》(*Du Contrat social*)的作者从社会中看到的只是个体。"(《原始立法》[*Législation primitive*],I, 123)

另一方面,这位现代人注定只是一个"物质主义者",用的是这个词通常的意义,即一个没有理想,不珍视任何高于自己的利益的价值,不可能拥有任何道德观的人。因为道德唯一可能的基础是宗教,即对于某种无限高于人类之上的权力的信仰,这一权力能够制裁他们在这俗世上的行为。波纳德写道:"如果不存在上帝,人类便不能合法地为彼此做任何事,当那种作用于所有人之上的权力终止了,在人们之间所有的义务都将终止。"(II, 142)如果上帝死了,那么一切事情都是可以做的:陀思妥耶夫斯基让我们大家熟悉了这种很成问题的推导,它在伯纳德的作品中早已存在。

面对他们认为是所有现代家族的个人主义的东西,保守派倾向于社会性:个体的人类只有通过他们所归属的群体、机构、习俗才能获得自己的身份认同。这便是为何他们的义务(源自他们对这些在规模上更大的机体的归属)战胜他们作为简单个体、作为人类一员所拥有的权利。⟨26⟩人是由其族群来造就的,他必须服从之。

服从集体的这种要求可能与宗教的普世性召唤相冲突。现代的保守派通过将政治与道德截然分开来避开这种冲突。道德的保守主义肯定一些绝对价值,它们是建立在上帝意志或者自然秩序的基础上的(在保守派那里,与宗教的关联是常见的,但这种关系并不是必然的)。但是,这一道德秩序并不像在政教合一的制度中那样决定政治秩序(这正如波纳德所建议的一样,对于一个保守主义者而言,他在这一点上是非常具有革命性的)。政治秩序是由民族利益决定的,它可能因国家而异,即便两个国家依托相同的宗教。在国家内部,保守主义并不追求让一切都服从唯一原则,也不试图控制个体的全部生活,它满足于保证法律的主宰：它并非专制主义，更非极权主义。在国家层面，政治保守主义认为保持现状高于一切；它没有传布信仰的热忱，也不进行十字军式的征伐，它不进行帝国主义的战争，也不试图将自己的价值强加到所有地方去（18世纪法国的保守派是反对殖民战争的）。可以说，对于约瑟夫·德·梅斯特（Joseph de Maistre）这样的保守派，人类是不存在的，存在的只有各种社会的成员：法国人、德国人、俄罗斯人；相反，上帝是存在的（单数的上帝），而所谓的多神甚至诸神的战争是不存在的。这种区分是与道德与政治的对立互为一体的。

<27> 不论是从两个视角中的哪一个来看，个体都必须服从共同价值，服从他所归属的群体。人是彻底邪恶和软弱的：在这一点上，波纳德与圣奥古斯丁（Saint Augustin）的传统一致，与冉森派（jansénistes）一致，也与他所排斥的路德和加尔文一致；其他的基督教保守派，虽然他们对于人类没有这样暗淡的看法，他们却同样相信人类的原罪。结果，只有一种高于人类力量的力量才能够迫使人类去有德行地为人处世。我们的目标不是无谓反抗，而应该是与更高级的秩序相和谐。这便是为何"选择"这一概念本身就应当被禁止：人们有可能总是凭自己的个人利益来选择，然而，如果一个事件的发生并非我们所愿，那标志着它是由上帝决定的。想要通过立身于上帝的位置来掌握自己命运的人，他是在效仿撒旦。最首要的美德是服从，而非自主。

在宗教之外建立道德的企图注定失败（对于人权学说，波纳德只有鄙视，他希望用捍卫神权来代替它）：邪恶的人类如何能够从自身找到力量来抑止这邪恶？"无神论将作用于人类身上的最高权力交给它应该去加以约束的人类本身，想借此让堤坝从洪流中诞生"（I, 61）：多么疯狂！波纳德合乎逻辑地认为只有通过约束人类才能变成善的；为了人类自身的利益，必须消灭自由而非培育自由。他梦想着政教合一的国家，由教会确定国家的最终目的，掌握国家权力。

然而，即便波纳德这样的极端思想者也不是真正意义上的古代人。

可作为证明的是他对理性建构的兴趣，对未来真正政教合一政体的总体规划的兴趣——这与真正的古代社会，即传统与相异习俗的堆积相差十万八千里。我们无法想象伯克（Burke）这样一位典型的保守派会写作一部以"某某理论"为题的著作。这是如此的难以兼容，人们甚至可能犹豫是否将波纳德看作保守派——从某些方面看，他是位迷失于反动派中间的"哲学家"。保守派之所以如此看重传统，那是因为他们将传统看作集体智慧的沉淀，而集体智慧不容置疑地高于个人理性；这便是为何个人的自主、个人通过与魔鬼订约而获得的自由，应当被禁止。人类不仅在道德上是不完美的，在智力上同样是有缺陷的；传统却包含着个体无法解释却必须遵从的智慧。与理性主义者们所想的相反，犯错误的是理性的判断，而偏见是明智的，因为偏见是大家共有的。老年人拥有经验，年轻人却只有理性；优势在前者那里。本能的知识随着岁月在传统内部累积起来，任何理性都绝不能将之约简为原则和规则。这便是为何真正的保守派与波纳德不同，他们不去写作系统的论述，而是仅限于对现行事件进行评论或者讲述自身经验。

　　波纳德选择成为保守派——正因如此，他不完全是保守派。所以，他的思想是超前于时代的，虽然在王朝复辟时期他一直是有影响力的政客，但他的保守主义乌托邦却从未付诸实现。这便是为何他的预言容易带有诅咒的语气：如果世人不愿重归正道，那么至少让他们知道等待他们的是什么！相反，未来的保守派却从他的著作以及同时代的约瑟夫·德·梅斯特的著作中找到取之不尽的灵感源泉。

<28>

断开的链条

<29> 我在此要提及的第二位作者，阿历克西·德·托克维尔（Alexis de Tocqueville），他的活动是在 1830 年"七月革命"之后。他以坚定拥戴自由和捍卫民主而著名，不管民主是多么坎坷。我选择此人来说明保守派思想，并非是出于对矛盾或者挑衅的爱好，而是为了说明彼此相距甚远的哲学立场和政治立场可以在一些非常相近的现代世界观中达成和解。更准确地说，托克维尔既是保守派，也是人文主义者；他的立场的特异之处正在这种矛盾的结合体中。

他的出发点与波纳德完全不同。首先，他不相信有可能回归过去。他立身于历史的视角，看到"现代性"的登场是不可逆转的，法国人离开了贵族制时代，进入民主制时代。新时代的人们，据他所说，受到三种激情的推动。第一种激情是对自由的激情，即独自决定自己命运的权利；与波纳德正好相反，托克维尔本人看重这一激情超过一切。在他看来，这种激情不能用某个更高于它的、可通过它达到的目的来解释，它的合理解释在于奉行它的人所感受到的不可言喻的愉悦。"这是在上帝和法律的唯一统治下能够毫无束缚地言语、行动、呼吸的愉悦。从自由中寻求自由之外的东西的人，他生来就是为人奴仆的。"（《旧制度与大革命》[*L'Ancien Régime et la Révolution*]，III，3，267）第二种激情是为了平等，托克维尔对这一主题的论断是混杂的。最后，第三种激情是对福利的激情，这并不让他特别看重。

<30> 所以，托克维尔所恐惧的并非波纳德所恐惧的东西。波纳德惋惜于权威受到侵蚀，而权威是树立良善的唯一手段；托克维尔却担心自由的未来。但是，威胁的来源却是同一个：那就是从法国大革命中诞生的现代社会。不为人知的契约、为了所获之物而必须支付的代价，这样的想法也同样存在：现代人选择平等与福利，同时接受了个人主义与物质主

义这两种缺陷，他应当为此付出代价。

托克维尔应该是最先使用"个人主义"这个新词的作者之一，他认为这个词指称的是一个同样崭新的事物，它是民主社会特有的，即对家庭与朋友中进行的私生活的偏爱、对生活其中的整体社会缺乏关注。"我们的父辈们没有'个人主义'这个词，是我们打造出这个词来使用，因为在父辈们的时代，实际上没有个人——个人不属于任何群体，可以将自己看作绝对孤独的。"（II, 9, 176）他认为，这一发展的重大原因不是自由意志，而是平等原则。传统社会建立在等级制度上，它使得人与人之间的关系成为必需。"贵族制将所有公民变成从农民上溯到国王的一个长长的链条。"（《论美国的民主》(*De la démocratie en Amérique*), II, 2, 2, 126）现代社会，或称民主社会，给予所有人相同的地位；因此，人们不再彼此需要对方来构成自己的身份认同。"民主制打破了链条，将每个铁环分别安置"：这里，我们与波纳德所恐惧的"剁碎"的社会相去不远。各个个体不再真正共同生活在一起。"他们中每个人各向一隅，对于他人的命运如同陌生人……他们仅存在于自身并且只为了自己一个人而存在。"（II, 4, 6, 385）一方面，这种纯粹的社会关系的缺失仅仅部分地由更为紧密的私生活来补偿；另一方面，由某种对普遍意义的人类的归属感来补偿（"每个个人对人类物种的义务要明确得多"：在这一点上，托克维尔又是与波纳德一致的）。

托克维尔推测，社会分解的倾向还有可能得到加强。个体不再寄望于由社会指定的、由几世先祖确定的位置，他首先自给自足，并习惯于独自思考。他先将社会缩减为仅限自己亲近的人，随后他甚至不再想到他们；民主制"不断将他领向他自己，具有最终将他完全禁锢于自己心灵的孤寂之中的危险"（II, 2, 2, 126—127）。个人主义精神最初只是攻击公共生活，最终却败坏了全部社会生活。

民主社会受到的另一大威胁源自民主社会中的人都偏执地想着要满足自己的物质利益。因为这一事实本身，他们放弃了精神价值。托克维尔写道:"当人类放纵于对福利的这种正当追求,大家应该担心人类最终会丧失对他最崇高能力的使用,由于想要改善周边的一切,人类最终会自己堕落。"这种恐惧只是一个假设:在考察美国的习俗时,托克维尔看到到处都是对财富的热爱,因为财富如今占据了等级的顶峰,这一顶峰在贵族制社会中是专属于荣誉的。"民主制助长对物质享受的爱好",他解释说,"这种爱好,如果变得过分,便很快会让人们相信一切都仅仅是物质罢了;而物质主义反过来会最终导致他们带着疯狂的热情去追求这些享受"。(II,2,15,181)物质主义是民主制中的人们的自然趋向。

<32> 正是在这一点上,托克维尔再度与波纳德有所分别:他警告我们民主制度下生活的其他特征中隐藏的危险,他是为了保护自由,而非取消自由。因为他发现民主制特有的生活状况可能会让辛苦得来的自由空洞无物。现代人投身去追求物质的满足,要求国家来保证他的安全、财产、福利(他将国家变成我们所称的"福利国家");但是在他不断向国家索要更多东西的同时,他也更多地缩减了属于他自己所负责的行为的领域。"正是这样,他每天都让对自由意志的使用变得越来越无用,越来越稀少;他将出于自己意志的行动局限在更小的空间里,渐渐剥夺每个公民对自己人身的支配。"(II,4,6,385—386)

这一进程的结果是一种民主的(或平均主义的)专制主义,它是与将我们的全部利益局限于个人私生活相适应的:"专制主义非但不去打击这一倾向,反而让它变得无法抗拒,因为它去除了公民们所有共同的激情、相互的需求、相互理解的必要、共同行动的机会;可以这样讲,它将公民们封砌在私生活的墙里。"(《旧制度与大革命》,"前言",51)当然,权力更多是民众意志的表述,而非传统的遗产;但是同时这种权力是孤立的个人无法企及的。当然了,孤立个人投票选举领导人,因而可以罢黜他们;但是,选举过后,个体便再次被捆绑着手足交付到领导人手中,以至于"对他们自由意志的这种如此重要却又如此短暂和稀少的

运用,并不能避免他们逐渐失去自己思考、感知和行动的能力,并由此逐渐堕落到低于人类的水平"(《论美国的民主》,II,4,6,388)。

所以,对于托克维尔而言,自由的行使不仅是现代社会的一个区别性特征,也是人类的一个区别性特征;而民主以自由作为凭据,却可能消除自由的作用(难道重新变成其他物种一样的野兽是那么容易的事情?托克维尔的思想中不乏某种悲观态度)。这里关系到的不仅是政治自由:以更为隐蔽的方式,通过增强个体们的千篇一律和他们的从众心理(这是卢梭已经痛斥过的),民主社会同样消灭了趣味与感情的自由。现代人一直在改变着趣味;但这些改变却在所有人身上都雷同。在一个社会的内部,人们越来越相似;而民族之间的沟通也使各个社会之间变得相近似。托克维尔写道:"四下打量由一些相似的生命构成的数量难以计数的群众,那里没有什么起伏。这种千篇一律的景观让我悲伤,让我寒心,我不由惋惜那个已经不存在的社会了。"(II,4,8,400)如果所有的欲望都是差不多的,那么还能认为它们是自由的吗?

<33>

托克维尔想要回到贵族制社会,但这只是一种措辞;实际上,他决不会向这种企图让步。他的现代世界观是保守派的世界观,但他的政治方案仍旧是民主派的。通过他的著作,他想要做的是让现代人意识到威胁着他们的那些危险,为他们寻求解药。自由结成的公民联合体可以缓解个人主义的后果;对传统宗教的私人奉行可以制衡物质主义的缺陷。要为自由付出代价,但是最好尝试着讨价还价。

最后,在社会解体与道德解体之外,现代革命有着第三个受到保守派指责的后果:那就是自我本身的解体。此处,我们已经走出政治的框架,进入到个人分析的范围。因此,对于这第三个后果没有像对前两个后果那样系统化的表述:这一指责是由一些诗人和小说家而非社会理论家发出的。个体因为从自我出发来思考、感知和愿想而沾沾自喜,或许他将不再成其为一个个体了:抛弃自己前定的传统地位,这为他开启了所有的影响、所有的转变;他没有成为一个自主的主体,他变成一个不

<34>

真实的分裂的个体,被多种相互矛盾的不断变化的力量推动着。因此,个体继续着托克维尔所观察到的运动,他不仅放弃了亲人而仅仅关注自己,而且因为只去认识自己的构成成分、各种作用于他的冲动,他放弃了自我。所以,个人主义的最终结果将是个体的消失。

唯科学主义者

我对保守主义家族的识别是根据它对"现代性"来临的反应。"现代性"肯定主体、个体或集体的自由,以及其他行动的理由。保守派的反应在于:这一自由的代价过于高昂,最好放弃交易而不需支付。在这一方面,保守派的立场是明确的。当我们转向其他三个大家族,格局便复杂了,它们都接受"现代性"的原则,但却从中得出不同的结论。

<35> 唯科学论思想包含几个命题。首先,唯科学主义者赞同一种决定论的世界观。在法国,这种观念表现于启蒙哲学的麾下,从狄德罗(Diderot)到孔多塞,在百科全书派的作品中;它在19世纪得到传播,其学说复见于奥古斯特·孔德(Auguste Comte)、埃内斯特·勒南(Ernest Renan)或伊波利特·丹纳(Hippolyte Taine)的作品。但同所有其他现代家族一样,在古希腊哲学与基督教中,它有更古老的前辈。我们使用这些笼统的标签仍是为了语言上的便利,实际上这些家族中每一个都涵盖着多元性,与"现代性"的多元性同样繁复。我曾经顺带提到[26]①,保守主义家族,视其侧重于援引上帝还是自然,侧重教会的教导还是城邦的法度,它可能以基督教与异教的双重遗产为依据。

决定论的学说也同样如此。它与古希腊传统共享对一种人类可能

---

① 方括号内数字为应参照的本书法语版页码,参见正文边码。——编注

认识的世界秩序的确信;它在认识的方式上与希腊传统相反(伽利略[Galilée]和笛卡尔不可能出现于古希腊),在达成的结果上也相反(均质的物质世界代替了古人的区分等级的世界)。在基督教传统中,决定论与基督教历史上的相互对立的两大派中的一方近似:这一派倾向于神的恩典而非人类自由;它们的接近之处正在于它们拒绝承认自由的存在。圣保罗(Saint Paul)使用陶工手中的黏土的隐喻(《罗马书》[*Rom.*],9,21):如果人类是原料,上帝是匠人,那么还能谈得到自由吗,还能期待拯救来自神恩、召唤、信仰之外的地方?后来的圣奥古斯丁抨击伯拉纠(Pélage)的异端学说,伯拉纠认为人类的工作足以确保我们的拯救。路德和加尔文反感教皇派的做法,后者交给人类通过依赖于自身意志的简单行动来救赎罪过的可能。冉森派和帕斯卡(Pascal) <36>
(徒劳地)与耶稣会进行斗争,后者试图为人类的主动性留有一席之地。按照鼓吹神恩的人的说法,意志是乌有的,因为所有权力都在于上帝;按照唯科学主义者的说法,意志不存在,因为自然(或历史)已经替我们决定了一切:血统的裁决(就像那时人们说的)或者说社会的裁决,代替了上帝的意志。帕斯卡将会这样说,人类是无能为力的,因为他的命运掌握在上帝手中;丹纳将如此纠正,人类是无力的,因为在冥冥中他被自己的种族、遗传、历史地位引导着。

  引领着个体的那些力量可能性质各异;最主要的是它们的统治是绝对的。19世纪将相继看到因果论的三大形态的崛起,它们将成为三个不同学科的研究对象。在保守派发出挑战时发展起来的因果论发源于社会与历史:人类自以为是自由的,实际上却是历史情境、社会条件、经济结构的产物。在这一世纪后半叶,这种最初的因果论之上又加上一种生物学因果论:人类命运是由血统决定(或者由颅骨的形状和容量决定,或者由身高决定——或者任何其他体质特征),因此是由他们的遗传决定的。在世纪末,第三个形态的因果论得到肯定,它是纯粹心理与个体的:个人行为并非如他所天真地认为的那样是由意识与意志决定的，而是由一些不知不觉地作用于他的力量决定，这些力量本身是个人历史的产物——比如，在精神分析学中，在孩童时期由近亲在个人周边构成的格局。

<37> 这三种决定论有时相互争斗来确保自身的至高无上，有时它们却相互联合。每一代人都偏爱自己的因果论形态，而下一代人则对此厌倦，会尝试加以更新。这些思想形态在我们中间始终存在：我们不断地谈论历史法则和无意识冲动；虽然我们不再相信血缘的命中注定，但我们却同样恐惧基因的决定作用。种族思想在今日也重新出现。社会的、生物学的和心理的这三个因果论唯一共同的东西就是它们认为个人自由在本质上是一种幻想。

因果论无处不在，且各处相同：唯科学主义是一种普遍主义。这却并不妨碍它承认差异：虽然（自然或历史的）法则到处相同，它们所支配的东西却不同。种族不同，历史时期也不同，但彼此都严格遵从决定它们的那些力量，并导致可预测的结果。

唯科学论的这第一个命题是指向世界结构的，在此之上还有第二个命题：因与果的无可避免的关联可以详尽地加以认识，现代科学是构成这种认识的康庄大道。在这一点上，唯科学主义学说反对原封不动地被动地接受世界。它也与古人的宿命论相区别，这一分野是具有决定性的。它不局限于描述存在物，而是上溯到产生存在物的机制，它可以期待另一种更适于我们需要的现实从同样的法则中产生出来。之前被归结为乌有的自由，在此处重生；但是自由只能以科学为媒介而存在。洞悉植物奥秘的人可以生产出新植物，它们更加多产，更有营养；懂得了自然选择的人可以制定人工选择。人们将不仅限于现存的沟通手段，他们不能再接受河流流向一个无用的方向，他们将延长人类的寿命。对存在物<38>的知识导向技术，技术可以让我们生产出一种改进的存在物。人们感到了将同样原则扩展到人类社会的诱惑：既然我们认识了其中的机制，为何不去生产出一些完美社会？

然而，说到生产新东西便要说到生产所依据的理想。什么才是更好的植物或动物种类，用什么标准来判断某个政治制度比现存的更可取？唯科学主义者的回答大概如此（这是他们的第三个命题）：价值来自事物的性质，这些价值是主宰世界的那些自然和历史法则的后果，应该由科学来让我们认识它们。实际上，唯科学主义就是在人们认为的科学成果的基础上建立一种伦理和一种政治。换言之，科学或者被看作科学的东西，不再仅仅是对现存世界的一种认识，而是像宗教一样成为价值发生器；所以，科学可以指导政治和道德行为。"认识真理以便让社会秩序符合真理，这便是公众幸福的唯一源泉"，孔多塞写道。（《杜尔哥传》[*Vie de Turgot*]，203）这是出于战略目的而进行的一种重新建构；从历史上看，想要更好地引导人类，这一愿望开启了他们的"科学"认识之门。

唯科学主义并不革除意志，而是做出这样的决定，既然科学成果对所有人都有效，那么这种意志应当是共同的，而非个人的。在实践上，个体必须服从集体，集体比个人更"有智慧"；意志的自主得以保持，但却是群体的自主，而非个人的。对于唯科学论者来说，在人所受到的来自自然的限制与社会所强加于人的限制之间，似乎存在着一种延续性，他们消除了两类自由之间的界限：反对必然性的自由和抗拒约束的自由；假设两者中一方缺失，他们便会得出结论，认为（对于个体而言）另一方也最好缺失。

发现了现实的客观法则之后，这一学说的支持者们做出决定，他们可以将这些法则为己所用，去将世界领向他们所认为的好的所在；这种引导据称是由世界本身强加于人的，它成为前进的动力：人的行动有利于自然，利于人类，利于某个社会，而非有利于他所面对的个体。在19世纪这一家族代表人物的思想中已然是这样了，他们是"活动家"，他们服膺那些决定论命题：达尔文建议优生学，马克思建议社会革命。学者想成为造物主。

后一个世纪（我们的世纪），唯科学主义意识形态在两种非常不同的政治语境中繁盛起来,这两者分别对唯科学主义造成如此深重的影响,以至于我们犹豫是否应把它们看作同一家族的后代。唯科学论的第一个变种是我们看到的在那些极权主义政权中施行的变种。极权主义政体繁荣发展的那些国家的领导人认为或者让人们以为,世界的演进服从一些严格法则,一些社会或生物学性质的法则;但是,他们不认为因此应当屈服和听之任之,他们认为真理在自己一边,他们可以更加有信心地去追求自己的目标。当然,一切都是必然的,但人们拥有自由来沿着历史的方向或者生命的方向来加速必然性。唯科学论作为极权主义政治方案的基础,结合了两种极端的东西:一种条理化的决定论和一种无限制的唯意志论。一方面,世界完全是均质的,完全是被决定的,完全是可知的;但另一方面,人是无限可塑的材料,可观察到的人的特性并不构成对所选方案的严重障碍。一切都是既定的,同时一切都可以被悉想:这两个论断的矛盾统一被当作第三个论断,按照这个论断,一切都是可知的。正是这种矛盾统一让极权主义变得危险:如果只有决定论,那么可能导致屈服,如果只有唯意志论,那么可能被对手打倒。

<40>

这里,从古代乌托邦,一些旨在导向批判现实社会的对理想社会的梦想,我们走到了现代乌托邦,这是一些在此时此地建立人间乐园的企图。一些急剧的后果相继而来。既然敌对阶级(根据科学揭示的历史法则)注定消亡,那么人们可以无所顾忌地消灭它们。既然劣等种族既有害,又注定在生存斗争中消灭,正如同科学所确定的进化法则所揭示的那样,那么灭绝这些种族将是对人类的善举,是一种协助命运的方式。这些社会的一些不那么惨厉的侧面也同样如此,从工业化到日常生活的组织:在这些社会中,一切都以一种钢铁般的意志做出决定,既然声称依据的是科学认识之真理,那么便不必迟疑。

从整体上控制社会,其领导人怀有一种理想,它与保守派的理想并非截然不同:他们试图树立更大的社会凝聚力,建立起对所有人的共同价值的服从。俄国"十月革命"开创的"社会主义"革命正是这样进行的：集体战胜个人，服从战胜自由。在这一点上，这些革命让人想起那些反革命的思想，比如法国的波纳德，他们试图通过暴力来重建旧政体的生活方式。20世纪的所谓保守派革命也一样，法西斯主义或者贝当的"民族革命"，它们试图重新找回保守派珍视的一些价值。 <41>

人们可能对保守派与革命派之间的真正相似感到吃惊。习惯上，我们对他们之间的差别更敏感：前者要求稳定，后者要求改变，前者将理想定位于过去，后者将理想定位于未来，前者依据已经得到揭示的宗教，后者依据民族或阶级。然而，波纳德和圣西门（Saint-Simon）（我们只举出唯科学论和乌托邦倾向的最初几位代表中的一位）对民主制的捍卫者邦雅曼·贡斯当所代表的思想有同样的指责。"社会"优先于"个人"，对集体的归属（种族、阶级、民族）的强调是社会主义革命派与传统主义保守派的共同特征；同样还有对一种有道德的公共秩序的要求。这部分地解释了为何许多人很容易从"极右"转向"极左"，或者相反。

唯科学论意识形态的第二支表现于西方民主制的框架内。它的元素——一切都已决定，一切都是可知的，一切都可能改善——介入到公共生活的许多侧面：忘记政治或道德行动被认为应当追求的目的（或者这类行动干脆消失）；确信这些目的自动来自于科学所描写的进程；渴望让行动服从认知。经济学家、社会学家和心理学家们观察社会和个人，他们认为辨识出了它们的行为法则、它们的演进方向；政客和道德家们（"知识分子"）于是鼓动民众顺应这些法则。作为终极目标的提供者，专家代替了智者，一个事物只凭其常见便变成合理的。维克托·戈尔德施密特（Victor Goldschmidt）指出，选择的自由得以保留，但它是由"一种技术专家的集体"来行使的，而非由一些自主的主体来行使。（《文集》[*Écrits*]，I, 242）这种意识形态的相近却并不妨碍民主政体反对极权主义社会：这些保障个人自由的国家，它们的实践阻止鼓励变成强制，阻止不服从的行为受到监禁或死刑的惩罚。 <42>

个人主义者

唯科学主义者们的出发点是认识论上的一个公设：世界是完全被决定的和可认识的。下面一个家族是在同一框架中自我定义的，但是却是以一个对人类的假设为基础的：人类的个体是完全自足的。因此我给它"个人主义者"的名称，在此我使用的是这个词的狭义，比用它来指称整个"现代性"的意义要窄（我是按照阿兰·雷诺 [Alain Renaut] 的用法）。如果我们回到我们的出发点，即魔鬼契约的揭示和自由的不可预测的后果，个人主义者的反应不是像唯科学论者那样否定自由的存在，也不是像保守派那样惋惜自由的后果，而是承认真相，同时将与之联系在一起的价值观颠倒过来：他们非但不感觉遗憾，还对此感到欣喜。对保守派口中作为威胁或辱骂的东西——个人主义、物质主义、自我的消亡——他们大声要求承担。如果他们还有所遗憾，那就是人类还未更好地摆脱道德、共同生活和协调的自我这些虚构之物。

<43>

同前面的那些家族一样，个人主义者家族扎根于久远的过去。斯多葛派传统将人表现为一个自足的生命，或者可以向着这种理想发展。怀疑论的智慧指出我们所有判断的相对性，指出要证明某种道德立场的合理性，除了通过我们的习惯和利益，用别的方式是不可能。在圣奥古斯丁的传统中，在基督教义内部，始终在提醒人们缺陷是内在于人性的，所以人是孤独的、好斗的和没有道德的生物。个人主义从奥卡姆的威廉（Guillaume d'Occam）的唯名论中找到自己的另一个组成成分。如果除了个体的身体之外不存在任何东西，如果抽象只是些幻影，那么社会实体便不再是一种必然：每个生命自身都是完整的。他与周围其他生命建立起的关系并不改变自身，他并不与他们一同构成新的实体。"要想让一个事物存在，必须让它本身就是它自己，而不是任何其他东西。"（拉加德 [Lagarde]，V, 174）奥卡姆将某些修道院生活的原则移植到城邦

生活，在修院生活中个体独自面对上帝，他认为人是独立于同类的，所以应当独自到达至善。"成为一个个人，就是不需要任何其他实体的协助来存活"（VI, 42）。

传统思想的这一来源孕育了一种成型于法国的关于人类的意象，那是在 17 世纪，在拉罗什福科（La Rochefoucauld）的思想中。人从根本上讲是孤独的和自私的，他所有的行为都受到自尊心和个人利益的驱动。但是，我们不敢以真面目示人，害怕他们会惩罚我们；所以，我们将自己的自私行为装扮成无私与慷慨之举。道德家的职责在于揭开美德的假面具，揭示我们真正的本性。"我们只能参考着自己来爱人。"（《道德箴言录》[Maximes]，M81）"造就我们的友谊的唯有利益。"（M85）由于不断欺骗他人，我们最终相信了自己的虚构，我们以为在社会中生活对于我们是必不可少的。然而，"如果不相互欺骗的话，人们便无法长久在社会中生活。"（M87）帕斯卡同样属于圣奥古斯丁传统，他对此也有相同的看法："人们之间的联合是建立在相互欺骗的基础上的。"（《思想录》[Pensées]，B. 100, L. 978）但是，拉罗什福科同帕斯卡一样对这种孤独与自私感到遗憾，虽然不想消灭它们，但他们试图加以遮掩：对于前者来说，是借助于礼貌与修习诚实（我还会再提到）[244 及下文]；对于后者来说，是借助于神恩。

这种关于人类的观念在 18 世纪被建立唯科学主义家族的那些人即唯物主义者——百科全书派拿去；这种观念逐渐被剥除了在拉罗什福科和帕斯卡那里与之相伴的负面判断。人是一个有私心的、自足的、孤独的生命吗？那么好吧，爱尔维修（Helvétius）这样说，必须接受他原本的样子，而不是徒劳地反抗本性；必须让理想靠近现实。然而，爱尔维修的看法尚不是公然的个人主义的，因为对于他而言，共同利益即群体利益应当战胜个人利益。

在法国历史上，第一位坦荡的"个人主义者"也同时是最极端的个人主义者：那就是萨德。从他先辈的家族世系中，他首先注意到，人如

<44>

同其他动物一样是一种纯粹自私自利的生物,他只懂得自己的利益。这是自然的普遍法则:"自然是我们所有人的母亲,她对我们说话时总是在谈论我们自己,没有比她的声音更自私自利的了。"(《闺房哲学》[*La Philosophie dans le boudoir*],III,123)社会生活是从外部强加于人的,对人来说并非必要。"我们不都是孤独降生的?我更要说,难道我们所有人不是都彼此敌对,所有人都处在持续的相互战争中?"(V,173)如同拉罗什福科,萨德认为我们的美德只是邪恶对社会习俗的敬礼。"善举更多是一种骄傲的恶行,而非真正的灵魂的美德。"(III,57)"爱别人从来只是为了自己;因为爱他们才去爱,这只是一种欺骗。"(V,178)

然而,存在的便是合理的:在一切方面和所有地方,都应该服从"本性"。这不再像狄德罗或爱尔维修的思想中那样只是让存在(être)接近于"应该存在"(devoir-être),而是后者让位于前者。"任何与自然法则相抵触的人类法律都应当受到蔑视。"(III,77)幸好,自然给了我们快感,让我们知道什么是真正符合我们利益的;在这一点上,个体的经验是不可辩驳的。在爱尔维修思想中,价值的相对性仅止于群体,如今这种相对性到达了个体:对自己好的就是合理的。个体不需要考虑社会的约定俗成。"我们可以心安理得地追求所有欲望,不管这些欲望在那些傻瓜看来是多么的奇特,这些傻瓜对什么都大惊小怪,他们愚蠢地将社会制度当成自然的神圣法则。"(96)个体是自足的,所以他只应该关心自己的快感。"只有我们的爱好、脾性才应该得到尊重。"(61)"除了你的力量或意志,你的快感没有任何界限。"(66)伴随着法国大革命而正在完成的解放运动,应当在个体层面上继续下去:个体将摆脱任何社会约束。共同的法律只是对快乐的桎梏。之所以身体在萨德的臆想中占据那么重要的地位,那正是因为身体排他性地归属于个人。"你的身体是你的,只属于你;在世上只有你有权享有你的身体和让你认为合适的人享有它。"(68)

我们知道萨德自己从这一学说中得出了几条更为奇异的结论:他发

现别人的痛苦比他自己的快乐给予他更多快感，他建议在一些情境中主体可以让另一个人受苦，或在极端的情况下将他处死。"问题不在于去了解我们的手段是否让为我们服务的对象愉悦或者不快，问题只在于通过尽可能强烈的冲击来触动我们的神经丛"（121）。但是，萨德的这一个人主义变种并非这一学说所必需的；构成这一学说的是其个人主义的人类学说，以及我们可以称作享乐主义的道德。

在 19 世纪，萨德在个人主义家族内部将被看作一位连累人的亲戚，最后家族忽略他的存在。对享乐主义的要求胜过对它的实践。实用主义是个人主义学说所取得的哲学形态，它直接以爱尔维修或者更早的伊壁鸠鲁（Épicure）为依据。自私自利在这一哲学中仍被压制，因为它所宣告的目标并非个人幸福，而是全体族群成员的（"最大多数"的）幸福。数量上的这种扩展却并未改变作为起点的关于人类的假设：个体是社会的原子，社会是通过个体叠加而得到的，社会并非是个体的内在特征。

由托克维尔所揭示的"个人主义"这个词的出现，说明了学说的广泛传播。个人主义家族还拥有其他成员，比如我后文将谈到的唯美派［251 及下文］；它同样表现在对充分发展自我或真正的个人存在的要求，这种要求是大家都熟知的。我对这些下游分支不作详细说明，因为这并非我的研究对象。此处，我所重视的只是个人主义者们相对其他家族的地位；因为个体从之前的监护状态下解放出来而额手称庆，这个学说希望将这种解放推向更远，即便为此要摆脱社会纽带或共同价值——因为依据这一学说，个体是自足的存在，所以这种牺牲是尤为容易的。

<47>

人文主义家族

我们已经辨别出对揭露魔鬼契约的三种重要反应，还差一种我认为最具重要性的反应，本书的剩余部分都将是关于这种反应的。这就是人文主义者们做出的反应，那就是否认曾经有过契约，不管是不为人知的，还是受到承认的；换言之，获得对自我的主宰权与社会、道德或自我的解体，在这两方面之间没有必然联系。我们只要避免一些误解、绕开一些陷阱就足够了，我们没有什么代价要支付，人文主义者如是说；他们的对手则说他们想无本获利：保留崭新的可贵的自由，却不必因此放弃社会纽带、价值认同、自我认同。

"人文主义者"一词至少拥有三个不同含义，虽然它们之间存在一些能说明问题的关系。最古老的意义，即被加于"文艺复兴"之上的意义，它对应的是那些致力于研究人文科学的人，尤其是指古希腊罗马的历史和文学；这些人推崇人文研究或者它的研究对象。这个词最晚近的意义是一个纯粹情感的意义，指那些对待他人有人情味的人或者那些告诉我们要善意待人的人：总的来说，这是些博爱者。但是，我在此处使用的词义既不是它历史上的含义，也不是它的道德意义；我用这个词来指称一种学说，它赋予人类一种特殊角色。这角色究竟是什么呢？它首先是对自己的行为（或者部分行为）采取主动，自由地去完成或不完成行动，即能够从自己的意志出发来行动。"现代性"的区别特征是人文主义的构成部分：不仅有自然或者上帝，人类同样决定自己的命运。此外，这意味着人是这些行为的终极目标，这些行为不是追求一些超于人之上的实体（上帝、善、正义），也不是追求低于人的实体（快感、金钱、权力）。最后，人文主义使人能够划定一个空间，其行动元在这个空间里演进：这是全体人类的空间，是仅仅由他们构成的空间。

为了指称人文主义家族的这三个特性，我经常使用一些更简短的表述：我会说到"我的自主"、"以你为终极目标"和"他们的普遍性"。此处，一方面，我使用语言学理论家们所熟悉的彼此区别的人称（我、你）和无差别的人称（"第三人称"）之间的对立；另一方面，使用"自我"（ego）与"他者"（alter）的对立——因为，很明显，作为我行为的终点（目的）的人不是我自己，而是他人（人文主义不是自我主义）。确保这三个特性的统一性的东西，正是赋予人类的、化身为它的每个成员的人类的中心性：它既是自己行为的源头，又是自己行为的目的与范围。同是在"文艺复兴"时代，人们从地心说过渡到日心说，将我们的地球从宇宙中心驱除，而在人类事务上，人们从上帝中心论（或者异教的"宇宙中心论"）走到人类中心论。任何人类，不管其他特征如何，他都被认为是对他所做的事情负责，并值得被当作终极目标来对待。我应当是我的行为的源头，你应当是我的行为的目标，他们所有人都属于同一个物种意义的人类。这三个特征（康德[Kant]称为三种"对唯一的同一个法则的表述"，《道德形而上学的奠基》（*Fondements de la métaphysique des mœurs*），II, 303），并不总是在一起；某一个作者可能只记取其中两个，甚至一个，将它们与其他的源流混合起来。然而，只有三者的结合才构成纯粹意义的人文主义思想。

<49>

　　这种思想既是一种人类学说（它告诉我们人类是怎样的：一种独特的物种，其成员是有社会交往的，部分意义上是不定型的——因为这个原因，他们被引向行使自由），也是一种道德（它告诉我们人类应当怎样：热爱人本身，给所有人相同的尊严）和一种政治学（它偏爱那些主体能在其中行使自主权和享有相同权利的政体）。

　　人们可能认为，法国大革命的口号自由、平等、博爱对应于（哪怕只是大致对应）人文主义的这三重要求：自由指称主体的自主，平等指称人类的统一性；至于博爱，指的是对待他人就像他们是我们的兄弟，这不正是把他们变成我们情感与行为的目标？现代的民主国家在将它们从个人层面移植到集体层面之后，也采用了同样的三个原则：集体拥有最高权力,它是民众意志的表述;臣民的福利是它的终极目标;法律对全体公民的普适性是其运作的根本规则。人文主义思想与政治民主的深层的亲缘关系正在于此。

最贴近人文主义原则的具体的政治体制就是自由的民主制,如同两百年来它逐渐形成的样子,因为它既采用了集体自主权的思想(人民主权),也采用了个人自主(个人自由)和普遍性(全体公民的权利平等)的思想。人文主义和民主制并不完全重合。首先因为现实的民主制远非人文主义原则的完美化身(人们可能以人文主义的理想本身来批判民主制的现实),再者因为人文主义与民主制之间的亲缘关系并非相互涵盖而排除任何其他东西的关系。说实话,保守主义家族、唯科学主义家族和个人主义家族在民主制内部同样繁盛;而民主制并不因为内部存在其他几个家族而受到威胁。作为宗教宽容精神的继承者,民主政体接受某种价值的多样性:不同意识形态可能致力于追求同一个目标,即共同福祉。在意识形态家族与政治体制之间并无简单对应关系。

不管怎样,人文主义思想是自由民主制度的中心思想,其他现代家族适应了民主制,但同样拥有一些让它们偏离民主的离心倾向。个人主义者有无政府主义和绝对自由派的渴望;他们更愿意让化身于法律与国家机器之中的共同规则变得尽可能弱,尽可能有限。保守派不相信个人意志的力量和正确性,他们倾向于专制政体。建立在唯科学论原则之上的国家有可能向着极权主义演变:如果控制了生物与历史进程的全部,那么就不用再费力去征询个人意志。在极端情况下,保守派与唯科学论者可能会认同于同一类型的意识形态政体,然而他们所给出的对意识形态的合理化解释却是相互矛盾的,一方用科学,另一方用神学,一方用乌托邦,另一方用传统。唯有人文主义家族没有这些离心倾向。

如果我们转向道德这一边,一种新的区别得到确定。政治的人文主义及其必然结果(普选、保护个人等等),显然只构成一种最起码的人文主义,可称为消极的人文主义。拒绝专断的王权,拒绝沦为奴役状态或者强制将理论灌输给个人，但这些拒绝还没有告诉我们任何人们应该心向往之的具有建设性的价值。积极的人文主义的基础是以"你"为终极目标，同意将（自己之外的）人类的个体存在当作我们行动的终极目标。此处，道德这个词本身不再够用，或者说必须赋予它更广义的词义，因为人文主义者们主张的道路并非借助道德的禁令，而是通过褒扬人类的依恋、友谊、爱情。反过来，这样的"道德"介入"政治"：如果决定将道德纳入考虑，那么人们便不再以同样的方式来领导国家事务。

至于人文主义特有的人类学说，它是相对贫弱的。除去人类物种的生物学上的认同，它被归结为唯一一个特征，即人的群居性；但是，群居性的后果是众多的。从我们的角度看，最重要的后果是存在一种对自我的意识，这是动物绝不能企及的，而人类的儿童很早就获得了这种意识，早在他成功捕捉到向他俯下身来的成人的目光之时就有了："你"注视着"我"，所以"我"存在。这种对自我的意识与对他者的意识不可分割，它会造成一些决定性的后果。一方面，主体间关系的复杂性不断加大，其标志就是人类的语言。另一方面，自我意识与自我并不重合，这同样是人性的组成成分：个体是同他人一样的一种活的存在，同时，对这种存在的意识让他可以超脱这种存在，甚至反对这种存在。这便是 <52> 人类自由的基础（也是对自主的要求的基础，对自主的要求是自由在政治上的反映）：人类的特点是这种生物学特征，即超脱自身存在的能力。群居性与自由是内在相连的，它们属于对人类物种的定义本身。

家族之争

为了对这一学说进行更完备、明确的界定，现在我们可以相对于其他现代家族来定位人文主义者，辨识出他们对魔鬼的要求的回答。人文主义者不放弃价值（但这些价值是人的价值，而非神的价值），也不放弃社会（社会的形态多样），也不放弃主体的责任（主体是多元性的）。所以，与个人主义者不同，人文主义者——孟德斯鸠（Montesquieu）、卢梭、贡斯当——肯定作为人的构成成分的群居性（没有社会，人便不成其为人，这与奥卡姆所支持的论点正相反）。人并非首先是一些原子，然后再汇集于社会；他们的相互作用是物种认同的组成部分（"你"是与"我"同时树立的），不可约简的个体的先决条件就是主体间性。人文主义者反对唯科学论者，他们不仅支持价值的自主（价值不是来自事实），还支持自由的可能：人类不是无论如何都无法逃避的那种力量的玩物。

<53> 在人文主义者与其他两个家族的成员之间的对立中，有着一种对称关系。个人主义者相信个人的自主，但是忽略个体的社会归属。唯科学论者接受人类的自主，但将它归属于物种和群体，而非个人：对于他们而言，个人的自主不再有什么意义。人文主义者一方，他们认为个体可以达到自主，即按照自己的意志并符合他所同意的法则来行事，不必脱离人类社群来设想个体。人文主义者也有别于保守派，因为他们并不对个人的自由感到痛心，还因为他们所崇尚的价值是纯属人类的价值。出于这一系列原因，人文主义者对魔鬼的挑战作出的回答在我看来是最令人满意的，虽然并非是唯一有效的。

对人文主义学说常见的批评，来自唯科学主义和保守主义家族，他们批评说人文主义者有意或无意地忽略指导人的行动的决定性力量，那些生物学的、社会的或文化的原因。人文主义者的回答从两个方面展开。首先，因果关系的多重性和复杂性是如此巨大，它们最终导致犹豫不决。我们这个物种的特点是它的可塑性，是它适应各种情境的能力，是它改变的能力。孟德斯鸠说："人哪，这懂得变通的生物。"（《论法的精神》[*De l'Esprit des lois*]，"前言"）在人文主义者眼中，人是一种潜在可能，而非一种本质：他可能变成这样或那样，以这种或那种方式行动；

他不是出于必然而这样做。但此外，也是最主要的，即便面对最明确的决定性，人类始终有可能反对，即有可能超脱自己；没有这一点，他们便不再完全是有人性的，或者尚未完全有人性。

我们可以用这个简单的例子来说明必然性与自由之间的相互作用：人类的生物本性决定他们是能说话的；不论孩子的父母，还是孩子本人都没有剥夺他说话能力的自由（除非对他的大脑做手脚）。父母与孩子生活在使用这种或那种语言的社会：文化的决定性被加在生物学的因果性之上。然而，在成人之后，孩子可以决定用自己的母语说话或者拒绝这样做，去说一种外来语言。在本性的主宰和文化的主宰中的这种断裂，足以引入人的自由的概念，以及与之伴随的"现代性"的概念。

<54>

人文主义者们甚或与科学主义家族的成员们一同走得更远，但他们总是最终与之分手。我们眼前的这位人文主义者，托克维尔，他用这样的结语来结束《论美国的民主》："上帝既未创造完全独立的人类，又未创造全然为奴隶的人类。不错，上帝是在每个人的周围画了一个他不可能越出的命运所注定的圈子，但是人在这个广泛的范围内还是强大的和自由的。一个国家和民族也是如此。"（II，4，8，402）自然本身具有偶然性，不仅仅有必然性；历史更加如此；最后，人类可能去反对自然与历史的指令。自然与历史的因果性绝不排除自主与意志的行动。在写下这段文字的同时，托克维尔表现为自由派的先贤孟德斯鸠与贡斯当的忠实弟子。

受到其他家族的代表人物的质询，人文主义者不完全排除主宰社会命运或个人命运的决定论，他们不肯定说主体是完全自由的，可以选择自己生活中的一切，是自己的唯一主人；但是，自由、选择和意志的行使同样是对他开放的选项，它们也应当得到赞同，它们的重要性超过主体出于必要或者碍于束缚而在其中采取行动的那些情境；一些人成功地获得了更多享有自由的机会，而另一些人却可以说从未享有自由。人文主义者并不声言人类完全受自己理性或意识的控制，他们知道从前被称为激情而我们称作无意识或本能的力量，也了解生物学上的既定条件、经济上的必要或文化传统对个人施加的限制。他们所肯定的是主体同样可以反对这些限制，从自己的意志出发；他们正是从这一点上看出人类的特性。

所以，他们赞同自愿的行动，却并不因此需要相信人的无限可塑性或人类的无所不能：既定条件的作用也是不可克服的。人文主义者不像萨特（Sartre）那样认为人是自身唯一的立法者：首先因为人有多重性，这种多重性可能造成问题；再者因为今日之人同样是由过去造就，而过去也是由人塑造，但对这些历史的塑造者今人是无能为力的；最后，尤其因为人应当考虑到不受他们的意志控制的一些限制：他们的身体强加给他们的限制，他们所居国度的物理特性，地球在宇宙中的位置。

<55>

人文主义并非一种一元论：它将人类与社会理解为几个相互制约的原则相互作用的结果，而非某个唯一原因的后果。"既定条件"（donné）缩小"愿想"（voulu）的领地，但是意志也在必然性的主宰中打开缺口。这一多元选择同样出现于价值观，却并不因此导致相对主义。向善的道路是多样的，正如同文化多元性所证明的那样（这种多元性是普遍性造成的后果：我们不能从这一假设出发，即除了我们，所有人都是错的）。同时，多元性并不转变为诸神的战争：就像宗教宽容精神让人接受存在数条道路通向同一个上帝，人文主义的框架意味着虽然价值观多元，但可以在一个共同框架内部通过人的对话来辩论各种价值。神或许是多元的，但人却是一致的。

<56>

同样的，"克制"（使用孟德斯鸠的用语）标志着人文主义者对知识的态度。保守派认为人类认识世界的努力预先就注定会功败垂成，唯科学论者认为自己已经掌握了关于那些主宰着世界的法则的真理，与他们相反，人文主义者肯定知识从其实际来看是受到限制的，但从其权利来看是无限的。没有任何诅咒施加于世界，让它变得永远无法辨清，人类理性的力量在理论上讲是无限的。但是在实践上，物质与精神的复杂性

如此之大,以致我们只认识世界的一小部分:蒙田指出,骄傲与理性不相配。这便是为何应该在科学之侧为其他形式的理解与表达留有可贵的一席之地,这些理解与表达使我们可以通过一些不能完全阐明的道路去到达真理。象征与符号同样必要,神话与话语同样必要,艺术与科学同样必要。人文主义立身于理性主义与非理性主义的对立之外,它同意知识借用一些脱离理性分析的道路。

这或许也解释了人文主义者与宗教之间维系的微妙关系。因为,一方面他们脱离宗教:他们想让个人能够自由选择相信或者不信,让社会由民众意志来主宰,而不是由神的意志来主宰。他们还认为,不仅仅是神,人也值得成为人的目标。但是,另一方面,抛去人文主义与基督教义的历史渊源不谈,我们不由自主地注意到法国所有的人文主义者,从蒙田到贡斯当,他们都将自己描绘成信仰宗教的基督教徒;不应将此看作对当时法律的简单的权宜的服从。这更多是因为人文主义虽然本身不是宗教,但它同样不是无神论。人文主义让人类事务的方向脱离了任何神学基础或解释;但是它不要求消灭人的经验中的宗教维度。它留给宗教一个在政治与科学之外的有些模糊的位置:宗教仍然是对每个人对自己在世界中的位置或生命的意义的诘问给出的一种可能的回答。

<57>

"骄傲"与"天真"

必须强调人起始的既定条件是根本性的(这丝毫不与承认自由是人性组成成分相矛盾),因为习惯上人文主义混同于我们现今看作其骄傲的堕落的东西,即相信人无所不能。在这一点上,人文主义者和伯拉纠与伯拉纠派不同,但伯拉纠派却算是人文主义者的先驱:对于伯拉纠而言,人是完全自由的,所以他对自己的命运负责;可以要求人成为完人,既然他是为自己做主的。人的本性是善的（原罪并不存在），它的所有不完美之处都是他的过错，他的罪过也是他想要的，没有原谅的理由。从可能走向强制，这企图是重大的：通过为人提供一些可追随的榜样（基督、圣徒们）和令人恐惧的惩罚（地狱之火），来强迫人变成完人。

<58>

同样，对于人文主义的起源的一个著名表述，即笛卡尔的许诺，"让我们成为自然的主人与拥有者"（《论方法》[*Discours de la méthode*]，6，168），这更多属于人文主义的这种骄傲的堕落，而非属于人文主义学说：人文主义者肯定人类不是自然的奴仆，却没有断言自然应当变成人类的奴仆。笛卡尔的许诺定位于费奇诺（Ficino）或弗朗西斯·培根（Francis Bacon）的传统之中，这让这些思想家与唯科学主义家族拉上了关系。人文主义者不肯定人是无所不能的，但是却否认上帝或自然是万能的；他们肯定在既定条件之外存有愿想的一席之地，而且是重要的一席之地。更不应该得出结论说插手命运的可能性不可避免地导致对乌托邦的迷恋，导致建立人间乐园的渴望——根据20世纪的经验，我们知道这人间乐园更像是一座地狱。乌托邦主义的企图，它与唯科学论的血缘比与人文主义的血缘更近；它依靠这样一种确信，即完全控制历史进程是有可能的——这是与自由的假设相矛盾的。人文主义者在肯定人类自由的成分的同时，他们知道人类可以利用自由来行善，但同样可能为恶。建起一个城邦，那里邪恶被排除，这不属于人文主义者的政治方案。

<59>

这种不确定性同样标志着人类与善恶的关系。人是善的还是恶的？如果我们采用后一种假设，我们便与圣奥古斯丁以及长长一系列描述人类邪恶的基督教作者们为伍。如果采用前一种，我们便站在"高尚野蛮人"的捍卫者一边，他们是教育与文明的敌人（更不用说萨德及其门徒的极端立场，他们把"高尚"变成"自然"的同义语——这实在是多余的）。人文主义者拒绝因为一些简单的经验论的原因就青睐高尚：即便他骄傲地将自己视为规则的例外，只要了解一下他的国家的历史，甚至

看看自己的亲人，就会拒绝人类是完全高尚的这个想法。但他同样拒绝冉森派或基督新教的立场，将人变成另一个撒旦。如果他与贝吕勒（Bérulle）主教一样认为"我们除了谬误与罪过之外一无所有"（《虔信论》[*Opuscules de piété*]，LXXXV, 1, 403），那么他为何不把哪怕非常小的灵魂得救的责任放在自己的肩上？按照蒙田的话说，人性是不完美的：这便是人文主义者作为出发点的假设。人类既不善也不恶，他可能变成善的，或者恶的，或者（最常见的情况）两者兼具。

必须强调这一点，因为此处有另一种常见的混淆，将一种对人类的完全正面的看法归在人文主义者名下——而实际上，这是这一学说的一种新的堕落，这一次不再是骄傲的堕落，而是天真的堕落。每当听到人的"伟大"或"高贵"，谈到必须像对上帝一样"尊崇"人类或者因为人的内在品性而"尊重"人，我们便在与这种"天真"的观念打交道。当然，可以要求人被当作一种高贵的生物来对待，或者要求尊重所有人，但那是一些道德命令，而非对人性的假设。就此而言，抽象意义的人只是不确定性和潜在的可能性——这并不妨碍一些人积极为善，而另一些人坦然作恶。一道清晰的边界将人文主义家族与它的尊崇人类的邻居们分开。认为人类是完全善良或者无所不能的，对于人文主义者而言，这属于幻想：不应高估人的力量和人的善良。

相反，人文主义者的特征是对教育的某种信仰。既然，一方面人是部分地不确定的，而且能够拥有自由，另一方面善恶都存在，那么人们便可以投身这样一个进程，从中立状态走向善，这一进程叫做教育。没有教育，正面的倾向就有可能被压制和消失，而负面倾向得到发展。恶也是习得的。孟德斯鸠写道："持续地将惩罚用在人类中最不幸的那一部分人身上，我们在殖民地居民身上看到的这种残暴从何而来？"（《罗马盛衰原因论》[*Considérations sur les causes de la grandeur des Romains et de leur décadence*]，XV, 463）如果说那么多伟大的人文主义者，蒙田、孟德斯鸠、卢梭及其他许多人，他们都对这一主题表现出

<60>

特别的关注，那并非偶然。保守派建议对传统纯粹保持和忠实传承，而唯科学论者却更倾向驯服，从机理上产生想要的结果，个人主义者满足于寻求有助于每个人的充分发展和最大满足的东西，人文主义者则想要让教育中存在一些共同原则，让人能够获得更大的自主，赋予人的行为以人性的终极目标，承认人类物种的全体成员都拥有相同的尊严。

自然的与人为的

人文主义者与其他现代家族之间的这些区别，其最终原因或许在于彼此赋予价值观的地位。我们回顾一下经典论争中的词句：在历史上，从希腊的诡辩派开始，已经是两大选择相互对立，两大选择是根据价值观以自然为基础，还是仅仅来自人类法律。这两种选择是人们始终面临的，但大致可以说，古代人更倾向认为价值是（由自然，由上帝）给定的，而现代人，尤其是个人主义者，往往认为价值首先是人们想要的。但霍布斯（Hobbes）宣布："制定法律的是权威，而非真理"（《列维坦》[*Léviathan*]，XXVI，295，拉丁文版）——这是众多表述中的一种，但特别有影响力——他成为对价值观起源的这种唯意志论假设的代言人。如果价值没有自然的合理解释，它们便是"人为的"，只可能来自于人类意志；某些价值之所以胜过其他价值，那是因为这些价值的支持者拥有更强大的意志。

如同人们能够预料的，这些极端的宣言导致一种拒绝的反应，即以这种或那种方式回归到此前的状况，回归古希腊人的智慧或基督徒的信仰；或者，至少回归到我们意志的要求与我们传统的要求之间的一种妥协方案。不论是"自然主义"的还是宗教的，这种反应更多属于保守派。至于唯科学论者，他们的选择最初是自然主义的；他们想从世界中发现价值（比如，从自我保护的本能中演绎出价值观），而不是认为价值是由意志的决定引入到世界中的。然而，他们的演绎看起来是空幻的，在这些演绎中我们看到的仍是某种意愿——并非不纯粹，而是较不明显。

然而，在当时的论争中存在的这两种立场，与它们各自的捍卫者想让人相信的内容相反，它们并未穷尽所有的可能，批评对手必然让所有的犹豫不决回到自己身上。价值可能不是自然的，但却不因此变成任意的。这是人文主义者在任何情况下都宣称的内容。他们拒绝将人看作这样一个存在，即行为与价值在他身上不可分割，就像古人所认为的那样；但他们也不同意其他许多现代人的选择，即宣布价值是一种纯粹任意的选择的结果，只是意志的产物。他们拒绝将自己桎梏于自然主义与相对主义的两项选择之中。很明显，有一个方面是人文主义的三种价值，即我的自主、以你为终极目标、他们的普遍性，并不始终同意的：其他社会曾吹嘘服从的美德，它们要求人们只尊崇上帝，或者肯定我们的价值在任何情况下都比他人的更可取。然而，现代社会的主体不觉得自己的选择真是任意的：人文主义价值拥有不言自明的力量，这是他的对手们所没有的。今日甚至极右政党都几乎异口同声地要求对种族主义进行谴责，这种谴责不被人们看作我们习俗的简单结果，或者某种强过他人的意志的结果。这种不言自明的感觉从何而来？对这个问题的答案是不肯定的，然而这种感情本身却是难以质疑的。

<62>

所以，人文主义者努力在他们的价值观与他们当作人类物种认同的东西之间建立起有说服力的关系。全部人类存在且只有他们自己，归属于同一个活的物种，他们的普遍性表现为这种归属感的对等物。肯定人的群居性是人的构成成分，肯定人类彼此需要，不仅是为了存活和繁殖，还是为了他们构成有意识和可沟通的生物，以你为终极目标是与此一致的；尊重他人是这种必然关系的结果。我的自主对应于人类脱离任何具有确定性的能力。归属同一物种、群居性或某种自我意识的存在，它们本身并不构成价值；但是人文主义的价值是与这些物种特性一致的。所

<63>

以，价值反过来证明了这一学说是人类中心说。

在道德、政治与人类学说之间建立对应关系，这是人文主义者著作中常见的。

在《论法的精神》中，孟德斯鸠首先考虑到建立一种生物等级，不是按照它们的智力与理性多寡，而是按照它们对自己物种法则的服从程度。在这一点上，人类并没有被与其他生物割裂开来，只不过他们拥有那种特性的程度非其他物种能及。植物处于等级的最下端，它们严格遵守自身的自然法则或者神的意志（对于孟德斯鸠来说两者是一回事）。它们上面是动物，它们有情感，因为它们可以偏爱一个个体超过另一个；所以，它们已然处于不确定性之中。"动物不是一成不变地遵从它们的自然法则。"（I, 1）人类处于这一梯度的顶点，因为他是最复杂的生物；但是，此外，在人类与其他物种之间有着一种差别，不是程度上的而是性质上的差别。"作为物理存在，人类与其他物体一样，是受到一些不变法则的主宰的。作为智慧生命，他不断违背上帝制定的法则，更改他自己制定的法律。"从系谱学的角度看，从自然的束缚中解放是渐进的，从植物到人类；但是，在结构上，差别是彻底的：人的物种是唯一懂得拒绝主宰它的法则的。

<64> 或者，按照一个矛盾的但却标志孟德斯鸠立场的表述："智慧的特殊生物"，即人类，他们远离自然的或实证的法则，这不仅因为他们能够犯错误，还因为"自行其是是他们的天性"。他们的天性，即他们的认同，在于这种反对自己的生物学天性的能力。如果说政治自由（自主）对于孟德斯鸠而言是一种价值，那同样因为它适合有意志生物的这种天性。与此相对，他认为人的群居性是正义的基础。"正义不独立于人类法则……它建立在理性生物的生存与群居性的基础上，而不是建立在这些生物的禀性或特殊意志上。"（《论义务》[*Traité des devoirs*]，181）法符合人类物种的认同，而非仅仅对应于它的意志。这也是贡斯当的意见，他宣告："在一个立法系统中，想要完全撇开自然，那就是

同时去除了法律的支撑、基础和界限。"(《政治学原理》[*Principes de politique*],XVIII,2,401)

人可能反对属于自己物种特征的生物学限制,卢梭从这种可能性中看到人与动物的首要差别。"一只鸽子会在装满上好肉食的盆子边饿死,一只猫会在一堆水果或谷物上饿死,虽然两者都能以它们不屑于吃的食物为食,如果它们敢于一试的话。"(《论人类不平等的起源和基础》[*Discours sur l'origine de l'inégalité*],I,141)人类懂得改变习俗(文化),与自己的自然天性背道而驰;如果说自主成为人类的理想,那并非偶然。托克维尔也认为对自由的渴望,即超脱于既定自然条件,属于人类的认同本身;如果所涉及的只是选择或利益,我们已经谈过 [29],那么这种渴望不能一直保持下来。"存在一种对于它[自由]的本能倾向,不可抑止,就像是不知不觉的,这种倾向产生于所有激情的不可见的源头。"(《旧制度与大革命》,卷 II,345)对自由的喜好是一种本能,这不是人类自由选择的。

<65>

人文主义既不是一种"自然主义",也不是一种"人为主义";它捍卫自身的价值,不是因为这些价值化身于自然秩序,也不是因为最高意志是这样颁布的。让我们倾向于在是与非之间做出选择而不是服从的东西,不是霍布斯所援引的"权威"。以你为终极目标也同样,这就是我宁愿把人类个体看作我行动的目标,而不愿仅限于将人作为经济进步的因子来加以利用;他们的普遍性也是如此,对所有人应有的尊重要比尊重"自己人"胜过"他人"更可取。之所以人文主义者反对奴役人,反对操纵和将人当作东西或者灭绝部分人性,那不仅因为他意愿如此,他可能在这一点上与纯粹的唯意志论者是一致的;而且还因为自由、尊重他人和所有人权利平等这些价值对于他是显而易见的,他觉得这些价值比其他价值更加适于人类。

但是,显然其他价值也可能以同样的"适合"为依据,却不因此属于人文主义者所保留的价值;为什么呢?自私自利、偏爱自己人或者通过屈服于强者而获得的安逸,这些价值与相反的价值都同样是"自然的"。为了将这种显而易见的感觉加以理性化,人文主义者于是不得不求助于一种歧视性标准,那就是普遍性本身。人们可能希望所有人都是自主的,希望所有人都被当作终极目标来对待或者都被给予相同尊严;从适者生存、让他人屈服或将他人当作工具这类原则出发便谈不上这些。人的普遍性双重地介入人文主义学说,既作为其他价值中的一个,又作为让这些价值合理化的手段。

历史上的人文主义

在思想史研究中,使用诸如"首次"这样的表述虽然是危险的,但我认为可以肯定说人文主义学说的不同组成成分在法国首先汇集于蒙田的思想中。在此,我仅仅指出这一点,在后文中我还会详加论述:我的自主包含了对那些独立于"我们的选择与意志自由"(I, 28, 185)的行为的偏爱;以你为终极目标包含于宣告友谊的实践对人来说比"水与火元素"(III, 9, 981)更必要更甜美;他们的普遍性包含于对下面原则的赞同:"我将所有人看作我的同胞,像拥抱一个法国人一样去拥抱波兰人,将这种民族联系置于普遍和共同联系之后。"(III, 9, 973)我们在下文中将谈谈这一学说的最终演变。

就像对于其他现代学说,我们同样可以从古希腊思想与基督教中找到人文主义的一些元素。希腊城邦渴求由自己来统治自己,这是一种自主形式,城邦所实行的民主制意味着人们可能宁愿由意志来决定也不要从传统传承下来的法律。古希腊文学与绘画见证了个体可以成为其他个体向往的不可及的目标;古希腊人了解并尊重"博爱",即对人类的普遍之爱。

人文主义同样根植于某些基督教原则：基督的圣言是无分彼此地说给所有人的；而且，人文主义重拾了最初以伯拉纠命名的传统，对于伯拉纠而言，人类的得救掌握在自己手中；人可以自由地拯救自己或堕入地狱。按照不同的方式，这一传统由奥卡姆延续下来，他将神圣事务与人间事务分开，将自由看作人类行为的区别特征；对他而言，"个人的尊严本身在于他在任何时候都有能力做出他喜欢的行为，而且以他所喜欢的方式"（拉加德，VI，46）。这一传统同样在伊拉斯谟（Érasme）的思想中延续，与路德相反，他想要重新找回有神恩伴随的自由；同阿明尼乌①或莫利纳②与耶稣会士的思想一样，冉森派在17世纪继续着他们的批判。通过其学说的另外一些侧面，基督新教为现代个体的来临做着准备。而且，我们可以将所有的宗教异端看作人文主义的先驱，因为从词源意义上异端（hérétique）是"那些做出选择的人"，与那些服从占主导地位的学说的人即正统（orthodoxe）相对立。

欧洲历史上这些传统的存在有时可能让人觉得这一直是同一场争论，其中改变的只有标签，或者换的是演员而不是角色。前面已经提到的基督教历史上的神恩与自由之间的冲突 [35] 尤其如此，还有19和20世纪由科学揭示出的在自由与自然或历史必然性之间的冲突。为了说明人类的自由参与是正当的，各个时代的人文主义者不得不都借助于一些相同的论据：伊拉斯谟反驳路德，人不是完全邪恶的；贡斯当反驳爱尔维修，人不仅仅受到利益驱动。两极之间的妥协方案也很相似：人类的基因配置使他能够适应任何情境并创造新的生活框架，当代的生物学家如是说；伊拉斯谟说："上帝创造了自由意志"（《论自由意志》[*La Diatribe sur le libre arbitre*]，844），而蒙田说："自然让我们自由和不受束缚地来到这个世界"（III，9，973）。

<68>

---

① Arminius，荷兰基督教神学家。——译注
② Molina，西班牙神学家。——译注

我们不应仅限于揭示这些延续；当我们研究思想史，我们看到思想史几乎从不像我们喜欢想象的那样简化为两个严整的相互排斥的大命题之间一对一的斗争，它更像几个大家族之间的一场漫长的对峙，时而明确，时而混沌。尤其是人文主义者，他们不断地被迫投身一些各不相同的论战，这使得他们使用一些乍看起来相互矛盾的论据。

稍后，我将再次谈到他们与其他家族的一些纷争。此处只需指出他们自己很清楚这些冲突的多重性。比如，当托克维尔写道，"前者抛弃自由，因为他们认为自由是危险的；后者抛弃自由，因为他们认为自由是不可能的"（《论美国的民主》，II, 4, 7, 397），他将保守派与唯科学论者之间的对立用这一表述来定义。在他之前，贡斯当被迫同时与波纳德式的保守派（这是他政治上的死敌，是复辟的绝对支持者）和圣西门式的唯科学论者作战，后者是爱尔维修与"启蒙运动"唯物派的后代。针对波纳德，他肯定自主权；针对个人主义，他拒绝认为人类孤独地投入到对自身利益的追逐中。这种中间立场无疑解释了为何他的著作《论宗教的起源、形式与发展》（*De la religion considérée dans sa source, ses formes et ses développements*）引起人们的排斥：对于个人主义者而言，贡斯当过于虔敬，对保守派而言，他又不够有信仰。

⟨69⟩

卢梭长篇大论地强调有必要同时反对这两个不同的对手。如同他的《致博蒙书信》（*Lettre à Beaumont*）所总结的，那位萨瓦省的本堂神父的布道是由这两方面构成的。前者"旨在打击现代物质主义，尽作者所能去确立上帝的存在和自然宗教"（996）。后者相反"笼统提出对上帝启示的怀疑与疑难"（996—997）。《忏悔录》（*Confessions*）提到朱莉（Julie）和沃尔玛（Wolmar）这两个人物的构想出自于对传统基督教与"哲学家"的双重反对（IX, 435—436）。《对话集》（*Dialogues*）重复了《爱弥儿》（*Émile*）中进行的双重作战：在这里，卢梭既区别于"哲学家"，也有别于虔诚教徒。早于他很久，伊拉斯谟已经意识到自己的立场介于两个极端之间；他大概想起了亚里士多德，他为亚里士多德

(Aristote)辩护:"在两种对立的恶之间航行,这并非一次不幸的航行。"(874)所以,人文主义与民主制可能因激进主义而被保守派批评,而唯科学论者与个人主义者则指责他们过于畏缩。这些相互矛盾的指责解释了为何人文主义的话语本身又显得前后不一。

由于每个家族出于论辩的目的都倾向于将其他家族归为唯一一个家族,通常是它们觉得最容易攻击的一个,从而将其他家族看作仅仅是机会主义的伪装,因此辨别论争中的多种声音是尤为迫切的。最容易被攻击的角色被分给人文主义,这尤其是因为它的中间立场:对于保守派而言,它只是个人主义的一个假面("尼采[Nietzsche]完成笛卡尔的事业"),对于个人主义者而言,它是一种略微温和的唯科学论("极权主义是人文主义的一个后果");至于唯科学论者,他们可能将它描绘为保守主义的一种形式("道德秩序又回来了")。某些意识形态立场会被人彻底定义为拒绝承认这种或那种界限。 <70>

同时必须承认,实际上可能建立起一些相对稳定的联盟。人文主义者和个人主义者共同颂扬自由,这是唯科学论者和保守派否定或谴责的(从这一视角上,我再次提到这一点,托克维尔是位人文主义者)。人文主义者与保守派捍卫共同价值的必要性,这是唯科学论者与个人主义者所否认的,虽然他们的理由正相反(一切皆为必要——一切皆为自由)。人文主义者与唯科学论者共同肯定对世界的理性认识是可能的,这是保守派与个人主义者所怀疑的……甚至在同一部著作之内,不同学说可能合作或者争斗。而且某些当代的思想派别(从我们的视角看)应当被描述为杂交品种,来自于几个家族的杂交。这种多重亲子关系并不意味着这些学派缺乏严整性;从历史的角度看,任何思想都是杂交思想(我们所说的四大家族也是如此),这正如同族群本身是杂交的一样。

大家大概已经明白,家族划分是有风险的费力不讨好的行为;我已经说过[22]为何我认为划分家族同时也是不可避免的。从此刻起,我将主要限于人文主义家族。这一单一视角让我无法奢望对其他家族给

<71> 以公平的阐述：对于过去发生的那些对话，我系统化地侧重于各种声音中的一个。

我正是以这种方式识别出魔鬼的挑战，那是有关一个不为人知的契约，它解释了本书的章节次序。在第二章，我试图理解人文主义者断言自由是现代人的特性这到底是什么意思；出于这一目的，我将考察从蒙田到贡斯当的那些法国人文主义大家的作品。从那时起，我将描写人文主义者从魔鬼发出的威胁中发现的虚张声势，或者他们拒绝为自由支付代价的理由。三至五章是关于环伺社会生活的种种危险；人文主义对社会和孤独、爱与友谊的概念将在此提及。第六章转向自我的弥散，从蒙田与卢梭的自传写作出发来加以描述。七至九章分析在一个上帝既非其源头又非其保障的世界中的价值观。结论部分回到当下的政治语境来定位过去的人文主义思想所给出的回答。

第二章
自主的宣言

准确地说,现代人的自由是由什么构成?为了解这一点,我将考察16至19世纪一系列法国思想家对这一问题的回答。但是首先我要对术语加以明确。此处,我所称的自主指人类从自身出发选择感知、推理和愿想。这个词不是法国人文主义者们所使用的,而是由康德在一些论述中使用的,这些论述系统说明在他之前的思想家们的贡献并加以改变。对于康德而言,自主不在于自己指引自己,而在于仅仅服从自己规定的法则;在同样意义上,他谈到"尊严":保有自己的尊严,就是仅仅按照主体接受的那些原则和准则行事。法国的人文主义者们,他们更多使用"自由"这个词——主要是政治自由,意思不是有权做所有想做的事情,而是做自己所愿意做的事情;意思不是无视法律,而是服从自己所选择的法律。"自由"相对"自主"的优点在于它属于日常语言;这一优点的负面就是这个词有众多相互矛盾的用法,它让人觉得彻底缺少标准、缺少确定性。所以,我也使用"自主"这个词,不是用纯粹康德的意义,而是更加广义的意义,指行动的源头在于主体本身。

无可置疑,自主是"现代性"的一项战果:这是它首要的政治价值。从蒙田到贡斯当的时间里,它的领地不断扩展,它的定义不断明确;但这并非是直线式的历史。这一自主宣言的重要时刻有哪些呢?

蒙田

蒙田是古今之间的承上启下的人物,他阅读过所有古人之作,而所有的现代作者都会读他的作品,对于任何研究法国思想史的人来说他是确定的出发点。

首先,蒙田代表着一种人情味的自主形式:他希望能够与他爱的人们一起生活,而不是同那些将习俗强加于他的人一起。在一个传统社会中,你在空间中和社会等级中的位置是预先确定的;出生地就是你的自然框架,要终生与之联系在一起。然而,蒙田肯定地说他宁愿要自己选择的东西,而非强加于他的东西,宁愿想愿之物,不要给定之物。他写道:"我不大喜欢自然〔天生〕本色的甜美。我觉得任何新的知识和我自己的知识比其他的邻人的共同的和偶然的知识更有价值。我们共同获得的纯粹友谊通常胜过气候或血缘的联系〔族群〕让我们与之相连的那些友谊。"(III, 9, 973)人不是扎根的植物,他们有改变自己生活环境的自由。我们已经看到〔68〕,对于蒙田而言,我们具有一种本性,但是本性是矛盾的,因为本性就是让我们自由。

友谊反映我们的选择,友谊比仅仅由血缘纽带强加于我们的关系更值得重视。按照《圣经》的规训,人应该离开自己本家去建立新的家庭,爱自己的妻子胜过父母(《创世纪》[*Gn*], 2, 24),蒙田不仅限于重申这规训;他肯定说,就个人而言,他的子女不如朋友可贵——这始终是出于同一原则,按照这一原则,所选之物胜过强加之物。他对自己的女儿也不乏不近人情的见解;他喜爱精神上的子嗣即书籍胜过自己的亲生骨肉。如何解释这些决断?对父母的爱为一方面,对孩子的爱为另一方面,两者的不对称性是具有启示性的。为何我们爱子女胜过爱父母?这是因为爱子女不是选择的结果,蒙田这样解释,它是出于本能,即存留物种的本能。我们爱子女,不论他们怎样,是好或是坏,可爱或是可憎。

我们这样做，与禽兽没什么不同。相反，一旦我们成人，便没有什么让我们对父母有这样的爱。如果我们对子女的爱必须服从判断，那么我们会更爱他们长大的时候而不是小时候（我们可以了解前因后果来进行判断），我们会仅仅依据他们的功过来爱他们："因为，如果如同我们这个世纪大量滋生的那样，他们是些狂暴的野兽，那么就必须憎恨他们并且避之唯恐不及。"(II, 8, 392) 人们可能质疑这种对子女父母之间关系的分析的恰当性；但对于蒙田而言，善不在于服从自然（自然是属于禽兽的），而在于摆脱自然。

其他基于血缘的关系也是如此：这些关系不是经过选择的，在这一点上讲，它们是不完美的。"这是我的儿子，这是我的亲人，但这是个凶悍的人，一个恶人或一个傻瓜。而且，越是自然法则与义务加于我们的情谊，越是少有我的选择和自由意志。"(I, 28, 185) 这些词汇——选择、自由、意志——的堆砌表明蒙田对于人类法则（限制）与自然法则（必然）对立的这一范畴的重视。人们如此珍爱与自己有亲缘关系的人，这一事实证明我们并未离开"禽兽"状态，我们并未到达完全脱离禽兽状态的"人性"。

<76>

对于人们对子女的依恋，蒙田还提出另一种怀疑。将所有希望和所有抱负都放在子女身上的那些人，他们关心家族世系超过关心个人，他们忘记了对自己给以应有的关注。相反，蒙田宣称，我从未认为"没有子女是一种缺陷，会让生活不够完整和不够满足"：必须生活于当下，而非未来，必须生活于自我，而非他人。"我仅限于在纯属生存必需的情况下受制于财富"(III, 9, 998)：子女并非我的存在的一部分，自由是相对于这些绝非必要的牵挂的，它是一种财富。这中间存在一种新的要求，即要求被人从个体上对待，按照自己本来的样子来看待，而不是因为在家族中或社会群体中代表着什么；与此相伴的是要求服从自己的情感选择。一个 16 世纪的男性早已可以提出这样的要求；对于女性，要等到 20 世纪。

这种支配自己个人生活的权利不是蒙田所要求的自主的唯一形式。精神活动也应当从传统的控制中解放出来，仅仅依靠自身之力。正因为这个原因，蒙田宁愿培育"理解与良知"，而非"填充记忆"（I，25，136）：重复古人所肯定的东西，这是鹦鹉都能做到的，人类应当靠自己来判断与行动。对于那些"记忆满满但判断全空的人"（139），蒙田并不看重，按照他的那个后来变得很有名的表述，"与其头脑满满，不如头脑明白"，蒙田更愿拥有懂得"自己选择和辨析"（I，26，150）的心灵。因为这个原因，他同样不看重书籍，虽然书籍比子女更可取：从书籍中，至少是从传统书籍中，人们找到的是知识，即来自其他书籍的东西。然而，这种知识是凭记忆之功，它自己无法成为一种目标：生活的目标，就是生活。蒙田最后几乎是在歌颂无知无识了。对于那些将所有的骄傲都放在引用某位古代作者、炫耀书本知识的人，他只有蔑视：这不再是科学，而是学究气；他更偏爱那些自得其乐的人，即使他们对过去一无所知。

这是否因此意味着蒙田"反对"记忆，就如同他的某些表述让人以为的那样？并不确切。他所反对的是记忆的专制，在这种专制下，过去的片段——古人的知识——被原封不动地代代相传，总是让人有同样虔诚的态度。《随笔集》总归还是记忆之作，因为其作者从记忆中找到自己的认同和经验的结果；但是，书中记忆被用于一种超越于它的目的，即对人类命运的思考。逐字逐句的重复的记忆是过时的，但作为范例与工具的记忆，通向智慧的记忆，却受到褒扬。

通过这种立场，蒙田表述了一种现代人熟悉的选择：反对经院知识和反对服从传统；支持理性与判断的自主。"自由七艺，让我们从给我们自由的艺术开始。"（I，26，159）这种要求不仅关系到认识世界，还关系到善恶判断：最好由自己寻找理由，而非追随别人的权威。"以他人的肯定为基础来建立对美德行为的奖励，这是采用一种过于不确定和混乱的基础"，蒙田写道，"我有自己裁判的法律与法庭，我不向别处寻求"。(III, 2, 807)之所以能够设想提出这一要求,那是因为蒙田早先努力证明了习俗对我们的作用,努力否定法律有任何自然基础:习俗是第二天性,而天性只是更古老的习俗。既然自然沉默无语,那么理性便应当发言。

在这一点上,应该注意到将人类行为重新引向一些严格属于人类意义的参照点,这在蒙田作品中并不伴随任何对人类的有系统的歌颂,不伴随任何对人类能力的无限信心(蒙田并非一个"天真"的人文主义者)。相反,他不急于证明人类理性是多么薄弱,人类的骄傲是多么不合理。"所有生物中最多灾多难和最脆弱的,就是人类。"(II, 12, 452)"世上没有比人更让人害怕的野兽了。"(II, 19, 671)蒙田对人如此不看重,任何负面的描述在他看来都有一层真理光辉。"我总体上认为,在所有古代对人类的总体看法中,我最同意的和最喜欢的是那些最蔑视人类、丑化人类和贬低人类的看法。我认为哲学只有在打击我们的自负与虚荣的时候,才是对人最有利的。"(II, 17, 634)所以,并非因为人是善的或聪明的才应当让他们主导自己的事务(他们并非如此);而是因为没有其他任何人能代替他们去做。理性是薄弱的和有缺陷的;但它胜过盲目服从传统。人既不完全善也不完全恶:"善与恶……是属于我们生活的不可分离的成分"(III, 13, 1089—1090),这便是蒙田为何对教育进行思考。记忆可能是有益的,但记忆给我的是借用的知识;理性是薄弱的,但这却是我自己的:所以理性是两者中较好的。

<79>

这种新的自由的外延到底是什么?对于这一点,也许因为他在表述时的某种谨慎态度,蒙田的观点彼此有些不同。有时,他宣扬谦卑,他大大约束自由的界限,宣称"不仅是我的行为,还有我的思想"(I, 56, 318)都服从公众的权威(尤其是宗教的权威)。但是,他平常的态度是另一种,确切说就是将思想与行动对立起来,前者完全自由,后者服从当下的权威。"我们应当臣服和服从任何国王,因为这与他们的职责有关;但是我们只因为他们的德行才尊敬他们,才喜爱他们"(I, 3, 16):

理想同感情一样,是摆脱服从的义务的;如果国王不是有德行的——而且是我自己判断他是否有德行——我就既不喜欢他也不尊敬他。"智者在内心中应当让灵魂摆脱众人,将它置于自由判断事物的自由与力量之中;但是,在外部世界,他必须遵从他接受到的方式和形式。"(I,23,118)内心自由,外在服从:这种分配似乎是明白清晰的。另一些表述证实了这一点:"意志与欲望是自身的法则;行为的法则要听从公众的法令。"(III,1,795)"我的理性不是用来屈服的,弯曲的是我的膝盖。"(III,8,935)

<80>

但是,有时蒙田的视角更宽广。此处,应当回顾,在《随笔集》之前一百年,在意大利出版的一部著作常被看作新生的人文主义思想的宣言,那就是皮科·德拉·米兰多拉(Pic de La Mirandole)的《人的尊严》(*De la dignité de l'homme*)。皮科并非首位宣扬这一精神的,甚至也不是第一个颂扬人的荣耀、试图抑制圣奥古斯丁的悲观主义的人。然而,他的雄辩让他胜过前人。在这一简短著作的开头,他排除了传统上对人类之伟大做出的各种不同的解释(感官或智力敏锐、理性或美德),他最终只记取人类对于动物的唯一一个真正的优势:动物的天性决定它们的行为,而人类没有任何天性,而是自由选择他将变成什么。

重新用前文引入的一些词汇来说,皮科否认人文主义是"天真"的(人并不比其他物种优秀),但他的表述使他接近于那些"骄傲"的人文主义者:与其他物种不同,人能够变成一切。普罗塔哥拉(Protagoras)向柏拉图(Platon)讲述了普罗米修斯(Prométhée)神话,在这神话的新版本中,上帝对人类说了下面的话:"亚当,之所以没有给你确定地位,也没有给你属于自己的样貌,也没有给你特殊禀赋,那是为了你按照自己的愿望,自己的思想,去拥有自己希望的地位、样貌和禀赋。对于其他动物,它们确定的本性被我们规定的法则束缚着:你,没有任何约束制约你,让你能够定义自己天性的是我交给你的你自己的判断。……之所以把你造成既非天上,又非地下,既非有寿限,又非无寿

限,那是为了让你被赋予光荣的塑造自我的独断能力,你可以给自己你喜欢的形态。"(7—9) <81>

皮科能够如此大声地肯定人的尊严,那是因为他依据一个可敬的传统:人是一个小宇宙,自身包含着大宇宙的所有复杂性;人是完全依照上帝的形象造出的,因此属于无限。但他的表述仍然是有力的:人(此处谈到的是失乐园之前的人类)是一种可以变成矿物或植物、人类或天使的可变形之物。我们看到皮科的表述可以让人想象自主的一种极端版本,依照这个版本,人只是自由、不确定性,没有任何实在的天性(一切皆非别人给予,一切皆是自己想要的);在这一点上,他代表着"骄傲"的人文主义的一个版本。虽然,他看到了"有害的使用自由选择"(15)的可能,他仍然将这种自由看作崇拜与歌颂人类的一个理由。

蒙田或许不知道皮科的作品,他没有像皮科那样歌颂人类;但是,当他重新采用普鲁塔克(Plutarque)对人与动物所做的区分,他与皮科是接近的。他的版本没有皮科的那么极端。"熊、犬的幼崽表现出它们的自然倾向;但是,人类很早就投身习俗、舆论、法律中间,他们很容易改变或伪装自己。"(I, 26, 149)在普鲁塔克的著作中(《关于神的正义的期限》[*Sur les délais de la justice divine*]),他将动物的"真诚"(它们的幼崽立刻显示出遗传特征)与人类的虚伪对立起来。蒙田将原始材料的意思做了变通:在他那里,对立的不仅是真诚与虚伪,还有对"自然性"的保持与改变天性的可能。改变的便利,并不意味着像皮科所希望的那样,在有所行动之前人类什么也不是;而是意味着人类的认同在于拥有一些多元的、可更改的风俗与选择(但它们始终属于人类:人不可能选择了石头的命运而仍然是人)。所以,蒙田隐约看出克服自然与文化之间的对立的可能性;人类的天性,正是他们拥有文化、历史、个人认同的能力;他们的天性在于不完全被决定。如果个体的人不是完全自由的,那么人类历史本身就毫无意义,蒙田也不会写《随笔集》:书籍是为了追寻自我,其存在本身说明对于他而言,个体不是掌握在上天手 <82>

中的简单玩物。

依托古代的怀疑论,蒙田走出了决定性的一步,它标志着"现代性"的来临:善并非由上帝定义,不是自然中既定的,它是人类意志的产物:"我们的义务除了偶然性之外别无其他规则。"(II,12,578)此处,法则战胜了自然,价值是习俗的后果。但是,不应误解蒙田的这一明确表述的意义:偶然性本身不是偶然的,它的可能性本身构成人的天性。只有习俗,这第二天性,它可能显得与第一天性一样不可动摇。蒙田不是以现代人的方式,从这种任意性中推论出按照自己的喜好来重组法则的可能,蒙田从中得出的结论与古代人相近,认为我们有理解这秩序的自由,这秩序却是独立于我们的个人意志的,我们有自由去到达在这秩序中为我们保留的位置;理性的用处就在于此。对这些(偶然的却成为天性的)法则的服从本身可能在自由中进行:我们服从这些法则不是因为像禽兽一样我们无法以别的方式行事,而是因为我们理解了这些法则,我们选择服从。"上帝喜欢赋予我们某种理性能力,为的是我们不像禽兽那样奴性地服从共同法则,而是通过判断与意志自由来执行法则。"(II,8,387)此处,人的特性似乎不再是理性,而是自由;理性本身是一种解放手段。

如果每个国家的法律都是任意的而不是由自然或上帝强加的,难道不应该让它们服从人类的判断,如果不是以判断为基础,至少用判断来做出评价?蒙田似乎要求一种彻底的自由,他写道:"当奴隶,我也应当是理性的奴隶。"(III,1,794)但是这句话立刻被一种限制加以补充:与城邦法律有关的事情除外。蒙田要求自主,但却是一种有限的自主:他想在法律框架内自由行事,选择自己的道路,但这仅仅是对那些属于他私生活的事情。寻找最佳的政府形式以便创造一个理想城邦,他认为这是一种无谓之举,因为具体的人并不表现为不确定的天性,而是表现为拥有文化与历史的生物。必须懂得将愿想与既定条件结合起来:蒙田没有丝毫属于"骄傲"的人文主义者的地方,在关于社会秩序方面,他甚至是个保守派。"不是作为观点,而是作为真理来说,对于每个民族而言最好的治理就是现存的治理。……改变只能导致不公正和专制。"(III,9,957—958)我们还会回到这一命题[207,242]。

笛卡尔

关于支配私生活的那些情感选择,笛卡尔遵从蒙田的教诲;更有过之,他将之付诸实践,因为蒙田仅限于从原则上肯定人们应该能选择最适合我们的国家来生活其中;而笛卡儿正因为这个原因而移居荷兰。选择的可能性属于人类命运:"人类与树木不同",树木只能从被播种的地方长出地面(《致布拉塞》[À Brasset],1649年4月23日);所以,区别它们的是选择的自由。人们有权居住在自己感觉惬意的地方,而不是屈服于出生的偶然性。远过于蒙田,笛卡尔甚至将不过分依恋某个国家看作一个优点,不论是出身的故乡还是自己选择的故乡。"保持我现在的样子,一只脚在一个国家,另一只脚在另一个国家,我觉得我的现状很快乐,因为它是自由的。"(《致伊丽莎白》[À Élisabeth],1648年6—7月)因为不属于任何一个国家,个体尤其能够自我肯定,摆脱故土(摆脱由习惯强加于人的习俗)为人获取一个优势。因此,同他的前辈一样,他可以偏爱自由选择的朋友,胜过环境安插在他身边的邻人。"如果时机合适的话,没有任何事情能阻止我更偏爱生活于殿下所居之地的快乐,这胜过住在我的祖国。"(《致伊丽莎白》,1648年1月31日)

<84>

但另一方面,笛卡尔始终与蒙田一致,宣称在所有有关行为的方面服从于当下的权威。他说,他的第一道德律在于"服从我的国家的法律与习俗"(《论方法》,III,141)。这并非因为这些法律或风俗一定是正确的或合理的;而是因为,如果我选择留在一个国家而非换一个地

方,那么我便应当"根据那些我必须与之生活在一起的人的样子来调整自己"。顺应风俗是因为风俗就是风俗:这是一种纯粹的威权论点。在伽利略遭到教会的宣判之后,笛卡尔选择不出版他的《论世界》(*Traité gu monde*),他以此说明了这种服从能力。得知伽利略的观点引起"我尊重的那些人"的不满,这些人的权威对他的行为有完全的支配能力,他决定把他的著作留给自己:权威的举动"足以让我改变我曾有过的发表这些文字的决定"(VI, 167)。人们可能认为笛卡尔比蒙田更怯懦,蒙田接受教皇机关对他的著作的审查,却没有遵从他们提出的建议;人们同样可能对这种审慎决定在科学发展中所造成的滞后进行思索。(我们今天知道没什么关系:他的物理学是错误的!)但是,原则仍是同一个:外部服从,内心自由。屈下的是笛卡尔的膝盖,而非他的理智。

因此,从另一个视角看,作为与理性工作、知识与判断工作有关的人,笛卡尔比蒙田更彻底:只有自主地运用理性才值得尊重。蒙田更爱明白的头脑,而非塞得满满的头脑;笛卡尔将这一区别变成他的方法的原则本身。虽然提醒人们公众行为仍服从于当下的权威,但他加以明确:"因为我只想致力于追求真理,所以我认为我必须去做与之相反的事情"(IV, 147);只有他的理性对他的思想拥有权威(VI, 167)。因此,记忆在笛卡尔的作品中的待遇还不如在蒙田那里,在他事业的初期他断然宣布:"所有的科学都丝毫不需要记忆"(《个人的思想》[*Cogitationes privatae*], 230),这是随便什么神学家们都可以将之据为己有的领地。笛卡尔著名的方法在于,首先怀疑所有来自外部的、由传统传承的知识;这项清理工作完成后,建立起一种不同的知识,它是确定的而不再仅仅是可能的,主体自己为这知识负责。从此之后,只有自主的知识——与依靠传统的权威来维系的知识相反——有权得到尊敬。整个现代科学都将落入由笛卡尔由此打开的缺口之中。

人们可能会说,笛卡尔对自主问题的贡献可总结为两点。第一点在于将两个领域即思想与行动截然分开。在第一个领域中,人们无法否认自由（人类拥有自由意志），而我们的谨慎却可能让我们搁置第二个领域。形而上意义的自由是不可剥夺的；政治自由却依赖于形势。一个领域（意味着认识世界）要求自主；另一个则同意放弃自主。所以，相同原则并不到处适用，生存的领地并非均质的；正是这一点让笛卡尔有可能将神学与哲学调和起来。在《哲学的原则》(*Principes de philosophie*) 中，他写道，上帝意志的显现造成一个结果，它比人类不完善的理性"无可比拟地更加确定"；然而，对于世界上多数事物，对于"神学丝毫不涉足的真理"，它却什么也没告诉我们：理性对之拥有所有权利（I, 76, 610）。还有，人们服从"上帝旨意"，其"永恒的意旨"是"必然的和不变的"；然而，在它之外还存在依赖于"我们自由意志"的那些"东西"（《灵魂的激情》[*Les Passions de l'âme*]，146）。

笛卡尔的第二个贡献在于精神领域中对自主的要求是彻底的。实际上，在与认知活动有关的部分，笛卡尔与蒙田的谨慎分道扬镳，蒙田虽让传统服从理性，但却没有完全抛弃；笛卡尔却走上"骄傲的"人文主义者的道路。现在，最好的知识便是对通过记忆传承的传统毫不保留的知识。而同时，这种知识的品质被认为是令人向往的。人类知识的领域当然有一些限度；但是，在这些限度之内，笛卡尔的方法是至高无上的。"除了我给你们的用来达成人类精神所能企及的所有至高知识的那些原则，不需要寻找其他原则。"（《哲学的原则》，"前言"，563）这些原则的"果实"不仅意味着从战胜无知中获得的合理的满足感，而且还有我们行为的显著改善："它们所包含的真理非常明白与确定，将消除所有争论的主题，因而让精神永远甜美与和谐"；简言之，人们可以由此"上升到智慧的最高级"（568）。

然而，笛卡尔的第二个假设的强度最终威胁到他的第一个假设中所肯定的两者的划分。即便是在笛卡尔眼中，意志与理性享有如此的威信，让人类生活的一个重要部分免受它们裁定，这样的决定迟早会显得过于任性。笛卡尔写道："我在我们身上只注意到一件值得尊重的事情，

<87>

那就是我们的自由意志，及我们对自己意志的控制；因为，只有依赖于这种自由意志的行为才使我们有理由被褒奖或责备；以某种方式，通过让我们成为自己的主人，它让我与上帝相似。"（《灵魂的激情》，152）但是，如果说将"人类最完美的东西"（《哲学的原则》，37，587）交付给意志来支配，那为何要将公众世界除外？同时，人们注意到价值判断（自由是我们所拥有的最好的、最人性的东西）导致对笛卡尔人类学说的丰富，这是通过一种"骄傲的"假定，即我们借助于意志而成为自己家中的主人。"没有那么软弱的灵魂，得到了良好指引的情况下还不能绝对主宰激情"，他补充说。（《灵魂的激情》，50）然而，行为并不遵循价值，反过来也一样：我们可以看重自由超过一切，但承认我们的激情、无意识或文化归属并不总是任由意志来引领，哪怕是开明的意志，它们反而继续影响着我们的行动。

<88>

但是，笛卡尔自己使用的比喻，可能会让他额外加些小心。《论方法》的第二章以一个著名的比喻开始，本意是让我们本能感到理性的作品优于传统的作品。笛卡儿问，难道我们所有人不都是更喜欢按照一位独一无二的建筑师的图纸建设的城市，胜于一座布局由许多代居民与建设者沿袭下来的城市？所以，一方面是"某些使用理性的人的意志"，另一方面是"为了别的目的而建造的一些古旧城墙"，"一些弯曲而不均匀的街道"。（II，133）

笛卡尔应该很少有机会观察一些新城市；我们比他更常看到，但我们却倾向于相反的论断。不是因为我们太过现代，我们就必然对所有古老的东西感到怀旧；而是因为此处传统就像那些属于过去世代的人们的意志与理性的沉积，他们远远高于当代工程师的个人理性（这便是保守派对个人主义的骄傲的批判）。此处，能说明问题的对立不在于自由与服从之间，而在于自由或意志或理性的几种形式之间。换言之，不是因为脱离了唯一一人意识的掌握，一个作品或行为就是"非理性的"并应受到谴责；反过来说，单个人的过度的野心容易导致错误，因为孰能

<89>

无过,即便是学者。

原则上,只要涉及公众行为,涉及法律与建制,涉及整个社会秩序,笛卡尔就退缩到一些与蒙田相近的保守派立场:现存法律的不足往往已经受到惯例的纠正,而更改本身是有害的,他这样说。此处他所选择的比喻,比他的新城市的比喻更有说服力:过去的数个世纪中形成的"山间盘旋"的道路,比"笔直行走,翻越岩石,深入沟壑"的方法更方便(135)。传统比创新更合理,因为多个人的理性比一人的理性更强;将这种对立当作传统与理性的对立是让人感到棘手的。但这一新比喻意味着让人们在意愿的一旁为既定条件留有更多位置:虽然我们现有的理性不知如何解释,但必须从原则上假定理性并不缺席。

由笛卡尔竖起的在理性自由主宰的私人世界与服从于传统的公众世界之间的藩篱,说实话,似乎很脆弱。"这些庞然大物一旦打倒便难以重新扶起……它们的跌落只可能是非常猛烈的",在谈到那些公共建制的时候他这样写道(134),就好像这一事实对于每个人来说都是一个充足的理由,去让人拒绝任何实践的态度。但是,那些相信在精神领域理性与意志万能的人,他们并不止步于此:他们心想,不破不立,不打碎鸡蛋便做不了炒蛋;至于重建,困难不是拒绝的理由,因为作为社会工程师的作品,重建的结果肯定远胜从前!笛卡尔会拿来反驳他们的,不是对理性的领域的自愿限定,而是理性的社会形态的多样和个人理性的薄弱。承认我们中间没有人能控制构成人类社会生活的所有进程,这并不意味着放弃理性的自主,而仅仅是放弃个人的骄傲。

<90>

"我坚信不会有哪个人计划改革国家是通过从基础开始全部改变的方式,通过推倒重建的方式"(134):此处,难道人民不会从幽隐处看出未来某位革命者的画像,比如那个毫不迟疑地将一切推倒重建的罗伯斯庇尔?如果革命进行的唯一原则是颂扬归于人类,那么为何不投入这样的革命中去?为何犹豫是否在各方面都变得像上帝一样,不仅是在智力行为中,而且在公众世界中,不仅建立理性的城市,还建造社会与个

人,因此成为"唯一的建筑师"(132)？在法国大革命前夕,首先是文人们走到了这一步；如同托克维尔所说的,在这个时代,"所有人都认为应该用一些简单的根本的规则,一些在理性和自然法则中汲取的规则,去代替在他们那个时代统治着社会的那些复杂的和传统的习俗"(《旧制度与大革命》,III,1,230)。

<91> 笛卡尔的提议想要将克制与激进结合起来。"在没有努力改良我自己的思想,并在一个完全属于我的地基上进行建设之前,我的计划绝不先行展开。"(《论方法》,II,135)行动的领域(仅仅是我的思想)狭小,这却不足以抗拒控制的野心:"一切皆归于我";数量让位于质量,没有分权的统治将变得普遍,扫除掉它前进道路上所有被认为可能阻挡它的障碍。但这种下滑已经蕴含在笛卡尔自己的文字中,他寄望于知识的增长将改善人们的行为。"启蒙运动"的支持者在这一点上来讲是他的继承者,要等到卢梭出现,我们才看到有人道出这一原则:知识并不自动导致智慧。笛卡尔不是唯科学论者,但是他将全权赋予意志与理性,这为唯科学论者对自己的政治学给出理论解释做了准备。

他是"骄傲"的人文主义者,但笛卡尔不能被打上"天真"的标签:并非因为人是自由的,他就是正确的。在《第四个沉思》(*Quatrième Méditation*)中,笛卡尔努力证明对真与善的认识并不减少我的自由,而是相反增加自由,因为我的选择现在得到了更好的说明；所以,人类的自由是可以与上帝的万能兼容的。所以,当霍布斯提醒他加尔文主义对他的反驳即让人放弃自由以得到神恩,他仅限于援引我们的共同经验,即我们所有人都拥有的行使自己意志的能力(自由并非别的东西)。这就是说,善是选择的而非强加的,恶可能代替它；这是个传统论据,比如在伊拉斯谟的作品中就能看到。

<92> 然而,笛卡尔走得更远:正是对恶的选择最清楚地证明我的自由的存在。"更大的自由在于……更多使用这种我们所拥有的切实的力量,在看到最好的东西的同时,去追随最坏的东西。"人们甚至可能会以为,

做坏事是故意的，是为了证明我们的自主。"我们有可能阻止自己去追求一种众所周知的善或承认一个显而易见的真理，只要我们认为借此肯定自己的自由意志是一桩好事。"(《致梅斯兰》[Au P. Mesland]，1645年2月9日) 但是，如果说人类最主要的好处在于行使这自由意志，那不就是承认没有比恶更属于人性的，承认世界上诸恶盛行是有极好的理由的？虽然笛卡尔清醒意识到人类的道德缺陷，他不同意人类的智力终归是不完善的这个论题；他在彼处的前辈撞上了他在此处的骄傲。他自己对让这两种态度相安无事丝毫不感觉困难，他所推动的精神革命从未让他接近任何行动上的革命。不管怎样，他的后继者和门徒们却并非总是有他这样的谨慎。

孟德斯鸠

作为蒙田和笛卡尔的崇拜者，孟德斯鸠被他同时代的人和后来的读者们视为一种思想的捍卫者，按照这种思想，人类行为是他们所生活国度的地理与历史条件的产物。他的主要著作《论法的精神》是四分之一世纪的观察、分析和思考的成果，岂非正是这个时代所实现的对与各自法律相关联的各民族风俗的知识的最大集成，因而也是现代社会科学的出发点？如果这是孟德斯鸠的思想，那么他就不会在人文主义者家族中拥有一席之地，而是属于唯科学主义家族了。他的思想真如此吗？

在孟德斯鸠自己的作品中不乏纲领性宣言，它们似乎为这样的阐述提供了理由。总结他的《罗马盛衰原因论》时，他写道："主宰世界的并非命运"，因而不是偶然性，也不是意外。"存在一些普遍原因，或是精神的，或是物理的，它们在每个君主国起作用，让它兴起，维系它或让它跌落；所有意外都服从这些原因……：一言以蔽之，主要进程随之带

<93>

来所有的特殊意外。"（XVIII, 472）这一训诫将在《论法的精神》中得以确立，特别是在第三至第五部分，这些章节详细审查了这些"物理或精神原因"的作用：气候（第 14 篇）、土地（第 18 篇）、贸易形式与劳动方式（第 20 至 22 篇）、民众特性（第 23 篇）、宗教（第 24 与 25 篇）。

无可置疑，孟德斯鸠对于每种作用生效的环境给予很大重视。然而，他同样渴望洞悉造物者上帝的意图，或者从人类的制度中找出真正的"万物本质"。所以，在他的作品中在古人的"自然"（宇宙的和谐、上帝的意志）与现代人的自然（物理与精神原因）之间，在信教者的宿命论与无神论者的宿命论之间似乎建立起某种延续性。但是，虽然从这个角度看，孟德斯鸠的思想保留有某种模棱两可，但是它的思想却有系统地拒绝给予这种因果论以无限外延。更准确地说：一切皆事出有因，却不因此推导出人们不能改变它；哲学的决定论并不排斥政治意志。

<94> 在圣奥古斯丁派与伯拉纠派之间，即认为灵魂得救依赖于宿命与神恩的那些人与认为人类的作为相反起着决定作用的那些人之间的神学论战中，孟德斯鸠大概会站在伯拉纠派一边。圣保罗说过，人是掌握在上帝手中的，就像掌握在陶工手里的迟钝的黏土；但是，孟德斯鸠同伊拉斯谟一样，他也可以这样惊呼，那么人有何用？必须要让人被指定某个目标。然而，让人与其他生物有所不同的是他特有的较高的不确定程度；所以，人变成自己为自己的行为负责，由此他为上帝的计划出力。即使没有宿命和神恩，人类并非彻底无望：人类可以通过自己的努力来拯救自己。"上帝有时将宿命交给人类，他可以借此很可靠地得救，没有宿命，他也不见得不能得救。"（《随想录》[*Mes Pensées*], 674）

所以，不加甄别地将顺天承命的立场归于孟德斯鸠，这是严重的误解。然而，他最早的读者们已经有了这种误解，这误解也许可以这样解释，自由是不可更改的既定原则，它从定义上不属于知识范围，但人们却可以对确定性进行观察、记录和分析。构成《论法的精神》的最初研究对象的正是这些确定性。这便是为何在很长时间里人们认为孟德斯

鸠是个纯粹的决定论者，因而混淆了认识论上的限制与本体论上的假设。因此，孟德斯鸠被迫不断地与误解斗争，他坚持说：我的目的不是证明意志是无能的。

孟德斯鸠在历史运行中为非决定论留有余地，其原因首先在于决定论的多元性本身：每个原因都有多重后果，每个后果可能来自于众多原因。"虽然每个后果都依赖于一个普遍原因，但参与其中的还有如此之多的其他的特殊原因，以至于每个后果在某种意义上都另有原因"，他在《论趣味》(*Essai sur le goût*, 851) 中写道；还有："多数后果……的发生是通过一些如此特别的途径，它们依赖于一些如此地不可洞察或如此遥远的原因，以至于人们无法预见到它们。"(《论义务》，182) 世界不是非理性的，但它可能是无法洞悉的；它是复因决定的，而非不确定的——但总归结果都一样。因此，法则所认识的是一些表象的例外。正因如此，孟德斯鸠站在唯科学论乌托邦主义者们的对立面上：他不相信社会法则能变得完全透明，也不相信可能将政治建立在带给我们关于政治的知识的科学之上。

这并非全部。我们看到，孟德斯鸠区别物理原因（气候、地理条件）与精神原因（宗教、贸易与劳动方式、风俗）；然而，之所以他强调物理原因的力量，那是为了让我们准备在必要情况下去战胜它们。虽然"气候的统治是首要的"(《论法的精神》，XIX, 14)，但有可能"战胜气候的惰性"(XIV, 7)；孟德斯鸠宣布："糟糕的立法者是助长气候的恶行的那些人，而好的立法者是与之对抗的那些人。"(XIV, 5) 专制政体更常见于幅员辽阔而气候极端的国家；而温和的政府在温和的气候下兴旺发达，让人惊奇的是：小片国土有利于共和国，而中等疆域有利于君主国家。但是，不应当过分依赖于此："如果专制政体在某处确立起来，那么便没有风俗与气候能起作用。"(VIII, 8) 换言之，精神原因比物理原因更强大。孟德斯鸠愤怒于读者们不理解这一点，他的著作受到批判之后，在给索邦大学的解释中他通篇都在坚持说："《论法的精神》一书

构成精神对气候，或者普遍意义上对物理原因的永恒胜利。"（824）

在与《论法的精神》同时代然而却未出版的一部作品《论可能影响精神与性格的原因》（*Essai sr les causes qui peuvent affecter les esprits et les caractères*）中，孟德斯鸠直接着手这一问题，在逐个审视"物理原因"与"精神原因"之后，他得出结论："精神原因更多地构成一个民族的普遍特点，比物理原因更多决定民族精神的性质。"（493）然而，虽然人类已经可以通过改变生活的自然环境来战胜这些物理原因，但精神原因让人类的意志有更多机会介入其中！这种介入有个名字：教育。孟德斯鸠区分两种教育形式："个别"教育，专门针对个人的教育（学习、旅行、际遇）；"普遍"教育，通过法律、宗教、风俗或对世上大人物的模仿欲。依靠所有这些手段，有可能克服在意志介入时先存条件的决定性力量。这些先存条件不容忽视，但是它们是些简单的既定因素；决定自己的法律与生活的最终是人。"精神与物理原因"的决定性，并不剥夺人类的行动自由，并不解除人对自己行为的责任。孟德斯鸠得出结论："我们为自己打造我们喜欢的精神，我们是其真正的制作者。"（《论可能影响精神与性格的原因》，494）

如果那么多事情都依赖于意志，那么花那么长时间去研究那些不取决于意志的原因有什么用呢？那是因为，对于孟德斯鸠而言，可以说最佳的行为便是在了解前因后果的情况下实行的行为。要想克服气候的作用，必须从认识气候开始。要想弥补某些贸易形式的不足，首先应当加以研究。更有甚者：最有效的行为不是与现有倾向针锋相对的行为，而是选择间接的道路，首先去改变它们的条件。教育将有效改变民族精神，可以让人达成渴求的目标，这要比制定与之截然相反的法律更快；正因如此，必须认识这种精神。

在《论法的精神》的前言开始的地方，孟德斯鸠宣布："我首先审视了人类，我认为在法律与风俗的无限多样中，他们不仅仅受到自己的想象的指引。"人们倾向于将这一论断理解为一种间接的肯定，倾向于解读为：他们永远不受自己的想象指引。然而，这段话应该从字面上理解。人类的行为不是纯粹任意的，是受到千百个因素制约的，这些因素可以认识（这便是他这本书的目的）；但是，人类的行为并不因此完全是受决定的。想象，也就是意志，它有自己的一席之地。"不仅仅"这一表述很难被一元论的思想接受；然而这一表述却正是孟德斯鸠的立场，他是一个有着全部骄傲的人文主义者。人类行动中的任意因素，在他看来，是本质性的。相反，如果赞同决定论的选择，人们可能会说这种任意性随着远离个体，随着人们接近时间或空间中的普遍性，它会越来越少：多数的人比个体的人更加服从法律。"随着它们拥有更普遍的后果，这些原因会变得不那么任意。因此，我们对赋予某个民族某种特性的东西比对将某种精神赋予某个个人的东西更加了解，对改变作为整体的男性或女性的东西比对影响一个男人的东西更加了解，对构成那些采取某种生活方式的社会的精神的东西比对构成单个人的精神的东西更加了解。"（《论可能影响精神与性格的原因》，485）

对人类命运的这种读解是孟德斯鸠对政体进行分析的基础。在这些政体所表现的多样性之外，一个大的分类在划分它们的领地，这一分类将专制政体与温和政体对立起来。两者的区别在于（我们还会谈到[110]）专制政体让所有权力都集中在同一些人手中，而温和政体使某种权力平衡成为可能。然而，孟德斯鸠的分析并不是中立的：他抨击和嘲讽专制，而赞扬温和克制。权力分配于几方是一件好事，因为分权会给个人留出更多机会去按照自己的意志行事——这更加符合人类的天性。

<98>

自发地行动，这是人类胜过其他生物的特有的东西，因而在他们的建制中伴随着一个后果：不桎梏这种行动自主的建制才是合理的。政治自由多多少少受到国家的保障，它不混同于人类的原则上的自由，即他相对的不确定性；不管怎样，原则上的自由驱动政治自由。"任何被认为拥有自由灵魂的人应当由他自己来主宰"，孟德斯鸠这样写道。（《论法的精神》，XI，6）孟德斯鸠在其他方面与霍布斯相反，此处却赞同他

的另一个基本命题,即人类的特点是偏爱自由:"没有人,或者几乎没有人,会蠢到不认为自己主宰自己胜过听凭他人主宰",霍布斯这样写道。(《论公民》[*Le Citoyen*], III, 13)好的政体是那些为个人保留这种自由的余地的政体。但是,与霍布斯一样,孟德斯鸠并不将对自主的要求扩展到政体本身。但某些政体中,比如共和政体中,民众也想自己主宰自己:"这又是民主制的一个根本法则,即民众制定法律。"(《论法的精神》, II, 2)但是,君主制也是合理政体,因为它保障个人自由,在君主制中,人民主权的要求没有意义。所以,不能够以个体来推断国家。

卢梭

在笛卡尔之后一个世纪,卢梭不再感觉需要要求理性在认识世界方面的自主:在《百科全书》(*Encyclopédie*)时代,这是一件不言而喻的事情,经验论的观察与逻辑学的论据已经代替了经院哲学的驯服的知识传承。另一方面,与蒙田或笛卡尔一样,卢梭不是一位革命者:他认为个人的行为必须服从现行法律,即使这些法律的正确性不尽如人意。这一点值得强调,因为我们知道卢梭并未放弃思考"政治权利的原则"(这是《社会契约论》的副题),蒙田与笛卡尔认为对此进行思考是徒劳无益的,而在卢梭之后三十年,革命者们将他的学说变成行动纲领。但是,如卢梭所言,"世上没有什么比这两者更不同",一方面是对原则的思考,另一方面是具体的社会实践(《爱弥儿》, V, 836)。一方是对抽象的偏执,另一方关系到受激情左右的人类行为;这两者之间存在着延续性的解决方案。在实践上,卢梭——同笛卡尔一样——选择在必要的时候流亡,而绝不是反叛。

同时,卢梭重拾了笛卡尔在《灵魂的激情》中表述的原则并加以发挥：唯有自由完成的行为才是有德行的。卢梭赞同，"只有精神自由能使人成为自己的主宰"（《社会契约论》，I，8，365）；在《爱弥儿》中他用更多篇幅解释了自己的看法，他将自由变成萨瓦省本堂神父的"第三条信仰"（IV，587）。在人类的行为方面，"有意义的不是自由这个词，而是必然这个词"（586）。人在行为中是自由的，不管作用于他身上的力量如何；"他自行其是"，因此可能行善或为恶。如果他的行为是垄断地由上帝或天性授意给他的，他就不会这样。同蒙田、孟德斯鸠一样，卢梭认为这种自由，即行善和为恶的可能性，是人与动物之间的决定性区别。"在禽兽的行动中，自然独自决定一切，而人类却是作为自由行动者促成自己的行动。……自然操纵所有动物，动物服从。人类感受同样的感觉，但是他认为自己有权自由地接受或反抗。"（《论人类不平等的起源和基础》，I，141—142）

<100>

此处，大家会注意到卢梭并非同意人文主义学说的"骄傲"版本。人类"促成"自己命运的走向，他并非独自引领命运：人类行为是两个力量即天性与自由的结果。人类不能完全逃脱天性的强令，但他拥有动物没有的行动的余地：他还可以抗拒。人类并不比其他物种缺少天性，但是人的天性较少约束力。在他的思考中，卢梭试图将既定条件与愿想衔接起来：自我之爱和怜悯属于人类天性，而它们同样是美德的基础，而美德隶属于意志。

卢梭对关于自主的人文主义学说的主要修正在于别处：将自主从蒙田和笛卡尔所限定的私人世界中扩展到公众世界；或者不如说从个人主体扩展到集体主体（民众）。卢梭对政治自由表现出的偏爱，其本身并非一种真正的创新。个人在自己的公众生活中受一些他自己赋予自己的法律的主宰，而不是服从一些来自别处的命令，这是古希腊人早有的关于政治自由的思想。而且，民主制与专制相对立是因为，在专制制度中权力依赖于领袖的任性，而在民主制中权力来自全体公民的共同意志。欧里庇得斯（Euripide）的《哀求的女人》（*Les Suppliantes*）中，

<101>

忒修斯（Thésée）可以这样说："这个城邦不是仅受一个人主宰：它是自由的。民众在这里做主，所有公民轮流做年度法官，治理国家。"（403—406）通过重拾政治自主的思想，卢梭与古希腊政治思想（在蒙田与笛卡尔所要求的自主形式中，我们较少发现希腊的痕迹）接续了联系；卢梭的"普遍意志"与邦雅曼·贡斯当后来称作"古人之自由"的东西联系紧密。但他赋予它一种触动现代人心灵的形式。

卢梭的表述是极端的。赋予一个政体、一个建制、一个法律以合理性的是什么？仅靠它们的存在显然不足以做到的，正如在笛卡尔眼中单凭一个观点的名气不能证明它的真理性。既存事实无法让人判定权利。社会的约定俗成的存在说明什么？说明在之前的冲突中，它战胜了敌对的法律、规则和建制。传统——历史——认可暴力的胜利，而非权利的胜利。这便是为何卢梭搁置所有"历史教训"，搁置人们以为从中发现的所有"理由"去开展他的考察。"所以，首先让我们排除所有事实"，在《论人类不平等的起源和基础》的开头，他这样直率地写道（132）；而在《社会契约论》的头几页里，他就已经在攻击格劳秀斯（Grotius），在他看来，格劳秀斯错误地从历史中抽取例子来作为论据。"他最一贯的推理方式就是始终通过事实来确定权利。我们却可以使用一种更符合逻辑的、但对暴君们较不利的方法。"（I，2，353）

<102>

一个国家的唯一合法政府是由这个国家人民的自由意志选择的政府；这便是著名的普遍意志。当每个人都同意了对受法律支配的共同生活的社会契约，他便从属于这一普遍意志。是法律"教会他按照自身判断的公理来行事"（《政治经济学》[Économie politique]，248）：这是自己的判断，而非别人的。个人选择按照自己的意志行事，这种行为在于形成一种普遍意志，由普遍意志来决定适用于所有人的法律。同时，它的意志自由赋予法律以合法性。以下，我们看到如何从个人的自主推论到政体的自主："人生而自由，是自己的主宰"（《社会契约论》，IV，2，440），只有人们自由赞同的政体才是自由的（所以是合法的）。由此

得出下面这一表述，其革命的潜能在三十年后被人利用："任何合法政府都是共和制的。"（II，6，380）换言之：唯有共和制才是合法的。

然而，在这一方面，卢梭也没有转入"骄傲"的人文主义。只有普遍意志才赋予合法性；这并不意味着具体的法律应当仅仅是普遍意志的产物。此处，卢梭仍然接近于孟德斯鸠，孟德斯鸠将好的法律看作既定条件——地理与气候条件、历史、宗教或贸易形式——与人们想要的或者受到某种理想启发的东西之间长期相互作用的结果，比如那种温和克制的理想，它使孟德斯鸠能从各个方面谴责专制制度。而卢梭也不将人类与社会看作一块可以抹平的写字板，可以在上面仅仅按照自己的意志来建筑新房子。他了解人们不能不顾及自身的历史与文化；他写道："必须给予每个民族一个特殊的制度体系，它不是本身最好，而是最适于所针对的国家。……除了所有人共同的公理，每个民族自身包含某种原因，它以特殊方式支配他们，并为其自身赋予合理性。"（《社会契约论》，II，11，392—393）统治的艺术不在于抽象推理，而在于按照时代与地点的情况来合理地改变普遍原则；它所面对的是真正的人，而非圣徒与智者。简单地说，蒙田所关注的中心对于卢梭成为边缘问题，反之亦然。

最后，应该关注自主的另一个侧面。我必须能够按照自己的偏好行事，而不是服从偶然、习见或自然，蒙田与笛卡尔如是说；比如，与友人们生活在一起，而非与亲戚们一起。但是，同样是蒙田，他已经注意到这种纯粹个人意义的自主比人们想象的要困难，因为每个人都受到共同舆论的压力：他以为自己是由自己引导，而实际上他所做的只是顺应来自别处的一种风尚、一种强制。"我们为自己的功利性感到挫败，我们形成共同舆论的表象。我们并不那么关注我们本身的存在实际是怎样的，也不关心对公众有何认识。"（III，9，955）

17世纪的道德家在这方面也有很多论述：人类以为自己在选择，实际上他服从一些来自别处的风尚与趣味。他以为自行其是，而指挥他行动的却是别人。帕斯卡写道："我们不满足于在我们自身和我们自己的存在中拥有的生活；我们想要按照他人的想法过一种想象的生活，为此我们努力去到人前表现。"（B. 147, L. 806）人前的表象胜过了存在，然而表象是由他人强加于我们的：所以，我们的自主是虚幻的。拉罗什福科也说过同样的话：人们"认为必须效仿他们看到别人所做的事情……每个人都想变成别人，不再是他自己"（《杂想》[*Réflexions diverses*]，III）。人们奢望从自我出发去进行渴望和判断，但是这种企图在多数情况下只是掩盖着某种幻想。"人们忘记自我，不知不觉中远离了它"，人们的听觉不够敏锐，无法从自己身上听到自己的思想和感情。人们听到的、服从的，是从别人的目光中看到的习俗、风尚、趣味。

下文我们将看到 [129]，卢梭更加注重考察别人看我们的目光；但是，他同样在思考从中解放的方式。说出来是不够的：这是我的意志，因为我们的欲望不服从意志，而是服从我们身上的一些无意识力量；我们不是自由地选择自己所喜欢的存在。所以，卢梭提议通过某种适当方法来影响这些无意识力量，他在《爱弥儿》中称这方法为"否定式教育"。这种方法大致就是通过不让他接触周围流行的那些承载价值观的话语，而促使孩子去认识自己的趣味（我还会谈到这一点 [266]）。因此，除了自己的家庭教师之外，孩子很少见到成年人，他几乎不读书（《鲁滨逊漂流记》[*Robinson Crusoé*] 除外，这一点是很能说明问题的：这部小说的主人公远离别人的判断，生活在自己的岛上）。这一做法的目的不是将孩子变成野蛮人，而是将他变成一个自主的存在——包括在他的趣味与偏好方面。"在社会的漩涡中被封闭起来，就足以让他不被激情或别人的观点所裹挟，让他用自己的眼睛去看，用自己的心去感受，让除了自己理性之外的任何权威都不能主宰他。"（IV, 551）

<105>

那将是一个"自然人"，而他却丝毫不脱离于社会之外。爱弥儿要学会躲避的，不是群居性，而是奴性地服从通行观点和可笑的约定俗成，是习惯于按照当下的规范来行事——即便这些规范不断地改变，是担心群众对他的评断（"大家会怎么说？"）。就像一位"犬儒派"的古代哲人，受到爱弥儿这样教育的人，他的行为"不考虑那些仅仅依据风尚或偏见的任意的评价"（670）。《新爱洛伊丝》（*La Nouvelle Héloïse*）中的圣普乐（Saint-Preux）早就说过："大城市的第一个缺点就是人们在那里变得与他们本来的样子不同，可以说，社会赋予他们一种与他们的存在不同的存在。"尤其是，女性"从他人的目光中得出她唯一关心的生活"（《新爱洛伊丝》，II，21，273）。

拉罗什福科已经描写过的这种偏离，它被卢梭更多地与城市生活联系起来，我们可以补充说，与现代社会联系起来。但是，社会的人并不混同于上流社会的人。"上流社会的人完全被假面具掩盖。他几乎从不归于自我，当他被迫回归自我，他总是感到陌生和不适。他的存在不算什么，他的表象对他就是一切。"（《爱弥儿》，IV，515）存在与表象同样是社会性的，但是仅在意表象的个人拒绝了自己的自主。此处，卢梭重拾了拉罗什福科（斯多葛派）的另一个思想：必须懂得担当，摆脱异化（字面的意思就是服从他人），异化也可能是向善的结果。"他更想成为与自己不同的另一个人，不论这另一个人是苏格拉底，是加图（Caton），一切都白费；一个人最初想让自己变得不同，他将很快完全忘记自我。"（535）卢梭提出，服从自己的天性对个人造成的风险比让他服从他人的模式要小。一旦以这种方式受到教育，个人将懂得在感情与欲望中保有自主：自由将可能与天性和谐共处，而不是与之对立。

<106>

贡斯当

随着卢梭，自主的概念不再有外延上的限制：它介入认识和行为、公众生活与私人生活；但它不是绝对的，而是有限的。人文主义者并非不了解既定条件的力量，即物理属性的力量与社会习俗的力量；但他们仍然认为**解放**是可能的。人的生活是一个不完美的花园,自主是一株植物,必须细心照料才能让它繁茂。(或多或少的)自由是一个进程的结果,即属于我们本身的目标,它还可能成为政治建制的空间。当然,"我"的自主是部分的,但它无所不在;它建立在人类的相对不确定性的基础上,让人能够引导自己的公众生活与私人生活。作为人文主义学说的首要组成元素,对它的肯定标志着一条不归路。不管怎样,卢梭思考的原则与行动的结合在那时尚未付诸实践。它在法国革命之后将会实现:卢梭或他的前辈们的思想将变成政治纲领,人们从话语转向行动。然而,此处自主的胜利本身将会让一种此前不为人觉察的危险在别处出现。对这一危险的发现应归功于邦雅曼·贡斯当。

<107>

首先,必须说贡斯当对历史影响的力量特别敏感:他知道过去对现在的影响有多大,环境对个人行为的影响有多大。"一个世纪是它之前的那些世纪的必然结果。一个世纪永远不可能是它自己。"(《18 世纪的文学》[*Littérature du 18ᵉ s.*] ,528)个人从属于他们时代的精神,而他们不一定意识到这一点。"人类事务拥有不依赖于人的前进步伐,他们不知不觉地服从它。他们的意志本身也包括在内,因为他们永远只可能想要符合他们利益的东西,而他们的利益依赖于与之共存的时势。"(《论古罗马多神论》[*Du polythéisme romain*] ,XIV,3;2,168)应该有的最佳态度似乎是接受这种决定性。"如果人类遵从着一个不变的进程,那么必须服从它。只有顺从才能免去人类的疯狂斗争和可怕的灾难。"(《超脱的思想》[*Pensées détachées*] ,603)

但是,如果将贡斯当看作纯粹的决定论者,那就错了。这正是因为他了解多个系列的因果关系的力量,而他用来反对完全的决定论的论据中就包含着这些因果关系。的确,当他引用孟德斯鸠的思想时,贡斯当刻意加以明确说,虽然历史条件决定整体进程,但它们为个人自由留有很大余地。"就个人来说,一切都是精神的;就群众来说,一切都是物理的。……在个体上讲,每个人都是自由的,因为在个体意义上他只与自己或者等同于自己的力量有关。但是，一旦他进入一个集合，他便不再是自由的。"(《18世纪的文学》，528)个人是按照自己的意志行事，所以他的行为可以从精神层面来评价(自不待言，这是一个"原则上的"个人，而不是出于依存关系网中的服从于上级的具体的个人，他"只与自己有关")。但是，作为一个集体的——一个民族的、一个时代的——成员，个人被一个囊括他们在内的进程裹挟着：一种看不见的力量将他们引向一个它本身的目标。

对于属于政治行为的内容，贡斯当仅仅补充了对前面已经表述过的形式之外的另一种自主形式的要求；他是怎样做的？他确认了前辈的那些要求。对于他而言，个人当然有权自由支配自己的理性去认识世界或者做出判断。他同样赞同卢梭的原则，按照这一原则，政治权力来自普遍意志：人民是主人。"一言以蔽之，在世上只存在两种权力，一种是不合法的，即暴力；另一种是合法的，即普遍意志。"(《政治学原理》，I，2，32)然而，他发现自主的首要形式，那种让蒙田和笛卡尔在不违法的情况下能够随意组织自己生活的自主形式，如今受到了威胁；他试图围绕着它砌起一道防护墙。

这新的恶从何而来？是来自自由概念的普及本身。

给予全社会的自主，人民的政治主权，可能不仅仅与不合法的权力相对立，还可能与构成人民的那些个人的自主相对立(霍布斯已经认识到这一点)。在古代社会中，对集体自主权的要求并不质疑权力，所涉及的只是个人自由：感情的自由、理性的自由、意志的自由。让人民也成为自主的，这是自由的胜利；但是，这却不能确保个人仍然是自由的。集体的自由非但不是对个人自由的扩展，反而可能导致否定个人自由。所以，必须在一切都太迟之前预防灾难，保护个人免于受到权力的可能的侵犯，并非因为权力本身是自主的，权力的侵犯就更少让人痛苦。

在法国，贡斯当是首位从大革命的经验中阐发出这些重要的理论成果的。1789年的那些人曾以为用共和代替君权，用民族主权代替王权，是在做正确的事。恐怖时代随后而来，虽然没有导致他们的失败，却造成了他们的恐惧。为何最初的美好计划会败坏？如同热月9日前夕西哀士（Sieyès）看到的，这是因为祸因早已深埋，虫子已经在果子里。在某种意义上，1789年革命走得还不够远：它满足于用一个演员代替另一个，却保留同一个剧情。统治的不再是国王，而是"人民"；但是，权力始终是绝对的。因为在权力的控制之外不留任何余地，权力将任何对手都变成敌人，把任何分歧都变成生死搏斗的理由；恐怖时期是这种专制主义的直接结果。1793年的恐怖在1789年萌芽。革命者们认为完全与旧政体决裂，实际上他们延续着旧政体的一个最有害的特征，即专制主义。所以，应该再往前走一步，不仅更换演员，还要改变剧本；单单要求民族主权不再够了，还应当通过借助另一原则来限制它。

贡斯当的警告是在对卢梭思想的批判中发出的，批判的不是集体自主的原则（两位作者都同意这一点），而是在人民的新权力与构成人民的个体的权力之间没有明确的界限。贡斯当无法接受卢梭称作"拥有属于整个族群的全部权力的每个缔约者对自己权利的完全出让"的东西（《社会契约论》，I, 6, 360）。权力的来源是合法的，这丝毫不确保没有权力滥用。贡斯当认为，卢梭的错误的原因在于对他的系统的抽象：他忘记了在实践中普遍意志会仅仅被交到某些个人的手中，这一事实会使所有的滥用成为可能。"将自己完全交付出去，人民并不进入一个对所有人都平等的境遇，因为某些人垄断地利用其余人的牺牲。"（《政治学原理》，I, 4, 40）

贡斯当将通过为第一条主权原则添加第二条原则来纠正卢梭的错误，他这样做是从孟德斯鸠那里得到启发（他在《政治学原理》一开篇就提到《社会契约论》与《论法的精神》，他在此处使用复数的"原则"是非常说明问题的）。

我们已经看到，对于卢梭而言，权力如果没有经过人民的普遍意志的确立便是不合法的。孟德斯鸠的看法完全不同：让权力合法的不是它的来源，也不是它的结构（不管是由一个人、一些人还是所有人行使权力），而是它的运作方式。在他看来，当权力不是无限制的，它就是合法的。人们可以通过法令或者另一个权力来限制它。所以，孟德斯鸠想让政府服从现存法律，不费心去了解法律是由谁确立的。在他观察那些特殊社会时，发现某些民族生活于他们赋予自己的法律之下，而另一些却依照他们并未选择过的法律生活；比如，在君主制中，法律是由君主发布的，他本人可能是从祖先那里继承下来的。然而，共和制与君主制两者都服从一些法律；在孟德斯鸠看来，它们同样是"克制"的政体，所以，它们是合法的。对权力加以限制，这同一个目标可能通过另一种手段来达成：那就是让执政权、立法权、司法权不集中在同一些人手中，为的是一方可以制衡另一方。所以，了解权力从何而来并不太重要；重要的是它的"克制"。如果情况相反，我们就是遇到了一个专制政体，因为它将所有权力集中于一个人；让专制主义变得有害的，是起保护作用的制衡权力的缺位。

<111>

所以，如同孟德斯鸠，贡斯当补充说，如果权力不是在某些限度内行使，那它就是应受谴责的。"当这种权威扩展到一些在它范围之外的对象，它就变得不合法。"（《政治学原理》，II, 1, 52）然而，孟德斯鸠的表述对他来说不再够用。如果法律本身不尊重个人权利，那遵守这些法律便没有用（与孟德斯鸠相比，对于贡斯当而言，极不公正的法律是更加实在的现实）；如果权力在整体上剥夺我的保留领地，权力在不同机构之间（立法、行政、司法）分配也是徒劳的，我无法赞同这样的政体。"对我来说重要的，并非我个人的权力不被某个权力侵犯；重要的是禁止所有权力进行这种侵犯。执政者需要援引立法者的权威，这还不够，必须让立法者仅仅在一个确定范围内准许执政者的行为。"（II, 3, 56）现在，重要的不是这一范围的准确延展，也不是它是按照什么程序被限定，而是它的存在本身。

孟德斯鸠说道：不应该将全部权力赋予同一个人。贡斯当反驳说：

不应该授予全部权力。孟德斯鸠的用心是让权力制止权力。贡斯当问："怎样用权力之外的东西来限制权力？"（II, 4, 58）他回答：通过建立一个领域，任何社会权力，不论合法还是不合法，不论是分享的还是统一的，都无权染指这个领域，这领域就是个人。他得出结论："自由就是个人有权做而社会无权阻止的事情。"（I, 3, 35）任何人的生活都分成两个领域，一个是政治领域，一个是私人领域；社会对前者实施控制，后者由个人自己支配。个人领域并不附属于社会主权，不论社会主权的形态如何（他自己选择自己的神灵、朋友、工作，乃至国家）。"自由"是对分隔这两个领域的边界的称呼，是对这道屏障的称呼，越过这道屏障，社会的任何干预均不合法。

这一要求在自由思想的源头已经出现，自由思想要求宗教信仰自由；孟德斯鸠的功绩在于将它引入政治。贡斯当将之普遍化，并对它的结果进行了表述：一个唯一标准不再足以界定最佳的整体；个人的自主得不到保证，因为民众已经变成自主的；两种形式的自由不一定互为一体。民主政体应该同时借助两个原则，它们彼此不可简化为对方，即人民的自主与个人的自主，普遍意志与个人自由。

贡斯当称作"现代人的自由"的是个人相对于国家和社会的自由。他确实看到人们并非一直要求这一形式的自由；这是在16世纪，尤其是18世纪才开始的。在蒙田或笛卡尔要求自己有权生活在他们想要生活的地方或爱他们想爱的人时，他们并不要求在法律上确立一个公众力量对之无权过问的领域。但是，这种默契的宽容有可能不再够用。这并不是因为古代社会留给个人更多的自由，而是因为古代社会在这方面不太系统化。蒙田和笛卡尔描述为个人实践的东西，按照贡斯当的观点，应当由法律当作不可剥夺的权利来加以保护。

贡斯当没有发明一种新形式的自主，他仅仅关心确保对自由的一种形式进行（公共的）保护：私人生活的自由。他对人民主权的批判是一种内部警告：他预防对根本上属于正面意义的原则的可能的滥用。人们可能认为他的视角过于褊狭。对国家的强化一定会不利于个人吗？难道恶不是更多来自其他个人，社会及其建制难道不能起到防护盾的作用？为了自我的发展，个人不是要求社会不仅保证其不受侵害而且保证其福利？自由本身不正是避开国家行为或者受国家行为保障的吗？贡斯当想象不到现代的"福利国家"。

国家可能是保护者或压迫者；贡斯当对这第二个侧面敏感，而对前一个侧面忽略不计。对于他而言，选择是别样的。如果同霍布斯一样确定所有人面临的最大危险是内战、不安全、死亡威胁，那么必须由衷地召唤一种确保秩序的绝对权力，即便这意味着个人因此丧失自由。如果同孟德斯鸠一样认为最糟糕的灾难就是丧失自由，那么最好让权力受到限制。贡斯当选择了孟德斯鸠来反对霍布斯，坚定地走上由洛克开辟的自由主义的道路，他用第二原则（个人自由）来纠正民主制的第一原则（人民主权）；但一个民主国家里，人民主权不再是不受限制的。洛克思想中的抽象问题，在贡斯当的思想里成为一次重大阐发的基础（1806年《政治学原理》），后来他将此作为政治行为的准则。因此，在法国革命之后，贡斯当草拟出唯一一个政治能在其中根据人文主义原则来定位的框架。

⟨114⟩

"共和"为一面，"自由"为另一面，这两个方面的统一是现代民主制的特色。共同利益与个人幸福都是其合法目的，即便它们的起源相同，却不总是能通过同一进程来追求：它们的适用领域不重合。后来，托克维尔用自己的方式说出了这一点："我们同时代的人不断受到两种敌对激情的影响：他们感觉需要受人引导，又感觉渴望自由。这相反的两种本能中，他们无法消灭任何一方，所以他们努力同时满足两方。"（《论美国的民主》，II，4，6，386）现代国家共和的一面和自由的一面大概永远只能形成一种不稳定的平衡，由一方面来克制另一方面的过度。

这样将个人自主原则与集体自主原则放在同一平面上，贡斯当不只是将两种不同要求放在一起；他还改变了道德与政治的关系。在文艺复兴时，这一关系已经被扰乱。在之前的基督教的视角下，道德（神学是其基础）主宰政治：政治应当是对道德的图解。人们不想知道十字军东征是否为国家利益服务；只要东征有助于上帝的荣耀就足够了。在文艺复兴时代，新的东西就是将神学层面与政治层面彻底分离：对于一方是正确的，对于另一方不总是正确，甚至经常如此。

<115> 是后来的马基雅维里对此进行了切割：公民的道德（virtù）与基督徒的德行毫无共同之处，靠对敌人行慈善不能建立强大的国家。基督教义适合道德教化，但是却造就糟糕的公民。马基雅维里此处表述的内容符合现代国家的现实；以至于虽然他的思想名义上受到谴责和否定，却引起广泛的共鸣。蒙田也认为在政治上"有用"的东西与道德形容为"诚实"的东西不相符，道德上的恶对于政治是必要的，就像蛇毒可能对健康是必要的。"公众利益要求人们背叛、说谎和屠戮。"（III, 1, 791）在多数情况下，卢梭毫不妥协地将"人"与"公民"对立，即将道德与政治对立起来；他在《社会契约论》中也认为基督教义培养糟糕的公民，因为对于耶稣而言，所有人皆为兄弟，而不仅仅是同胞。

在20世纪，我们见证了重建道德与政治关系的一种新尝试：在极权主义政体中，是政治决定道德准则。此处，国家不仅确定政治指令，还确定公民的道德目标；既然一切都不脱离国家职能，个人的道德的自主就不再有意义。

邦雅曼·贡斯当思考君权制的专制主义、革命的恐怖和拿破仑的专政，他预感到这种极权主义的危险，为了加以避免，他建议在道德与政治之间建立一种新的形态的衔接：不再是一方服从另一方，也不是彻底分离，而是将个人自主作为合法性原则引入政治之中。贡斯当的"第二原则"，即个人拥有一个不受侵犯的领地的权利，保证了道德不服从任何其他强制；同时，他将一种道德原则引入政治生活，它影响政治生活 <116> 却不主宰政治生活。实际上，贡斯当想象到，当法律规定的行为与人们认为是自己道德义务的内容（比如好客的义务或不告密的义务）背道而驰的时候，公民不予服从的情况。个人拥有一些独立于现行法律的权利，它们早于现行法律，我们称之为人权。这些权利不决定国家政治，但它们立下政治不得超越的界限；它们同时构成一个平台，人们可以以之为出发点来批评现存法律与建制。因此，贡斯当重拾了人文主义的本质上的克制精神，它使得相异的原则可以相互限制，而非相互忽略或者进行生死搏斗。

人文主义首先是一种渗透于所有人类行为中的思想，而非一种特殊建制。但是，建制可以让思想得以自由地施行，或者相反扼杀思想。孟德斯鸠与卢梭不限于思考人类在世界上的地位与作用，他们还思考能保持这种地位与作用的具体的社会形态。权力分立、普遍意志倾向于一些建制，它们有助于发展一种与人文主义的方案相一致的生活。但是，在贡斯当的思想中，人文主义导致一种政治结构，即自由民主制的政治结构。贡斯当不再仅仅是一位哲学家和作家；他还是一个政治家，他积极投入对符合自己理想的建制的建设与改善。卢梭梦想着波兰或科西嘉的宪法，但他的思辨并不导向具体的行动；贡斯当却试图直接影响自己国家的政治。而这种与实践的接触让他的思想更加接近现代人所处的真实处境，促使他将他的两个政治原则明确地衔接起来。民主国家的国民服从自己国家的法律，并在此意义上拒绝他的自然人的自由；但是他选举代表来负责立法，如果他们让他不满意，他可以罢黜他们。另外，他有权保有自己的个人领域不受任何侵犯，有权拒绝他认为不公正的法律。他可以作为拥有权利与义务的公民来行事。

<117>

第三章

相互依赖

个人自由在现代人眼中是一种财富；但我们是否不得不付出代价？最迫近的危险，早在法国革命时期就看出的而且时至今日一直恐惧的危险，它与我们和其他人的关系有关。由于想要成为自由的，我们岂非有可能与自己出身的族群割裂，更有甚者，这族群本身岂非有解体的危险？孤独不正是我们的自主的必需的抵偿物——有什么比我们注定承受的在他人中间的孤独更可怕？在现代世界中可有留给爱的一席之地，或者我们应该听天由命地看着情感关系逐渐让位给契约关系？自主的捍卫者，如果他不愿同意我们已经签订了一桩上当受骗的买卖，那么这些就是他必须回答的问题。

相当多的现代人同意人类的命运掌握在自己手中；但是，许多人认为他们看出这些人从本性上就是些孤独的人、自私的人、与同类敌对的人。在17和18世纪，霍布斯的学说尤其有这样的名声（此处，我们并不重视去了解这种名声是否有根据）：好像对自主的政治要求预先假定"原子论"的人类学说，即个人的自给自足；或者，用我们的术语来说，就是个人主义。

社会本质

不应该以为这些对人类的假设在人文主义思想家那里会获得什么赞许。与此相去甚远；对霍布斯思想的"驳斥"甚至成为那些渴望与基督教思想相安无事的著作的必由之路（这并不妨碍它们同时受到霍布斯的影响）。促使孟德斯鸠在《论法的精神》一开篇去批判霍布斯的，正是对这种个人主义观念的拒绝。在自然状态中，与霍布斯所肯定的相反，人不寻求相互损害，也不寻求彼此征服；他们软弱而且畏缩，更多是生活于需求之中，他们寻求保护和安全。此外，他们从未曾是孤独的：如果他们曾是孤独的，他们就不能繁衍，所以也不能存活。两性之间的吸引比对手之间的战争更具根本性。"以社会形式生活的欲望"是人类的"自然法则"（I，2）。

孟德斯鸠一直反对认为人类的自然状态就是孤独与脱离社会。在《论法的精神》（1748）之前的四分之一世纪，他写作了《论义务》（1725），其内容亡佚了，但是其片段收在孟德斯鸠命名为《随想录》的文集里。仍是为了反驳霍布斯，他写道："第一个人而且是唯一的人，他不怕任何人。这个孤独的人，他发现一个同样孤独的女人，他不与她开战。所有其他的人都出生于家庭，不久他们就出生于社会。那里没有战争；相反，有爱情、教育、尊重、感激：一切都散发着祥和。"（615）此处，孟德斯鸠是从圣经的文字出发：人类初祖没有父母，他是由上帝创造的；第一个女人也一样。没关系，最主要的是他们偏爱爱情而非战争。至于后来的人，他们显然是父母所生；父母的庇护之爱先于所有冲突——如果不是这样，物种便得不到延续。"童年是所能设想的最软弱的状态，孩子必须依赖他们的父亲，他赋予他们生命，并给予他们保存生命的手段。"（616）在家庭或男人与女人之间的关系中，仇恨并非不存在；但是如果仇恨占上风，物种就不会存活。早于此数年，在《波斯

<121>

人信札》(*Lettres persanes*, 1721)中，郁斯贝克宣称探寻社会的起源是可笑的，因为任何人都必然降生到家庭这个社会中。"他们所有人都彼此相连；儿子出生于父亲身旁，他依赖于此：这就是社会，这就是社会的起因。"(信94)

　　人们可能觉得奇怪，在孟德斯鸠的想象中，孩子不是在母亲的协助下出生和成长的；但是，重要的是人类从不而且绝不能脱离社会生活。认为他们从本性上是非社会性的，这是一个谬误；认为他们的目的就是变成非社会性的，那是耽于幻想。孟德斯鸠对此的立场是毫不妥协的。但是，人们可能认为他不是人文主义思想的典型代表，因为在他学说的某些侧面，他仍然忠实于亚里士多德的教诲，即忠于古人。这里最好与卢梭进行对比，他是人文主义思想的典型代表；这种对比极为恰当，因为卢梭是普遍意志与道德自主的理论家，他同样以颂扬非社会性的自然人和歌颂孤独的快乐而著名。通过这种比较，自主原则与现代个人主义两方面的不可分的联系难道不是得到最好的证明？从波纳德以来，人们不断地肯定这一点。但这是正确的吗？要想回答这个问题，必须略微深入卢梭思想的细节。

<122>

群居性

　　在卢梭的概念体系中，"自然"起着至关重要的作用。在他对人类历史的假想性重构中，原初的"自然状态"对立于后起的"社会状态"。一系列的对立均与这一组对立有关。与这两种状态相对应的是两种类型的人，卢梭分别称之为"自然人"与"成其为人的人"，或者"自然人"与"舆论的人"，或者"野蛮人"与"文明人"，或者"自然人"与"我们的制度与偏见用来代替自然人的造作的虚构的人"(《对话集》，I，728)。

自然状态与社会状态之间的、自然人与舆论的人之间的这种反差，促使卢梭早在《论人类不平等的起源和基础》中就表述了一种类似的对立，即自我之爱与自尊之间的对立。自我之爱是野蛮人与动物共有的一种感情；总的来讲就是自我保存的本能。这是"人类所拥有的唯一自然激情"（《爱弥儿》，2，322），"是原始的，先天的，早于任何其他激情的激情，在某种意义上说，所有其他激情都是对它的修改"（4，491）；这种激情可以比作自然人本身，虽然它对任何善恶之别无知无识，但它却自然而然地是合理的。自尊心则相反，它是只有社会人才有的特点，它在于相对他人来定位自己，偏爱自己超过所有人；它导致仇恨他人和对自己感觉不满。它类似于其他道德家叫做缺陷的东西：我们对他人的裁断的依赖。"自尊心，这是一种相对的感情[在卢梭用语中，相对是社会的同义语]，人们通过它来相互比较，它要求人们有所偏爱，享有自尊是纯粹负面的，它不再通过对我们自己有利来满足自己，而是仅仅通过对别人不利来自我满足。"（《对话集》，I，669）自尊是万恶之源，而自我之爱是美德的源泉。

<123>

自然状态与社会状态之间的这些区别从何而来？这是因为在自然状态中，人是孤独的：并非像人祖亚当那样是独一无二的，但他不考虑周围其他人的存在；其他人是存在于他的生活中的，却不存在于他的意识中。他是独自一人，孤独的，《论人类不平等的起源和基础》多次重复这一点；他根本不懂"与同类的沟通"（注解 VI，199）。相反，在社会状态中（其名称本身很说明问题），人类是通过其社会归属、对他人的依赖、与同类的沟通来定义的。

与一种普遍的（却并非历史学家的）印象相反，卢梭很了解社会及其对人的影响：正好相反，在《论人类不平等的起源和基础》中，他努力从唯一一个事实即社会生活出发来推论出人类的所有特征。理性、意识、道德感正从此而来；私有财产、不平等与奴役，以及所有现存的经济生活形式均从此而来；法律、（无数的）建制和战争从此而来；语言、技术、

<124>

科学和艺术从此而来；我们今日所感到的感情与激情本身从此而来。

　　但是，当大家普遍的印象将卢梭表现为自然状态的支持者和社会状态的蔑视者，这意象并不错。如果说自然之人是善的，成其为人的人却并非如此；或者，如卢梭所言，人类是善的，但人们是恶的。我们眼前的人们既堕落又不幸；对这两种"人"之间的反差的解释只能从自然状态向社会状态的过渡中找到。造成这种灾难后果的是我们的建制、我们的社会秩序，一句话说就是社会。他对这对立的两项的描述并非中立的；卢梭不遗余力地告诉我们他对此的评价。"纯粹的自然状态是所有人的状态，人们在其中会最少邪恶、最幸福，在世上的人数也会更多。"（《政治学残篇》[Fragments politiques]，II，475）相反，在社会状态中，"每个人都寄望于他人的不幸"（《论人类不平等的起源和基础》，注解 IX，202）；人们如何能宽容这样的处境？这便是人们通常对卢梭学说的印象，这是一位对孤独人性的无条件支持者的形象。我们应当对此认命吗？

　　首先，我们要注意到，将卢梭当作一位尚古主义者、一位回归自然的支持者是错误的。人们也可能断言他是这样的，因为同样是在《论人类不平等的起源和基础》中，他赋予他的哲学的人类学说以一种历史叙事的形式。实际上，这正是不可能回归过去的第一个理由，"自然状态"并不是定位于时间之中的。在《论人类不平等的起源和基础》的前言中，卢梭用很大篇幅对此进行了明白的解释。自然状态的概念只是一种精神建构，只是一种虚构，旨在方便我们理解一些现实事件，而非一种可以与其他事实相比的事实。卢梭的目的是"认识一种不再存在的状态，它也许从未存在过，以后也可能永远不会存在，然而我们必须对它有正确的概念，才能正确对我们当下的状态进行判断"（123）。卢梭进行的推论与历史研究之间没有什么共同之处。"不应当将人们对这一主题可能进行的研究当作历史真相，而只能当作一些假定的和有条件的推理；更应该去阐明事物的性质，而不是证明真正的起源，就像我们的物理学们对于世界的形成每天所做的那些推理一样。"（132—133）在另一篇同时代的著作里，在《关于美德的书信》（Lettre sur la vertu）里，卢梭将"原始的"和"想象的"这两个词当作同义词（322）。

后来的《社会契约论》也一样：并非像卢梭的诋毁者所言，这是由最初存在于社会之外的个体们共同签订的契约，这是荒谬的；这是一种假想中的建构，它使人们能够阐明一个新的事实：人们不再愿意将他们生活于其中的社会规范看作当然的。康德不带任何恶意地阅读卢梭作品，他在小册子《理论与实践》（Théorie et Pratique）中说明了这一点。但是，正是在谈到"社会状态"时，卢梭自己已经说过："读者应想到，此处涉及的不是历史和事件，而是权利与正义，我通过它们的性质来审视事物，而不是通过我们的偏见。"（《关于圣-皮埃尔神父》[Écrits sur l'abbé de Saint-Pierre]，603） <126>

况且，即便假设这种自然状态过去可能存在，也绝不可能回归过去：一旦经过"社会状态"，人类便不可能回到"自然状态"。历史是无法逆转的，木已成舟：卢梭在这一点上始终是态度明确的。"从未见过人民一旦受到腐蚀还能回归美德的"，他初期在《观点》（Observations）中写道，这是由对他的《论科学与艺术》（Discours sur les sciences et les arts）的一则回应引发的（56）；在晚期他写道："人性不向后退。"（《对话集》，III，935）

所以，"自然状态"并非人们可以达到的一种真实状态。但是，这还没说明白：在卢梭的思想中，"自然人"并不真是一个人。对他而言，真正的人类实际是从懂得区分善恶的那一刻才开始的。这一发现，即对道德的发现，并不是一种习得：这一发现区分了人性与非人性。"善恶的观念真正构成人和这一物种在整体上不可缺少的成分。"（《爱弥儿》，IV，501）但是，人的道德与自由并不互为前提（一个行为要想被认为是善的，必须让个人在完成与不完成这一行为之间做出选择），因而，不自由的人并不完全是人。"放弃自己的自由就是放弃自己的人的资格。"（《社会契约论》，1，4，356）如我们已经看到的 [64，100]，《论人类不平等的起源和基础》已经告诉我们，人类因其可臻完善性而区别于禽兽，也就是他变成他还未成为的另一个人的能力，因此他能够脱离纯粹的必然性而进入自由王国。相对于从格劳秀斯开始的现代自然权利的传统，卢梭的新意不是提到一种自然状态，而是将它请出关注中心：从此以后，它处于人类认同之外。这是阅读仓促的读者有可能没有注意到的。

道德同样也只能存在于社会中；道德的前提是存在多个的人而且个人意识到这种多元性。只有相互交往才能发展理性和道德感。"我自身的所有道德性都与我之外的关系有关，如果我独自生活，那么我便没有恶行也没有美德。"（《关于美德的书信》，320）"只有成为社会的生物，他才成为道德的生物。"（《政治学残篇》，II，477）在这一点上，卢梭也从未改变过：在自然状态中，由于缺乏人之间的沟通，人们无法区分美德与邪恶，正义感在那里是不为人知的，道德是缺失的。因此，从这一方面讲，人还不完全是人。"仅限于身体的本能，他什么也不是，他是野兽。"（《致博蒙书信》[Lettre à Beaumont]，936）只要他认为自己是独自一人，人就只是动物中的一种。"如果他未曾从他人那里接受过什么，那他就是个粗野之人。"（《关于美德的书信》，325）

谈到对此的评价，不可能再有所怀疑：这种过渡"是一个幸运时刻，将一种愚蠢而局限的动物变成一种智慧生物，一个人"（《社会契约论》，I，8，364）。只有在社会中生活才能"通过灵魂的伟大让我们超越天性的缺陷"（《关于美德的书信》，324）。语言是伴随着社会诞生的，而"说话能力将人与动物分开"（《论语言的起源》[Essai sur l'origine des langues]，I，375）。道德是伴随着社会诞生的，而"永远不为禽兽所知的道德性"是人类特有的（《致达朗贝尔书信》[Lettre à d'Alembert]，79）。所以，卢梭得出结论："因为人们无法对此有所怀疑，人类在本性上是社会性的，或者至少天生就要变成社会性的。"（《爱弥儿》，IV，600）最后这一判断是否表达出一种真正的保留态度？丝毫没有；它只是提醒我们，假设中的人类历史最早是从非社会性的——但也不完成其为人的——自然状态开始的。自由、道德和社会三项是结合为一体的，它们共同标志着人类的特性。

群居性既非意外也非偶然；这是对人类命运的定义本身。与对卢梭的某些传统诠释所提出的内容相反，卢梭并不认为人早已存在，之后才进入社会，社会在总体上只是一种随意性的选择。正相反，按照他的看法，社会生活是人的构成成分；只有在社会中，人才发展出他们的人类特有的能力。现在，我们理解了卢梭在《论语言的起源》中为何用这么郑重的语气："想要让人类是社会性的人，他用手指触到了世界的轴心，并将它推向宇宙的轴心。这轻轻的一个动作中，我看到地球改变面貌，看到人类的使命确定了。"（IX，401）这种"使命"意味着人们无法真正设想人类脱离社会，除非是纯粹的假设，而处在"自然状态"的是一些不完全是人的生物。

注视与依恋

如何理解人的群居性？古人——比如亚里士多德——肯定说虽然人是种社会动物，但他们将人类的多元性看作同类项的增殖；对人们的必然的互补性的认识（我与你的首要区别）对于他们是陌生的，除了在关于性的方面，比如《会饮篇》（*Le Banquet*）提到的阿里斯托芬（Aristophane）的神话里可以看到的那样。道德家们，不论是古代的还是法国古典时期的，他们注意到人类有让自己受人崇拜的需要；但是他们认为虚荣是一种人们能从中解脱的缺陷。

<129>

在这方面，卢梭的思想经历了几步。在《论人类不平等的起源和基础》中，他第一次提出这一点，他的方法似乎是将 17 世纪道德家对人类虚荣的批评加以普遍化。但他同时将它与亚里士多德派的命题衔接

起来。所以，卢梭的创新之处不在于同亚里士多德一样肯定群居性是人的构成成分，而在于通过互补性而不是相似性来分析这种群居性；不在于注意到人们可能受名利欲的驱动（对此，古代与现代的道德家都很了解），而在于用一种普遍化的形式将这种欲望变成一道门槛，过了这道门槛才能谈得上人性。需要被人注视、需要"尊重"，由卢梭发现的这些人的特性明显比对荣誉或颂扬的向往更加具有广延性。

一旦生活于社会中（但相对于史学意义的时代而言，这意味着一直以来），人们就感觉到需要吸引别人的目光关注自己。人类特有的行为，就是进行相互认可的注视："每个人开始看别人，而且自己想被别人注视。"（《论人类不平等的起源和基础》，II，169）此处，他人不再占据与我类似的地位，而是邻近的和互补的；他是我自身的圆满所必需的。这一需求的后果与虚荣的后果相似：人们想被人注视，追求公众的尊重，试图让他人关注自己的命运；区别在于这不是一种恶习，而是人类本身的构成性的需要。

是什么赋予人类对自身存在的感觉？有时，卢梭将这一表述用作自我之爱和自我保全本能的同义语。但是，当他引入群居性的视角，他正确地将这一感觉定位于"重视的概念"。《论人类不平等的起源和基础》的结论便是如此："野蛮人生活于自我之中，群居的人［但我们别忘了，这不意味着单个的人真的存在］总是在自己之外，他只懂得在他人的舆论中生活，可以说，只有从他人的评判中他才能得到对自身存在的感觉。"（II，193）这便是为何我们有理由要求别人的关注："如果不被人关注不如不存在。"（《关于美德的书信》，325）因而，"他人"一下子出现在主体内部——因为，如果他没有将他人的注视化为内在，他就不完全是人。我们可以对这一看法重新表述，即如果没有意识，人就不是人；然而，意识是沟通、在自己内心重视他人的后果。

我们有些难以同意卢梭在《论人类不平等的起源和基础》中的发现，因为这一看法——社会之外不存在人——被价值判断搅乱了：社会是人类的一种败坏,甚至堕落。直至生命终结,卢梭都没有抛弃对人类自给自足的某种"自然"生活的梦想。但是,在《社会契约论》中,他引入了一个词,它的内容覆盖了"社会"的内容,但却具有正面意义:那就是"公民状态"。显然,契约的存在预设了社会的存在(这足以让下面的诠释站不住脚,这种诠释认为在卢梭看来契约先于社会)。对个人意志的转让不能以它奠定了共同的法则为理由;因此,"每个人都与众人结合在一起,他却仅仅服从自己,仍然与从前一样自由"(I, 6, 360)。"公民的自由"(I, 8, 365)是一个两面的概念,它既肯定意志自主又肯定社会生活的必然性;但"自主"(autonomie)一词的首要意义已经同时包含对主体(auto)意志与拥有法律(nomie)的族群的指涉。这绝非卢梭称为自然的自由或者独立的东西,独立在于做任何能够做的事情,不考虑所处的环境。法律和语言都预设着共同生活。

<131>

当他思考个人命运而不再是政治机构的命运,也就是在《爱弥儿》和《对话集》中,卢梭提出另一个同样正面的概念,即"依恋"(attachement)。此处应该回顾一下,在基督教神学中,这个词主要指人与人之间建立的联系,有别于人对造物者的"爱"以及通过对上帝的爱而延伸到众生的爱。在这一点上,依恋虽不受到谴责,但也不应受到重视。

帕斯卡一直在思考这一问题,包括在他最后的日子里,我们可以从《思想录》的一个片段中读到:"人们依恋于我,这是不公平的,虽然他们乐于和愿意这样做。我会去欺骗那些我使之产生这种欲望的人,因为我不是任何人的终极目标,我没有拿来满足他们的东西。我岂非也在准备死亡?因此,他们依恋的对象将会死去。……让人爱我,这是有罪的。……他们不应该依恋于我;因为他们必须用他们的生命和关心去取悦上帝,或者去寻求上帝。"(B. 471, L. 396)在吉尔贝特(Gilberte)修女的《帕斯卡传》(*Vie de Pascal*)中,她用很大篇幅强调她弟弟的这一性格特征:对自己的亲人,他懂得温柔与关爱,但他逃避依恋,对他自己的依恋和别人的依恋都一样,他也逃避"消遣",他甚至亲切地责备姐姐在这一点上不如他出色,她任由自己依恋于人,对于她的弟弟来说,这过于人性了。这并非因为他不懂得对众生的爱;而是因为他用对上帝的爱来为众生之爱提供理由。"一切促使我们依恋于造物的都是坏的,因为如果我们了解上帝的存在,这将妨碍我们侍奉上帝;如果我们不了解上帝的存在,这将妨碍我们去寻求上帝。"(B. 479,L. 618)

而卢梭在他关于人类的思考中,选择立身于一种纯属人类的视角。个体对他人的依恋构成个体生命的本质。"正是人的缺陷让他成为社会性的";但是,人在其构成上是有缺陷的,即不完整,他以依恋来弥补这种缺陷。"任何依恋都是不足的标志:如果我们中每个人都不需要他人,那么他就不太会想着与他们联合。"(《爱弥儿》,IV, 503)只有上帝懂得孤独中的幸福:此处,卢梭与亚里士多德的思想会合,亚里士多德在其《政治学》的开篇也说过同样的话,他也同样认为社会产生于个人的缺陷。但我们是这样子的:我们生于不足,死于不足,总是需要他人,总是寻求我们所缺少的补足成分。卢梭不相信原罪,但他不因此得出结论(像伯拉纠那样)认为完善之路是向人类敞开的:从构成上讲,人类是彻底不足的。他是不完美的,这就是为何如果他孤独一人,"他就会很悲惨"。正是因为他带着先天的不足来到人世,所以他需要他人,需要被看重,"需要将自己的心羁绊在什么地方"(《对话集》,II, 810)。

卢梭的人不仅与直接获得圆满的上帝相对立;他与宗教的人也不同,宗教的人正是从上帝的存在中找到对自己的必不可少的补充。在这方面,笛卡尔不是人文主义者:他看到自身的不完美,他推论出对不完美的认识,得出结论说"我并非唯一存在的生命";在他看来,这不是证明了人类的存在,而是证明"完美存在"即上帝的存在(《论方法》,IV, 149)。在卢梭那里,这种超出于个人的位置仅仅由其他人占据:人类的伟大与苦难都在于此。

同样是在《对话集》里,卢梭引入一个补充概念。感受性,或认知外部世界的能力，是任何行为的基础。所有有生命的存在都拥有一种身体的感受性。但是，人类是唯一自由的、有道德的和可结成社会的（群居性在此处是这个意思）生物，人类还拥有第二种感受性，即道德的感受性，"这就是将我们自己的感情寄托在外在于我们的一些生物身上"。这种感受性是我们形成依恋的能力的基础，"它的力量大小是根据我们感受到的我们与他者之间的关系"。我们的生命是由全部的依恋构成，这便是为何施展这种能力的后果是"扩展和加强对我们的存在感"（II, 805）。与他人的关系扩大自我，而不是缩小自我。人的这一特点让人变成他现在的样子，它是人类美德与邪恶的源泉，是人类不断的不幸与脆弱的幸福的来源。

人类交往

如果大家仔细阅读，就会发现有非社会性的"自然人"的捍卫者之名的卢梭，实际上是对人类群居性的最仔细的分析者之一。但是，人们可能反驳说，那肯定又是"人文主义者"中的一个例外。对邦雅曼·贡斯当这样一个真正的"个人主义者"，能否作同样的评价的呢？

对于原则问题，邦雅曼·贡斯当如此地坚信，无法想象有非社会性的人存在，以至于他拒绝对人的起源进行任何思辨，即使是纯粹假设中的建构。不存在，而且从未存在过非社会性的人。甚至贡斯当指责前一个世纪的那些哲学家们的正是他们想象存在一位人类祖先——"自然人"——独自在森林里游荡。"如果这就是人类的自然状态，那么人类要靠什么手段从中脱离？"为了回答这个问题，那些哲学家不得不想象人类决定在社会中生活——这样一个决定已经预先设定存在社会、论争和推论能力。"在这一体系中，社会应该是智力发展的结果，而智力的发

<134>

展本身却是社会的结果。"(《论宗教的起源、形式与发展》，I, 8；I, 154）

这便是为何贡斯当明确地拒绝上溯到一种先于社会的人类状态。"人们最初假定人类曾以没有社会、没有语言、没有宗教的形式存在。"然而，"社会、语言、宗教是内在于人的"（I, 1；I, 23）。不应该从"人性"之外寻求群居性的理由。贡斯当这样指责卢梭（没有直呼其名），他继续说道：人类"不是因为有缺陷才是群居的；他是群居的，因为群居性属于他的本质"（24）。还有："人类是群居的，因为他是人，就像狼是非群居的，因为它是狼。"（《费朗吉埃利全集》[*Filangieri*]，I, 8, 213；这当然是指故事里的狼，而不是荒原上的狼）"个人主义者"贡斯当不要求"每个个体都各自为中心"（《论宗教的起源、形式与发展》，"前言"；I, XXXVII）：这样的表述既是错误的（因为在内外之间有延续性），也是危险的（因为孤立的个体是尤其脆弱的）。

<135>

当他离开对政治的思考，转向分析个人行为，贡斯当发现了群居性的几个新后果。既然主体不是单独存在于世上，他必然与一个或几个个体的"你"并且与一些无差别的"他们"相关联。在阿道尔夫（Adolphe）这个人物身上有着某种过分的和特异的东西，阿道尔夫通过观察自己而发现："我不受任何发自内心的冲动的支持"（V, 40）；即便是贡斯当，一个极易受影响的人，也不像阿道尔夫这样世上难有。但是，通过这种极端的形式，一个命题得以表达，它的影响更为普遍，这个命题就是：关系、情感、爱恋构成人类存在的材料本身。没有你就没有我。情感是"生命中的一切"（《日记》[*Journal*]，1807年8月1日）。完全的自私自利不仅是不道德的，它是不可能的。

这一真理往往被马尔萨斯那样的人忽略，他们将理论建筑在这样的认识之上，即人只关心自己个人的利益。贡斯当反驳说："人不仅仅是一个数学符号，他的血管里有血液，他的心里有对依恋的需要。……所有人都知道那个因养狗受指责的盲人的回答。他说：那谁会爱我呢？"（《费朗吉埃利全集》，II, 5, 271）这样的小趣事，每个人都能立刻明白其真意，它的分量会比成篇累牍地对人的理性需要的推理更重吗？如贡斯当致朱丽叶·雷卡米耶的信里所说，结论是人们所得到的只是人们所付出的东西，付出越多，拥有越多：情感财富在于关系的强度；爱得越强烈，那就是活得越激越。

这并非贡斯当从他"对人心的观察"（《阿道尔夫》[Adolphe]，"前言"，6）中得出的所有教训；还必须立刻加以补充：没有"他们"，没有其他人，没有第三者，没有公众舆论，就没有"我"和"你"。当然，卢梭也曾发现，人类的开端是在从自己身上看到外人的注视的时刻；但他苦涩地对这种"自然人"（还不完全是人）的堕落感到遗憾。贡斯当在青年时代也渴望从靠他人的注视来得到承认的需要中解脱出来，他在致伊莎贝拉·德·沙里埃（Isabelle de Charrière）的书信中对此沾沾自喜。伊莎贝拉的回信是尖刻的："您说您蔑视舆论，因为您看到舆论的偏差……这个因为站不住脚；您不是蔑视，您不会懂得蔑视舆论的"（1792年5月13日）。

<136>

贡斯当记取了这一教训，毫不虚假地承担起古代道德家可能以"虚荣"为名加以谴责的东西。作为人类，我们需要他人的注视：反抗这种成为我们的认同本身的东西是无益的。对他人的依赖比我们后文将看到的 [302] 贡斯当以狭义界定的利益更强大；如果两者有冲突，依赖会占上风。"人们夸大个人利益的影响。个人利益需要舆论的存在才能起作用"（《征服的精神和僭主政治》[De l'esprit de conquête et de l'usurpation]，II，13，194）。"在所有人身上，舆论或虚荣比利益更强大"（《论古罗马多神论》，XI，3；II，63）。人"从思想和行为上都渴望他人的赞许，来自外部的认可对于他内心的满足是必需的"（XIII，1；II，130）。我们还从《阿道尔夫》中看到，与他人的联系最终成为"我们生命息息相关的一部分"（V，43）。这是因为外与内的区分是相对的，因为如果没有你和他们就根本没有我。

贡斯当的所有作品都包含关于对外人的目光的这种依赖的一些例

子。在《我的一生》(*Ma vie*)中，他回想他最初的一次艳遇：他的目的不是成为一位女子的情人，而是让周围的人相信他成了她的情人。"让别人说并且听到别人说我在供养着一个情妇，这快乐可以减轻终生与一个根本不爱的人生活在一起而且没有任何人可供养的痛苦"(91)。故事叙述者之所以想同塞西尔睡，那是由于一次与男人们交谈后的"自傲"(《塞西尔》[*Cécile*]，VI, 161)。在相似的场合下，阿道尔夫同样受到"自傲理论"的驱使(III, 30)，他将自己对埃莉诺(Ellénore)的欲望描写为让旁观者注视的满足。"如果上天给我一个社会习俗允许我承认的、我父亲可以接受为儿媳而不感到羞耻的女人，我会因让她快乐而千百倍地快乐。"(VII, 58)父亲与社会的注视战胜了阿道尔夫和埃莉诺的欲望。

这些"虚荣"的例证，或者用更中性的话说，这些对他人的目光与话语的不可避免的依赖的例子，只是对构成任何人类生命实质东西的一种直白的图解：这就是群居性。经常，一些内在的性格特征或精神状态表现出它们具有同样的来源。比如《阿道尔夫》中父亲的怯懦，它造成"内心的痛苦……将最深刻的印象压抑在我们心中，冻结我们的话语，让一切我们试图说出的话都在我们的嘴里变了味"(I, 14)；若它不是对内在化了的他人目光的畏惧，那怯懦又是什么呢？比如纠缠着故事叙述者的那种耻辱感，它是他与塞西尔约会的无形的证人："一种悔恨，一种耻辱在快乐中仍追逐着我。"(VI, 162)《塞西尔》包含着具有启示性的另一幕：两位情人赶赴一场假面舞会，在那里他们公开地在一起而不会被其他人认出来，他们感到极度的快乐。这魅力如此之大，他们决定下周再去；但是，豁免便不再是惊喜，快乐不会如期而至。"群众变得让我们腻烦，因为我们不再畏惧"(VI, 167)：这不是又一个证据，证明他人的目光在我们的经验中的构成作用？

在人的相互作用的网络中，不存在孤立的实体，而只存在关系；本质与意外的对立本身在主体间的世界中没有合理性。在个人生活中，个人本身并不存在。我爱的不是这个人或者这类人；这是不可能的；我爱的是相对于我处在某个位置上的人。从这个法则出发，贡斯当在他的《日记》中给出了两个表述："求之不得的东西必然与挥之不去的东西完全不同"（1804月5月2日）和"一切依赖于在生活中的相互位置"（1804年4月25日）。脱离了其他人，人不存在。

第四章

独自生活

并不因为卢梭歌颂自然，或自然状态，或自然人，他就根本无视人的群居性；并不因为贡斯当捍卫个人自由，他就不了解对于他人的依赖。但是，也许人们会在这里反驳说，对人的抽象定义是一回事，对现代人的描述是另一回事。人也许不是因其本性而注定孤独的，但他也许因其历史而注定孤独呢？卢梭不正是最早发现这一点，而将自己描写为孤独的漫步者的？《忏悔录》不正是让人看到了《社会契约论》故意隐讳的另一面？贡斯当这一边，他不正是由一种让他对他人置之不顾的强烈的独立愿望驱动的？而人文主义传统起点处的蒙田，他不是已经为自己选择了孤独的生活？然而，如果孤独道出了人类的真相，我们还能够支持说，在人文主义者与个人主义者之间存在着区别吗？

个体的时代

说实话，对孤独的赞颂并不是等到现代才有人表达出来。在古代，它被表现为一种更早的理想的反面，即对荣誉的渴望的反面。在荷马时代，光荣等于英雄；它是对自身价值的近乎客观的确认（它不依赖于追求者的意志）。然而，表明光荣的必然性的东西，也表明对他人、对群众的需要，这是让英雄的壮举得到反响的必不可少的回音场。这一价值体系后来受到古代哲学家们的质疑，他们认为对荣誉的渴望只是以个人为中心的虚荣和世俗的骄傲；相反，他们赞颂孤独的沉思和从俗世归隐。英雄为一方，智者或圣徒为另一方。

英雄的和孤独的这两种理想在"文艺复兴"时代的欧洲并存。前者重新化身为封建的荣誉准则，化身为对伟大与光荣的爱；后者，即避世的理想，更为接近基督教理想，而且它可以从人们对于古代哲学的回忆中得到营养，就如同我们在蒙田那里看到的那样。从对光荣的渴望中解脱出来，即从对他人的裁断的依赖中解脱出来，这只是第一步；下一步在于不需要他人——在任何情况下都不需要。"让我们的满足依赖于自己，摆脱所有将我们系于他人的联系，让我们能够理性地独自生活和惬意生活。……如果拥有自我，理性的人就什么也没有失去。"（《随笔集》，I，39，240）而且，与斯多葛派传统一致，蒙田宣称不应该过于依恋他人，以便不会因为他们可能的逝去而受苦。所以，自足是一种理想。个体很少从他人那里接受东西，个体同样对他们也不过多关注。"只要我能够，一切我都自己来。"（III，10，1003）继塞内加（Sénèque）之后，蒙田重复说："世上最重要的事情，就是懂得独处．"（I，39，242）他将此作为训诫："是你自己的事情，别向它处去寻。"（III，10，1004）

蒙田平静地按照自己的选择生活，也许这是因为在这个时代，社会归属是一个不容置疑的既定条件，那种以私利叠加为本质的社会的威胁尚未出现，但这同样是因为他的社会地位允许他这样。有时，人们觉得他享有双重的优势：他能够选择自己觉得合适的生活方式，而不会有动摇社会秩序的威胁。他可以宁要友情所希望的关系，而不要由血缘强加的关系，而他仍属于一个家系之中；他是由自己的出身决定的，同时又由自己的选择决定。他可以选择自由，而这并不妨碍他承认文化（习俗）

<141>

与历史的影响。

在笛卡尔那里，个人需要与社会需要之间的关系也不构成问题。笛卡尔看出个人利益不一定与他所属的族群的利益一致，但他仍然认为两者不会将我们引向两条不同的道路，它们彼此可能和谐地达成一致。"虽然我们每个人都是与他人分离的，因而各自的利益与其他人的利益有所不同"，但我们不能忘记我们同样属于一个更广泛的实体，"属于国家、社会、家庭，人们通过住所、誓言、出身而与之联系在一起"（《致伊丽莎白》，1645 年 9 月 15 日）。认为自己同样属于一个共同体，这对个人更加有利，他将会找到一个办法来同时照顾到他所有的利益；不论在个人内心，还是在各个时代之间，冲突都不是不可避免的。

但是，在 17 世纪末将会爆发古今之争，虽然最初争论主要围绕着价值判断（哪些价值比另一些价值更高？），但历史视角被引入到公开论战之中。各个不同时代的人也应当是不同的。卢梭正是从这一语境中去思考人类的演进的，尤其是他将古代斯巴达共和国或罗马的公民与现代的个人对立起来。他在《爱弥儿》的开篇说，前者"只是取决于分母的分数，其价值在于它与整体的关系，这个整体就是社会整体"；相反，后者"却是自成一体的：它是整数，绝对的整体只与它自己或者同类有关"。（Ⅰ，249）卢梭的术语不是我们时代的；但它同样将两种非常不同的构型加以对立，即人只是整体中的一部分的构型与人自己构成整体的构型。

在另一处地方，卢梭再次提到古人与今人的这种对立：那是在他将古代共和国的居民与日内瓦的居民进行比较的时候。对于前者而言，私人的东西服从于公众的东西；对于后者来说，个人利益、对致富的关注、对保护的需要占优。卢梭对他的日内瓦同胞们说："你们是些商人、工匠、市民，总在关心自己的私利、工作、生意、盈利。"等级的改变，其代价是现代人放弃了公众事务，而古人借助奴隶制从物质忧患中解脱出来，他们反而可以献身公众事务。"你们不像古代民族那样悠闲，所以你们不能像他们一样不间断地关心政事"；而公众自由消失的危险仍然存在，公众的自由变成确保个人安宁的必需的代价。(《山中来信》[*Lettres écrites de la montagne*]，IX，881) 因此，卢梭为孔多塞和贡斯当所阐释的那种古人的参与性的自由与今人的保护性的自由之间的对立铺平了道路。

他个人的那些探索也基于这一背景，这些探索赋予孤独这一主题以新的意义，这一主题在个人主义的视角中是非常重要的。

对孤独的赞颂

卢梭的自传体作品的确让人感觉他更接近于个人主义家族而非人文主义家族，因为个人的幸福似乎是他追求的唯一目标。这里，我们可以从卢梭的一个论断开始，他作出这一论断时是伴随着遗憾的：他是孤独的，而他原本是想要与他人在一起的。"我是为友谊而生的"(《忏悔录》，VIII，362)，我是"人类中最合群的和最有爱心的"(《漫步遐想录》[*Rêveries*]，I，995)；而他却发现自己是孤独和不幸的。这是个"大不幸"(《忏悔录》，VIII，362)，他畏惧"这孤独的恐怖"(《对话集》，III，976)，这对他来说是"丑恶的"(I，713)。似乎他寄望于重归社会："我们在他老年时，可以还给他一个已经失去很久的，而且他已经不奢望在俗世找回的真正的社会的温馨"(III，950)。所以，这种孤独的原因不在于自身；它是由他人的敌对态度造成的，或者是因为他们不配他去爱。"那应该回应我的人还未来临。"(《我的肖像》，1124) "这更多是他们的错而非我的错。"(《忏悔录》，V，188) "徒劳无功地在他们中间找寻他应当爱的人之后，他躲避人类。"(《对话集》，II，824)

然而，并不仅限于此。卢梭还可能将孤独中的痛苦与拒绝打破孤独

<144>

联系起来:那是因为他区分真正的沟通与肤浅的沟通;然而,肤浅的沟通不能治愈孤独,它加重孤独。虽然与他人在一起,人却受着同一痛苦,而且更加强烈。圣普乐正是这样描写他初到巴黎的情景的:"带着内心的厌恶,我进入这人间巨大的荒漠。这混沌世界仅仅给我一种丑恶的孤独,一种阴郁的沉默是其中的主宰。……'没有比我独自一人的时候更不孤独的了',一位古人这样说:我只有在人群中才是孤独的。"(《新爱洛伊丝》,II,14,231)孤独终究是可悲的,但孤独的最坏形式是在他人中间所感受到的孤独:世界是一个荒漠,而社会的喧闹是一种压迫人的沉默。反过来说也是正确的:如同西塞罗(Cicéron)所说的(此处所利用的仍是斯多葛派的智慧),表面的孤独,纯粹身体上的孤独,实际上可能是一种真正的沟通。

通过在这些态度中区分出两个层级,卢梭得以将他对社会的怀恋与他对社会的谴责协调起来。实际上,社会重视表象而忽略存在,重视舆论而忽略对自我的重视,重视虚荣而非简朴;社会建制让人堕落。因为内心比外在更可取,所以孤独者优于社会人。

<145> 卢梭想摆脱社会义务的重担而自由地生活。他是这样描写自己的:"我在与人交往中始终感受到的这种无法克服的厌恶……其原因正是一切都无法战胜的这种不可驯服的自由精神。"不要误解,此处同样必须区别表面的自由与真正的自由:自认为自由的人往往受人奴役,因为他依赖他们的意见,他失去了自己的社会自主;相反,囚徒却是自由的,因为他是孤独的。"我千百次想过,在巴士底狱里生活也不会太不幸,除了必须留在那里,我不依赖于任何东西。"(《致马勒泽布书信》[*Lettres à Malesherbes*],I,1132)卢梭感到"对任何奴役的刻骨的反感"(《忏悔录》,III,115);然而他不接受任何的折中:"如果我重新开始在某件事情中受制于舆论,那么我很快在各方面都会受制。"(VIII,378)所以,他最后逃避于彻底的孤独之中。共同生活的有害性还表现在身体上:"人的气息对同类来说是致命的:这不论从本义和引申义上都是真

的。城市便是人类的深渊。"(《爱弥儿》, I, 277)

社会是恶的,孤独是正确的;孤独的人并不真需要其他人;他是自足的存在。爱比克泰德(Épictète)不是已经告诉过我们,真正的财富是那些我们自身中存在的财富?蒙田不是建议我们不再向他人借取,而只从自身中汲取?人们应当颂扬"懂得享有自己的人"(《新爱洛伊丝》, IV, 11, 482)。通过卢梭在此处依据的斯多葛派传统,我们看到他所珍视的"自然人"的理想的雏形。如同他的弟子贝尔纳丹·德·圣皮埃尔(Bernardin de Saint-Pierre)后来总结的:"通过让他远离社会的不幸,孤独部分地将人带回到自然的幸福。"(《保罗与薇吉妮》[Paul et Virginie], 136)

狄德罗(Diderot)通过《私生子》(Fils naturel)中一个人物之口作了下面的回答:"只有恶人才是孤独的。"卢梭认为这话是针对他的,因此深受伤害。他多次阐发一种反证:要想变得邪恶,必须拥有受害者,所以要在社会中生活才做得到,而不是生活于孤独之中。相反,如果我是孤独的,我乐意于此,那么我对他人有何害;显然,孤独者是善的。(例如《爱弥儿》, III, 341;《忏悔录》IX, 455;《对话集》, II, 789)但是,他也许感到这一论证不太系统,他再次发起攻击:孤独者是善良的,这不仅仅因为他们不可能为害;而且,孤独者渴望与人接触,他们"从本性上是有人情味的、好客的、温柔的"(《对话集》, II, 789)。所以,孤独是好的,既因为它不是孤独——"真正合群的人"生活在孤独中,远离群众与轻易的接触——又因为它是孤独:"任何自足的人都不愿意危害任何人!"(790)将这些论据分别来看,都可以赢得人们的认可;它们同时出现于卢梭的作品中,这让它们全都变得可疑,显示了他是多么在意为孤独理想辩护。

因此,通过一系列的转移与区分,孤独这种令人恐惧的状态变成他所向往的理想,成为"可贵的孤独"(《享乐的艺术》[L'Art de jouir], 1173)。这是卢梭在各种场合都肯定的内容。然而,当人们看到这一宣

<146>

言如此频繁地出现，人们开始怀疑，不是怀疑他的真诚，而是怀疑他的清醒：贯穿他的自传作品，他向读者们担保他不需要他人，没有他们的话他更快乐，他感谢他人的敌意，因为他们让他因此发现他自身的意想不到的宝库。"我独自一人比跟他们生活在一起更加快乐"（《漫步遐想录》，I，998）；如果这是真的，非要重复这么多遍吗？信息的重复，非但不能存真，反而让它变得可疑：句子的每一次重复都说明上一次的句子并不完全真实。不用说，这些断语出现在给读者阅读的信件与书籍中；而读者们本身是"他人"！卢梭不停对他们说他不再想跟他们说话；因此，当他如此描述自己："一旦他孤独了，他就快乐了"（《对话集》，II，816），他们有权怀疑。

<147>

作为让-雅克的审判者的卢梭

如果仅限于这些宣示，那么卢梭的确是位个人主义思想家，而非人文主义者。但是我们不限于此。人类全都过渡到社会状态，向后回归是不可能的。那么如何将孤独连同其必然结果即废除社会树立为理想？卢梭非常了解这中间存在的问题。但是他没有明确说出来。有时需要考虑，他拒绝接受这样的局面，他是否是故意维持着这种不确定性。如何以别的方式来解释社会这个词以及它的派生词的模棱两可？这个词实际从属于两组独立的对立，即自然与社会的对立，和孤独与社会的对立；而卢梭装作这里涉及的始终是同一个词的同一个意思，因此他可以将所有的那些标志着"与自然对立的社会"的坏处归咎于"与孤独对立的社会"。然而，很明显，即便从卢梭的视角看，孤独与其反面，即社会，两者全都晚于向社会状态的"堕落"，全都是自然状态中所无的；因此，将社会的反面即孤独所遭受的痛苦算在社会身上是不公平的。

而且，当卢梭在陈述自己的主张的时候，他回避任何此类的混淆，他提醒人们真正的人类都是合群的，他们不可能作为早于社会状态的"自然人"生活。自然状态从未存在过，或者如果它曾经存在，在如今也变成我们不可企及的；应该根据现存的人类即生活在社会状态中的人来进行推理。脱离了与他人的关系，社会人是无法设想的。"如今，我的生活、安全、自由、幸福依赖于同类的相助，显然我不再应该自视为一个孤立的个体存在，而应将自己看作一个更大整体的一部分。"(《关于美德的书信》, 320)"每个人都看到一个人不可能在社会中出生、生活和自我保存而毫不依赖于它。"(321)在关于社会状态中的人的教育的《爱弥儿》中，卢梭重复了这一论证。"当我们走出自然状态，我们也强迫自己的同类们从中走出；没有人能够不论他人如何都留在自然状态。"如果人们执意想生活在当下，仿佛社会不存在一样，换言之，如果人们选择彻底的孤独，那么会注定失败。"想将自己视作孤立存在，不依赖任何东西，自给自足，这样的人只可能是悲惨的。"(III, 467)从中我们看出当卢梭决定不这样做的时候，他绝不混淆这两种非常不同的"孤独"，即自然状态特有的孤独和人们可能在社会中体验的孤独。

然而，他坚持用同一个表述即"自然人"来指称两个实体，它们的区别与过去的人与未来的人的区别一样大。这里，对取得赞同的关注超过对真理的关注。"自然"一词遭遇到补充含义的漂移：在"起源的人"意义与"森林人"意义之间似乎建立起一种勾连。当他在《忏悔录》中提到《论人类不平等的起源和基础》中的概念，卢梭显示出这种联系正在建立："这一天余下的时间，我深陷在森林里，我在那里找寻着，我在那里找到最初时代的印记，我骄傲地追踪它的历史。"(VIII, 388)所以，自然状态是根据森林中的经验来描绘的，森林人名副其实，他归属于两个意义。作为森林的自然先将自己的某些特征赋予作为起源的自然；然后，可以很容易从真正的森林中找出梦寐以求的起源，随着这位林中的孤独漫步者、这位业余植物标本采集者去识别出想象中的"自然人"。

卢梭是一位如此有力如此严格的思想家，无法想象他受到这些同型多义与含混词义的欺骗。要想让他将它们转达于作品中，一定有一种强大的动机暂时减弱了他的思想的警惕性。而这一动机的确存在，恰好可以暂时让受它影响的人受到蒙蔽：那是因为在他进行"自传"写作的时候，他认定自然人，这种与公民对立的理想，就是他自己。他在《对话集》中做出了明确解释：他在书里自称为"自然的人"（II，851 和 III，939），在他自己与"人的原始天性"之间建立起等价关系（II，850）。"一言以蔽之，当我在他的书里发现自然人，我便在他身上发现他的书。"（866）"如今那些自然的描绘者与辩护者如此受到歪曲和诬蔑，除了他自己的心之外让他拿什么来当作摹本？他对自然的描写就像他感觉到的自己的样子。"（III，936）

正是这一点使我们能够在卢梭的学说论述与他的私人写作之间建立起延续性；当我们想更好地了解他所指出的人类之路即孤独个体的道路，这一点允许——甚至迫使——我们转向他的自传体作品。卢梭本人要求这种延续性："他的体系可能是错的；但在发展这个体系的同时，他以如此有特色如此确信的方式描绘了他自己，我不可能弄错。"（934）

<150> 但是，这种延续性非但不会让卢梭的体系变得更严密，反而让它变得成问题。当他确定自然人应当与他相像之后，卢梭变得既是审判者又是受裁判者；因此，他无法始终不偏不倚。他将筹码押在"自然"的两种意义上，即"自然人"或"社会人"，他太在意辩论的输赢了。这里，卢梭的错误与他在那些亦敌亦友的"哲学家"身上看到的错误是对称的，是与之相反的。那些人捍卫一些学说，却丝毫不关心用自己的生活去加以说明：这是现代知识分子的典型的不负责任。而卢梭却想让言行之间、理想与现实之间存在延续性——他在这一点上是正确的；但是，他走得更远：他让两者彼此重合，因此他根据实际来描绘理想，因为理想就是他本身的生活和存在，他描绘它们日常的样子，它们充当他的摹本。

而他自己也看到（是在自传体写作之外的地方）这样的归纳是不

合理的。"如果可以从人的行为中得出对他们的情感的证据，那么必须说，对正义的爱是受到所有心灵排斥的，在这世上连一个基督徒都没有。"(《纳西索斯前言》[*Préface à Narcisse*]，962) 当他思考自己的生活，尤其是对子女的抛弃，他仍清醒地将生活与理想分开："就好像罪孽不属于人，不属于正人君子似的！"(《致圣日耳曼》[À Saint-Germain]，1770 年 2 月 26 日；XXXVII，279) 如不是这样，抛弃子女的那个让-雅克怎能同时又是那个写作关于教育的论文的智者卢梭？但是，既然他不遵从自己的原则，他将理想建立在对自身的现实的表述上，那么人们可以用他对其他人的指责来对付卢梭，即指责他从事实出发来推论出权利。这一方法，即便在这里不是为专政服务，也绝不会为真理服务。正因为这个原因，当他将自己当作他的理想的典范，卢梭所得出的所有哲学上的结论都是靠不住的：真诚不等于睿智。菲洛南科（Philonenko）指出："由于建筑式的纯粹的冥想，卢梭从通向自传的楼梯跌落下去。"(《让·雅克·卢梭与不幸思想》[*J. J. Rousseau et la pensée du malheur*]，III，260) 必须谴责"哲学家"们的虚伪（或者是犬儒态度，或者是失去判断）；但却不必因此走向反面和消除理想与现实之间的所有距离：延续性并不意味着重合，理想能够引导生活而不与生活混同。

〈151〉

彻底的孤独无法构成人类的理想，原因只有一个，这是不可能的。卢梭以孤独之名展示给我们的，是两种互补的经验，可以称为有限的沟通（主要是《忏悔录》中）和寻求自我（在《漫步遐想录》中），在对自我的寻求中，他渴望一种纯粹的存在感。这种寻求对于个体而言是合理的；但不管怎样，这是一种私人的极端的经验，只能自己珍视，而无法树立为公众理想。所以，必须进一步探索"有限沟通"。

有限沟通不是孤独。一个作家，终生玩弄那些从他人处得来的词句以便达成一些旨在针对他人的新的建构，他如何能成为孤独者的化身？他不断与他人沟通着——当然这是有媒介的沟通，但却同样密集。而卢梭如若不是位作家，那他一生做的又是什么呢？他不仅用文字填满了千百页纸，他还知道一种异常牢固的沟通由此建立，即使死亡也不能打断它；他对自己的名望、未来读者的评价的忧虑由此而来，在他自传写作的整个阶段都是这样，在他最愤世嫉俗的时刻也是如此。"我会毫无困难地同意自己在人们的记忆中丝毫无存，但是我承认，我不能同意在人们的记忆中受到诋毁……我无法将矫正人们对我的回忆当作无所谓的事情。"（《对话集》，III，953）将自己的原稿委托给可靠之人，对他们以后要做的步骤做出明确指示，多备副本，多加小心，这样的人是真正的孤独者吗？

<152>

同我们大家一样，卢梭想让人爱他。"爱人、被人爱而对所有其他人都不为所动，我被这样的需要吞噬"：在给索菲·德·乌德托（Sophie d'Houdetot）的一封信里他这样描写自己（1757年12月17日；IV，394）。他想与他人一起生活，即使他知道他们是不完美的。"我尤其感到我无法不同一些与我同样受腐蚀的人生活在一起。"（《致费罗波利斯书信》[Lettre à Philopoulos]，235）但是，命运却不眷顾他。有两个因素联合起来与他作对（在此过多的说明没有太多价值）：他如此非凡的人格所引起的敌意和他自己的多疑个性（换言之，即迫害与迫害妄想）。于是，他退缩于一种双重战略：一方面，他开除其他所有人的人格以便显示自己对他们的裁断无所谓（这是"葡萄太酸"的另一种说法）：所有人都是邪恶的，我是唯一善良的；另一方面，他借助于"替代品"：植物性、逃避于想象、写作和被化简为工作或物体功能的人。但是，我们现在知道，随时随刻，他都知道替代品不如原件。如同他在谈到另一种"替代"时对朱莉说的："当你只有一人享受的时候，你能享受到什么？这些孤独的快感是些死去的快感。"（《新爱洛伊丝》，II，15，237）

<153>

然而，在卢梭决定按照自己的样子来描述自然人之后，他不得不树立为理想的东西却正是这种替代品。正是在此处，他的论证站不住脚了。为自传式的探索提供合理样板的东西，如果不加以另外形式的审视，它

无法变成适用于所有人的道路，无法变成一种共同理想：共同理想应当对应于与偶然性不同的其他标准，是偶然性让人变成这样而非那样，让人有勇气说出自己的不同。从这个角度看，卢梭使用的那些"替代"是不等价的：独处、逃逸于想象、在植物中间的静思，这些偏好属于个人（权力的）自由，但是将他人去除人格，与这却不是一回事；然而，界定卢梭与周围人关系的正是他去除他们的人格，首先从他亲爱的"女管家"特蕾丝（Thérèse）开始。将他人化简为仅仅依赖他而存在，拒绝给他们完整主体的地位，这就是拒绝人与人的平等。这却是卢梭不愿意接受的。

所以，我们在理解卢梭的解决方案时，必须尽可能去除其作者的个人喜好；不然，我们注定会陷入悖谬。卢梭个人的生活是受到一种多疑性格主宰的，他自认为受到迫害（这种确信在多数情况下是有根据的），他经常宁可独居在乡下——因为孤独难得，它才更可贵。他的自传作品包含着对这种广场恐惧症倾向的辩护与说明。但是，他个人对独处的偏爱在他的思想中并不混同于从学说上肯定人类本质上的孤独。卢梭阐明了普遍规律（他给爱弥儿的建议）与例外（他自己的命运）之间的距离：他远离人们，而爱弥儿应当"在他们中间生活"（V, 858）。

<154>

《对话集》中的一页在这一点上更加说明问题。首先，卢梭重申对孤独的喜好；然而，他同时坚持在自己生活的特殊性与他对人类的理想之间进行区分，他补充说："绝对的孤独是一种悲惨状态，是与天性相反的：情感滋养灵魂，思想的交流激活精神。我们最甜美的生活是关联的和集体的，我们真正的*自我*不完全在我们自身。人的生命构成就是这样的，人们无法不借助他人而完全享有自身。"（II, 813）

《漫步遐想录》忧郁地提醒我们，他人总是存在于我之中，人们绝不可能摆脱他们；当他在思考这个世界，而不是自我辩解的时候，卢梭肯定自我的一部分在他人之中，他并不为此抱怨。如同在《道德书简》（*Lettres morales*）中一封致德·乌德托夫人的信里写的："在最深沉的孤独中，你的心告诉你，你并不是一个人。"（VI，1801）我们的幸福是一个社会人的幸福；即使从自私自利的视角看，他人对我们来说是必不可少的。朱莉已经说过："最纯洁的灵魂不足以独自成就自己的幸福"（《新爱洛伊丝》，II，11，225），"信仰的宣扬"以这句话结束："追求自我是通过忘记自己进行的。"（《爱弥儿》，IV，635）社会不是一种权宜之计，一种"替代品"；社会是产生品格的东西，没有社会便不存在品格，沟通本身就是德行。圣普乐也以自己的方式肯定了这一点："人孤独是不好的。人类的灵魂想要成双成对，是为了实现他们全部的价值。"（《新爱洛伊丝》，II，13，228）

对独立的渴望

作为思想家的卢梭属于人文主义家族，即使作为个体的卢梭有时逃离这一家族。前一个卢梭与后一个卢梭不同，他不认为共同生活是必须与魔鬼结清的代价，作为交换的是他赐予我们的自由。如果审视散落于贡斯当的文学作品与私人写作中的那些宣言，从中可解读出一种对孤独的需求和一种对"独立"的彻底要求。个人相对于自己情感的自由无法按照公民相对于国家的自由的模式来思考：情感的独立离不开政治的自主。贡斯当所梦想的独立只是欲求与空缺的作用中的一刻：在这一刻里，主体不再渴求任何东西而努力摆脱无聊。对孤独的渴望在《日记》与通信中无数次地得到表述——但这是因为这是一种无法得到实现的欲求，这欲望还隐藏着另一个欲望。一旦与他的第一任妻子分居，贡斯当便写信给伊莎贝拉·德·沙里埃："一年多来，我一直在渴望这一刻，我追求着完全的独立；它来了，我在战栗！我就像被周围的孤独吓呆了，我因没有任何东西可依托而害怕，而我却曾经因为执着于物而抱怨。"（1793

年 3 月 31 日）20 年后，他在《日记》中记下："我曾经那么渴望独自生活，如今我却因此战栗。"（1814 年 10 月 27 日）贡斯当对"独立"的号召无法脱离其语境来解读。

《阿道尔夫》的教训也同样。在小说开头，主人公自以为拥有类似的"对独立的热望"（I, 14），后来他却对往日自由的生活感到惋惜。但是这些肯定不能从字面理解，除非我们满足于阿道尔夫的父亲所主张的那种心理分析，他略显天真地给儿子写信："带着你的独立精神，你总是做你不想做的事。"（VII, 54）在故事结尾，是阿道尔夫自己发现了苦涩的真相："自由"与"独立"只是相对价值——相对于埃莉诺，相对于他与埃莉诺的关系。一旦埃莉诺死了，对他来说它们便不再有价值；或者不如说，它们向他展示了它们的反面：独立便是"世界的荒漠"；自由便是"孤立"与爱情的缺失（X, 76）。"它多么让我难过，我曾经那么惋惜的自由！我的心灵多么缺乏依赖，它曾让我那么反感！……我确实曾是自由的，我不再被人爱：对于所有人我都是外人。"（X, 79）相对于其他人的自由，这无法成为终极目标；它更像是我们的欲望佩戴的假面具，用一种不能令人满足的关系去代替另一种，只是更加有力，它是人们给自己的渴望的一个借口，去回避追着我们不放的东西。完全"独立"的生活将是缺乏意义的生活，它威胁到主体的存在本身。

<156>

的确，我们应当重新将普遍性理论与对某个历史时期的分析区别开来，那就是我们的时代。不仅在抽象意义上，人类必然是社会性的；在现代，分裂力量在影响人们，他们应当通过关心公共事务来努力平衡自己新的自由。随着个人主宰了私人世界，个人的新角色在贡斯当看来是如此重要，以至于在他为现代时代起一个合适的名字的时候，他称之为"个人的时代"（《不平等简史》[*Histoire abrégée de l'égalité*], 389）。他认为导致欧洲民族（是他真正关心的民族）发展到这一地步的东西，整体上是积极的。这些民族到达这样一个时代，在这个时代里集体——不论是国家、行会还是家庭——不再能支配个人的行为。"非但不是个

<157>

人服从家庭,家庭本身融入社会,反而是每个个人有自己的生活,要求自己的自由。"不再有思想上的统一,不再有自动的社会共识,但这是一个优势,而非缺点。"人们哀叹的知识的无政府状态,在我看来是智性的巨大进步"(《百日王朝》[Les Cent-Jours],"第二版引论",71),因为对真理的追求代替了由权威确保的绝对真理,这样很好。

现代时代在价值方面是更优越的,它也是最大地便利主体的幸福的时代,因为现在"为了幸福,人只需要放任于一种完全的独立之中,独立于所有与他们的事务、活动和幻想有关的东西"(《征服的精神和僭主政治》,II, 7, 166)。应该相信贡斯当在此坚决支持的东西,而认为自由足以成就现代人的幸福吗?完全致力于私人世界的生活是人们可想象到的最好的生活吗?人们可能有所怀疑。但是必须说,贡斯当自己不完全赞同这种对现代人的无条件的歌颂。

在他引入古人的自由与今人的自由的对立的这段文字里,在1806年的《政治学原理》中,贡斯当确定了两个时代之间的五大区别;优势不总是处于一方。现代人享有个人自由,但是古代人积极地参与对城邦的治理(并从中得到快乐)。现代人喜欢安逸:"安逸,伴随安逸的是舒适,为了到达舒适,工业是人类的唯一去向"(XVI, 3, 361);古代人更喜欢战争,战争带来光荣和社会和谐。现代人更有同情心,古代人更坚定。最后一点,现代人更清醒,但是古代人的热情是他们所缺乏的。"古代人对一切事物都有完全的确信。我们几乎对于任何事物都只有伪装的确信。"(XVI, 6, 368)我们怀疑一切,还未开始一项事业便已经疲惫,不相信制度的力量。"家庭内的情感代替了伟大的公众利益。"(XVI, 7, 370)

让现代人满足于公民自由,对于贡斯当来说,这不是满足的理由,而是忧虑的源泉和指责的素材。缺乏任何热情、勇气、爱国心,所以缺乏任何社会关怀,这无法成为一项光荣。在他最早的政治小册子《论当前法国政府的力量和赞同它的必要性》(*De la force du gouvernement*

<158>

actuel de la France...，1796）中，贡斯当已经涉及这一主题，在那时他与斯达尔夫人（Mme de Staël）意见一致。"安逸是一桩好事，但无所作为是一种恶。""除了狭隘的和个人的目的、利益和预期而别无他物"让生活变得没有意义；"在与自我相关的事情中，总有某种灰暗、枯萎的东西"。我们每个人同样需要受到热情的带动，从而"被同类的认可激励"。（VII，71—72）

对于族群来说，还有比个体的道德减弱更严重的事：那就是，为了自我维持，公民自由本身也需要一定剂量的政治自由。换言之，如果每个人都只关心自己的事情，那么暴君就可能夺去权力；而在专政之下，人们不再有暇关注自己的事情：人们被迫服从和追随。

由于只奉行"家庭内的德行"，人们很容易忘记这些德行的奉行本身预设着一个尊重它们、保护它们的社会——这并非所有社会都做得到的。"其自然后果［现代社会的后果］是使得每个人都以自己为中心。然而，当每个人都以自己为中心，所有人都是孤立的。当所有人都是孤立的，就只有乌合之众的尘土。当暴风雨来临，尘土变成泥泞。"（《论宗教的起源、形式与发展》，"前言"；I，XXXVII）由于只关注个人的享受，个体对公众事务失去兴趣，试图无视他人的不幸，忘记了他自己私人的福祉依赖于公众的福祉。"人们放弃了祖国的事业，因为不言而喻的利益要求人们不去危及女儿的嫁妆"（XXXV）；但是，如果国家在火海之中，难道嫁妆不会受到威胁吗？对于贡斯当而言，此处所涉及的不是纯粹臆想中的危险：这是在拿破仑统治下正在发生的事情，拿破仑的意图是让社会陷入这样的状态。"那些压迫公民的政府，它们的治理之术就是让公民们彼此远离，让沟通变得困难，让联合变得危险。"（《增补》［Additions］，628）个人的孤立也许并非"现代性"的不可避免的后果，但是它必然属于"现代性"可能的后果，这些后果是现代的暴君们努力实现的。

所以，不应该仅限于期望暴风雨过去，仅限于保有个人的享受。现

<159>

代人自己不能允许自己放弃参与公职。从 1796 年的第一个政论小册子，一直到他最后的著作，即他在 1824 年开始出版的《论宗教的起源、形式与发展》，贡斯当重复着同一个信息：让我们提防退缩到私人空间这种现代倾向，让我们不限于每个人都可达到的自私的幸福。我们需要更多的东西，超越于个人的东西；而且，如果每个人都只关注自己，那么这种幸福本身也会消失。公众精神、政治自由应当得到强制性的维护。个人的独立无法成为终极目标。

<160>

有所作为的生活与静思的生活

最后，必须回到蒙田这里，我们已经看到 [140] 他可能也参与了对孤独的歌颂。他因此而离开人文主义家族而加入个人主义家族了吗？通过阅读《随笔集》，我们看到他没有提出在孤独与社会之间进行选择，而是在社会生活的两种形态之间，即有所作为的生活与静思的生活之间进行选择。他对于起点从未有所怀疑：人类拥有群居性。我们这个物种的认同本身就在于此。"自然更倾向于将我们引向社会。"（I, 28, 184）有什么能比交谈更具社会性的？而这正是"对我们的精神的最有成果的最自然的运用"（III, 8, 922）。个人理性的缺陷至少可以部分地由个体之间不断的交流来弥补。正是人与人之间的沟通为我们提供了对人类的定义。"仅仅是依靠说话，我们才成其为人，才彼此依恋。"（I, 9, 36）社会对于人是自然而然的："没有比人更不合群和更合群的了：不合群是他的缺陷，合群是他的天性。"（I, 39, 238）人的天性是合群的，只有人类堕落才变得不再合群。群居性属于人类命运本身。

蒙田之所以宁愿生活于相对的孤独中，那并不是为了重新找回某种失去的天性，也不是因为孤独本身是优越的。他知道，免于他人的认可，这可能只是满足骄傲之心的另一种方式（II, 17, 649）。他更为倾向的选择，其原因并非为此：那是因为他畏惧公众生活中所包含的束缚。他喜欢做自己的主人，这让他"无益于他人"（643）。他不喜欢奖赏与依附的世界，那是"大人物的宫廷"的世界，所以他拒绝生活在国王身边的建议，而宁愿隐居在家里，在自己的书斋。这并非因为一种使命比另一种优越；这是因为这种使命更适合于他。对于他而言，依附于权力是弊大于利的。在他看来，国王本身的命运并不太让人羡慕："国王没有任何属于自己的东西；连他自身都是属于他人的。"（III, 6, 903）

<161>

蒙田的立场是明确的：最终他所逃避的不是普遍意义上的人类社会，而是"束缚与义务"；他所珍视的并非孤独本身，而是孤独提供给他的集中精力和重新找回自我的可能性，最终是为了更好与他人沟通。"当我独处的时候，我更愿意投身国家事务和世界事务。"（III, 3, 823）孤独是手段，而非目的；就蒙田来说，孤独产生一种更好的群居性。对孤独的要求显然与对我们合群天性的见解不处于同一层级：以孤独作为虚荣，这是社会动物特有的态度。不应该将人们生活的格局混同于格局确定之后人们所选择的策略，也不应该将它混同于或多或少受到自己控制的游戏规则。群居性的形式多种多样，人们按照自己的倾向从中选择。

所以，这些价值并不是绝对的。蒙田不像那些古代的斯多葛派那样声称自己的选择具有客观基础，值得被树立为准则：他将自己的存在方式建立在他的"梦想方式"的基础上（820）。人类必然是社会性的；是公众的还是私人的，在人群中或者独处，都是通过选择。这里涉及的不再是原则问题，而是最适合每个个体的生活方式。在这一方面，没有一种理想的行为，而是有几种，每个人都有权按照自己的倾向来行事。确实，这些偏好不再依据人文主义学说：人文主义学说仅限于宣告群居性是我们的构成成分，它并不告诉我们如何在群居性可能具有的各种形式之间进行选择。但是人文主义学说有两个极限。在一个极端上，完全服从于荣耀的生活不再符合人文主义思想，因为这种英雄理想不能适用于

<162>

所有人。而人文主义者认为理想是可以为所有人达到的；必须让人们达成理想，不仅仅是通过建功立业，而且通过过平常日子来达到。日常性不是成功的障碍，恰恰相反。在另一个极端上，仅仅关注内心生活而对所有与社会秩序有关的事情漠不关心，这种行为被排除到可褒奖的行为之外。当罗马在焚城，人们无法平静地种自己的园子：这是否认他人存在于我们身上，否认我们存在于他们。在这两个极端所划定的巨大空间内部，一些不同的选择是可以接受的：贡斯当投身于议会的辩论，而蒙田隐居在他的书斋，他们两人都是忠于人文主义思想的。

当蒙田试图将这些社会生活方式划分等级，他有时遵循一种同时受到柏拉图主义和斯多葛派或基督教义启发的主张，它偏爱内心而非外在，偏爱灵性而非物质，偏爱孤独的凝神而非社会的纷扰，偏爱静思的生活而非有所作为的生活。然而，《随笔集》的总体信息却有所不同。通过一个迂回的句子，蒙田宣布：虚假的语言要比沉默更不合群（I, 9, 37）。所以，虚假的语言、浅薄的社交礼节是处于最低层级的；沉默与孤独比它们更可取。但是，"虚假"这个形容词的使用本身意味着并非所有语言都是虚假的：还存在着一种真实的语言，它是优于沉默的。在提到在人陪伴下旅行的时候，蒙田再次谈到这个问题。人类生而是与同类一起生活的，蒙田认同这种共同命运。"如果没有沟通，那么任何愉悦对我来说都没有滋味。"但是，同伴与同伴也有所不同。可以与之建立友谊的有品格的人，他们是无可替换的。"如果有一个正直之人，他有坚实的知识，与你习气相投，乐于陪伴着你，这是一种稀有的财富，而且是对你极大的宽慰。"这样的邂逅是稀有的。而平庸的伙伴则成群结队，避之不及。"与其与无聊而愚蠢之人为伍，不如一人独处。"（III, 9, 986—987）就像沉默不如真实的语言，却比虚假的语言更可取，孤独不如稀有的友谊，但却优于混乱的一团。

在另一处，蒙田重复了上述内容。必须克服为他人而活与为自己而活的肤浅的对立；每一种孤独都只能满足一部分人，它实际上将人类肢解了。向别人要求一切的人是傻子，但将一切都交给别人的人也是不合人性的。要想超越这两种极端选择，必须承认在自己身上也有他人的一部分，自我的充分发展是借助他人来进行的；他们对我的需要与我对他们的需要一样多。"我们的主要职责，就是各行其是"，这当然是对的，但是"丝毫不为他人生活的人也不算是为自己生活"（这是塞内加的"如果你想为自己而活那么就要为他人而活"的一种变体，《致路奇利乌斯书信》[*Lettres à Lucilius*]，48，2）。智者明白"他应当将他人和俗世的做法用于自身，为此，他应当将与他相关的义务与职责奉献给公众社会"。他还应当区别肤浅的合群与真正的友谊，肤浅的合群让我们追求荣耀或容易的交往，而真正的友谊是内心快乐与价值的源头。懂得奉行真正友谊的人既优于精于社交的人，也优于孤独者，因为他处于两者的对立之外，"他达到了人类智慧和幸福的顶点"（III，10，1006—1007）。这一等级本身不是生硬的规则：蒙田生活优裕，他并不反对获得荣耀；只是，他知道存在着更高更强的快乐。

<164>

人类不应该是必然注定过一种城邦生活：蒙田偏爱精神生活、书籍的陪伴和私人关系，而非社会义务；对于离开波尔多市政府而将自己关进书斋，他没有丝毫后悔。但这种相对于公众生活的自由却更能说明人对于人的需要：愉悦与幸福、真理与智慧都融合于这一发现之中。这便是为何朋友间的谈话、在尊重中自由追求真理和对他人的爱超过"我们生活中的任何作为"（III，8，922），这是蒙田在此世最珍重的东西。

在这一点上，笛卡尔是蒙田忠实的门徒。同他一样，笛卡儿偏爱归隐的孤独——相对的而非绝对的归隐——而非城邦事务。这种理想的孤独，也是笛卡儿的创新之处，处于大城市的中心——但这是一座外国城市，即阿姆斯特丹。"在我所处的这座大城市，除了我之外没有任何人不是从事贸易的，每个人都那么关注自己的利益，以至于我可以终生住在这里而不被任何人看到"，他给盖兹·德·巴尔扎克（Guez de Balzac）的信里这样写道（1631年5月5日）。数年之后，在《论方法》

<165> 中他确认了这一点:"在一个有进取心的、关心自己的事情超过别人的事情的伟大民族的群众中,……我能够同身处最偏远的荒漠一样孤独而退隐地生活。"(III, 146)他很明白为何需要孤独:对于他选择从事的这类工作,孤独是成功的条件。"当我的精神厌倦了日常琐事所要求的关注",便无法静心于他所喜爱的研究工作(《致伊丽莎白》,1643 年 6 月 28 日)。在公众的荣誉与培养精神的行动之间,必须做出选择;笛卡儿做出了选择,他宁愿选自己的"荒漠"而非所有国王的宫廷。

这样做的时候,他并不否认自己的群居性——但他选择了最适合他的形式。决意从事思想与写作的人,他的工作更能从隐居生活中受益;社交生活的消遣,出入公共场合,这对他不合适。这并不意味着他拒绝沟通,而是他选择了比别的方式更可取的一种沟通方式。笛卡尔几乎一半的著作是由给一些人的信件构成;他身边(虽然距离遥远)围绕着忠实的朋友,如果说他准备出门,那是为了享有与他们相会的乐趣。

说实话,虽然这一选择在多数情况下决定了他的人生,但笛卡尔并不总是遵循这一选择:人无法让自己完全漠视对荣誉与名声的渴望。被年金的许诺吸引,他去了巴黎——却发现见面的要求只是掩盖着一种无聊的好奇心。"最让我反感的,就是他们[东道主]任何人都没有表现出想要了解除了我的长相以外的任何东西;以至于我有理由认为他们想让我来法国就像是想拥有一头大象或者豹子,是因为稀有,根本不是因为能有什么用处。"(《致沙吕》[À Chanut],1649 年 3 月 31 日)然而,
<166> 这次教训还不够:被假想中的王族的伟大所迷惑,笛卡尔尽管自己有所保留,但他接受了瑞典女王克里斯蒂娜(Christine de Suède)的邀请。一旦面对现实,他发现了自己的错误,便只想着回到他的荒漠去,在这荒漠之外"我很难继续追求真理;而追求真理正是我此生最主要的财富"(《致伊丽莎白》,1649 年 10 月 9 日)。但这是不可能的:他必须继续每天为克里斯蒂娜女王上哲学课,她只有在清晨 5 点钟才有时间!笛卡尔离开自己的寝处去往王宫,受了风寒,在 1650 年 2 月死于胸膜炎。

当哲学家更喜欢荒漠中的孤独和用文字交流自己追求真理所获的结果，他是更加明智的。这正是卢梭的意见，他倾向于同意自己对孤独的选择与笛卡尔的选择没有太大不同；或者，我们可以补充说，与蒙田没有太大不同，与其他许多思想家和作家也无太大不同，不论他们是人文主义者与否。写作是矛盾的行为，它要求人们逃避他人以便更好与他们相遇。卢梭可以这样回复他所猜测的狄德罗的指责，他在给圣日耳曼的书信中自嘲地写道（XXXVII, 281）："就我而言，我以效仿邪恶的笛卡尔为荣，他满怀恶意地跑到荷兰北部的孤独中去进行哲学思考。"孤独仍然是一种与他人一同生活的方式。

第五章
爱的道路

让我们同过去的人文主义思想家们一起承认孤独并非不可避免，承认共同生活无法削弱，因为存在本身就是由它与他人的关系造就的。所有这些都只是给予我们一种否定方式的保证：群居性并没有真正受到现代人的自由的威胁。但是我们能否希望自由也产生一种肯定意义的成果？在现代人的处境中是否有什么东西包含着对比过去更充实、更令人满意的人类关系的许诺？在此，我们要转向爱，而且考虑：一方面是爱，另一方面是现代人应当为自己的自由付出代价这一想法，在两者之间有怎样的关系？人文主义所特有的对爱的观念是什么？

一开始，必须先限定这个词的意思——这是我们词汇中最多使用、最受损耗的词之一。在后文里，我用"爱"这个词仅仅指称人与人之间的情感关系。这可以让我搁置这个词的一些用法，在所有这些用法中爱的对象不是人，而是一样东西，或者是动物，或者是上帝，或者是一个抽象概念，比如祖国、自由或者人类概念本身；出于同样理由，我在此不关注对自己的爱。另一方面，出于假设，我们将保留同一个词，不管情感关系中的行动元是什么——不管它是在爱人之间，还是在父母与子女之间，还是朋友之间；并非是因为这些区别不重要，而是因为这些区别将一种感情特殊化，这种感情通过它所有的变体维持着它的同一性。

不可能的替代

让我们从这一观察出发：在人际关系中，对个人的替代要么是容易的，要么是困难的，要么是不可能的。因此，我们获得三组情况：要么所有人都能占据某个位置，要么只有某些人或者只有一个人能够做到。这种区分可以让我们区别出每个个体都能归属其中的三个相关的范畴：**人道主义范畴**（比如，我必须援助处于危险之中的人，不管他是谁），**政治范畴**（从某些方面看，我所有的同胞都是可以相互替代的，但他们不能同外国人相互替代）和**个人范畴**，在个人范畴中任何替代都是不可能的：我依恋于作为不可替换的个人的我的父亲、我的爱人、我的朋友、我的孩子。爱显然正是属于这个范畴，就像最早的一位关于爱的理论家亚里士多德已经知道的："可以说，爱意味着一种推向极致的情感，它只针对唯一一个人。"（《尼各马可伦理学》[*Éthique à Nicomaque*]，IX，10，5）这不是因为人不能同时喜欢几个人；而是因为爱的特点就是彻底不可能有任何替代：如果所爱的人是不同的，那么爱也是不同的。

支配这几个不同范畴的逻辑不是同一个。在个人范畴里，个人认同是本质性的；在政治范畴里则相反，人们将个人认同暂时搁置。在民主社会中，政治范畴依赖的是平等原则；个人范畴则用不上平等原则，它包含着对个人的承认，保留每个人所特有的东西：如果我爱所有人中某个人，那不是因为他与其他人是平等的，而是因为他是不同的。邦雅曼·贡斯当这样描写了这两个范畴之间的区别："官员、法官、公众人物，其义务应该是公正；但他私人生活中最宝贵的部分是社会不应该插手的，那就是与一些人单独相处，一些他珍视的人，他们是他的同类，与人类的所有其他成员都不同。当涉及的是其他人，只要绝不损害他们，有时为他们效劳一二就可以了；但是，他的热忱、不懈的关注和所有类型的偏心都属于这个他所偏爱的小圈子，属于他倾注爱、感动、回

<169>

忆的这一群人。"(《戈德温》[De Godwin]，565)

公正应当主宰政治范畴。但它在私人领域中显然是不对题的，私人领域是由偏好与拒绝交织而成——它们是正当其位的；想要让对情感对象的选择服从公正准则，这是很可笑的。如果我依恋某人，那不是因为他与所有那些有可能替代他的人相似，而是因为他在我眼中是不同的，是更好的：比他潜在的对手们更美，更有吸引力，更让人动心，一言以蔽之，他比他们更优越，而不是与他们平等。对构成这一领域的关系的最纯粹的体现就是爱。

<170> 爱的这一突出特点具有几种后果。第一个后果是，只要谈到爱的关系，就同时设定个人的存在，设定一些不可彼此简化为对方的独特个体的存在。个体作为独一无二的存在，这并非历史上晚近获得的东西；我们的传统中最古老的故事早已向我们展现了一些与我们今日相同的个性人物。安德洛玛克（Andromaque）并不爱普遍意义上的特洛伊战士，而只爱唯一的个体的特洛伊战士即她的丈夫赫克托尔（Hector）。普里阿摩斯（Priam）有几个儿子，但是当赫克托尔被杀时，他不会对自己说他的儿子们是可以相互替换的来安慰自己：只有赫克托尔才是赫克托尔。爱与死，爱中有死：没有什么能比这更好地证明用一个生命来替代另一个生命是不可能的。可能在绘画或雕塑中最早的对个体人类的表现正是与这类处境有关：挚爱之人的去世。其他社会关系不会以相同方式要求个人的独一无二：我雇佣一个工人，我与一个商人做生意——别的人也可以做这件事，只要他足够懂行。只有一个国王，但是唯一性的只是职位或类别，而不是作为其化身的个人；这个国王死了，另一个国王会代替他，他会要求臣民们对他有相同的尊敬、相同的谦卑。

然而，如果爱的对象是唯一的和不可替换的，那么它也应该部分地摆脱了造成它这个结果的那些原因；它的不同，其原因中有着某种不确定性。如果个体能够完全从人们可分辨出的作用于世界之上的系列原因中推导出来，如果只要认识了作用于他的生物的、社会的和心理的条

件就足以详尽描述对个人的认同，那么相同的原因系列没有可能不产生第二个与第一个完全相同的个体，或者一系列这类个体——他们之间的差别就像同一部书的那些单册之间的差别一样小。意志的介入对于肯定个体性并非必不可少，即使个人不介入，一张脸绝不会与另一张脸完全相同。

谈到爱，就谈到个人，谈到自由。如果我爱这个女人，我就会了解她的许多特点与其他女人相同，与其他法国人相同，与其他40岁的人相同；但是，她却不能简化为他们。没有了个性与自由的部分，即便这个部分不是造成我的爱的主要原因，那我的感情也不配被称作"爱"。因此，在人文主义思想与爱的经验之间有一种暗合，因为两者都肯定或预设某种个人自由——在这里是被爱的对象的客体自由，或者爱人者的主体自由。 <171>

人们决不能用另一个对象来代替爱的对象，这影响到我们对爱与性之间关系的看法。立身于一种生物学的视角（追求对社会现象的直接的生物学解释），人们会将爱看作由性"升华"衍生的。然而，只要将父母与子女的关系或者朋友之间的关系纳入爱，这一观念会提出一些可怕的问题；只要考虑到被爱对象的唯一性，这一观念就同样显得不足。卢梭曾经大力强调爱的这种特殊性，将它与动物的性行为区分开，在动物的性行为中配偶是可以更换的；少数物种——我们正是因为这个原因而将它们看作与人类相近——是例外。所以，在这个意义上，人的爱是"反自然的"，因为它让我们排他性地选择一个伴侣，它是"从社会习俗中产生的，是一种不自然的感情"，它将欲望排他性地拴在"唯一一个对象上"（《论人类不平等的起源和基础》，I, 157—158）；我们再一次强调，并非人不可以同时爱几个人，而是每个爱都是以其特殊的对象来界定。"并非爱来自天性，反而爱是天性的倾向的准则与约束：正是因为爱，除了被爱的对象之外对其他人都没有性行为。"（《爱弥儿》，IV, 494）卢梭的表述也许是夸张的；它却不失为人类情感的一种区别特征。 <172>

爱与性是两个有交集的集合，每个集合都可以与对方一同存在或者脱离对方而存在。

将爱与其他人际关系区别开的，正是用别的对象来代替爱的对象的这种不可能性。如果我们处于政治范畴，在那里某些替代是可能的，但并非所有人都可以，我们所涉及的是团结一致性（solidarité）。所有法国居民通过他们的社会保险或养老金都是彼此团结一致的。我也可以通过不这么制度化的方式与所有我的同龄人，或同性别的人，或同职业的人、或同出身的人一致；我准备为了他们而行动，甚至自我奉献。但是，这种感情不是爱，即使是从包含了友情的广义的爱来看也不是，因为这一群体的成员之间是可以互换的。如果对群体的限制消失，如果所有人都能享有同样的感情，那么我们就进入到了人道主义的范畴。这种普世之爱的感情是古希腊异教传统用博爱（philanthropie）来鼓励的，是基督教传统用仁爱（agapê）来颂扬的。这是对一些个人的爱，但是爱的对象是可以相互更换的；敌人与朋友都有资格得到。从我们的角度来看，这些关系在严格意义上不属于爱的领域，而更多属于道德领域。

爱—欲

替代的不可能性关系到任何形式的爱；然而，这些爱并无相似之处。

<173> 古希腊思想留给我们一种区分，我们在此可用来适应我们的需要，那就是"作为欲的爱"（eros）或"爱—欲"与"作为欢乐的爱"（philia）或"爱—喜"之间的区别。为了继续对爱与人文主义思想的关系进行考察，我现在想援引这两大分类。

首先，以下是爱—欲的几个特征：它是由一种空缺构成（不满足是其必要的起始条件）；它是从爱的主体出发，而不是从爱的对象出发；它

表明的（却绝不会达到的）目标是两个爱人融为一体。这一故事主线由古希腊的思想家和古罗马的作家们留给欧洲人，中间由中世纪的游吟诗人们传承，从"文艺复兴"至今的法国作者，不管是否人文主义者，他们都不厌其烦地对这一主线罗织着自己的变体。

一种空缺：此处，爱被诠释为对一个缺失对象的欲求。因此，这种欲求是由空缺构成；如果空缺被填满，欲求就消失，而主体就会感到受挫，而不是满足。没有别的可能：欲求的特殊性来自它指向一个人而非一样东西，欲求只能被感受，决不会得到满足，与需要不同，需要可能得到满足；也与愿望不同，愿望有可能实现。主体所爱的是爱，而非爱的对象；为了让爱持久，他准备在必要时永远与对象保持距离。他的欲求受到对手与对手所引起的嫉妒心的滋养；障碍对于他是不可缺少的：一把剑将床上的特里斯坦（Tristan）与伊瑟（Iseut）分开。失踪的阿尔贝蒂娜（Albertine）才是唯一可爱的阿尔贝蒂娜。作为对空缺的赞美，爱欲在死亡、在缺失中累积，缺失是它秘密的盟友。

因此，蒙田认为"我们的欲望因为不适感而增加"（II, 15 的标题），"困难赋予事物以价值"（613）。进行抗拒的女人，或者有嫉妒的丈夫保护的女人，对她的追求者来说更加值得渴求；对手的存在激起欲望；嫉妒、渴慕、禁令产生爱，而非随爱而生。人们轻视拥有的东西，人们渴求缺少的东西。人们可以意识到这一逻辑而让它变得对自己有利："我曾想借助困难、欲望和某种荣耀来加强这快乐"（III, 3, 826）。对爱的体验只能通过缺失来进行："在爱之中，有的只是对我们难以企及的东西的一种疯狂欲望。"（I, 28, 186）

<174>

卢梭笔下的人物曾经认为，通过阻止达成目的的激情，人们可以从爱中得到一种治疗自身的萎靡的灵药。"爱是一种因为障碍而振作的欲望"，所以，"它得到满足是不好的；最好是让它持续和不幸，而不是让它在快乐中熄灭"。（《新爱洛伊丝》，III, 7, 320）爱的满足导致它的消失，而受挫折的爱比完全没有爱更可取。没有快乐的爱比没有爱的快乐

更有价值。"熄灭的爱比不幸的爱更加让温柔的心恐惧,对拥有之物的厌恶比对失去之物的怀恋更糟百倍。"(321)重要的是去爱;爱的最大的敌人是所有的障碍都消失,即新的征服的所有可能性都消失:幸福让人无聊,这就是人的欲望法则(VI,8,694)。新鲜感增加欲望,习惯性减少欲望。从达到顶点的一刻起,幸福便只可能减退,达到顶点意味着被迫走下坡路。

朱莉与她的表姐克莱尔(Claire,上述分析的作者)意见一致:爱的完成宣告它的死亡,"感官之爱不能没有占有,并随着占有而消失"(III,18,341),相反,障碍让爱更强烈。爱弥儿的家庭教师也这样问:"如果海水没有将他与赫洛(Héro)分开,勒安德耳(Léandre)会愿意为赫洛去死吗?"(《爱弥儿》,V,802)所以,朱莉找到办法来让爱永远不死:"为了让我们永远相爱,我们必须拒绝彼此。"(《新爱洛伊丝》,III,18,364)她的爱因此存活,她的良知会给她额外的奖赏:"某种方式上,人们因为强加于己的那些割舍而感到快乐,因为感觉到付出的代价,感觉到驱使我们的动机而感到快乐。"(III,7,320)

<175>

在几个世纪中间,人们想将那种称作激情之爱的爱的变体看作爱的真理。人们想知道这一观念的成功是否因为它与某种故事结构的贴合,这一观念在整个西方历史上都是极为重要的,虽然它的不足之处是明显的,而这故事本身就是建立在空缺与填补空缺的努力之上。随处,我们都看到人们的追求总是被搁置、总是重新开始,看到人们在意想不到之处发现障碍。但是,因为一个故事是美好的,人们就因此应该认为它是真实的吗?肯定还有其他原因能解释这种成功:它符合所有爱恋关系的起始形态(往往是爱的唯一的形态),在我们的头脑中它还与伴随着这个阶段的强烈身体经验联系在一起。(难道我们不正是以可以相互替换的方式来使用"身体的"和"爱欲的"这两个词?)

所以,这就是"爱—欲"的第一个特征,即必须将它的对象当作缺失的。它的第二个特征——即它的自我中心性——在此处,来自于他者只通过自我的视角存在。爱欲是自私的吗？人们可能认为事实与此相反，因为恋爱的人会将爱的对象捧到天上，认为它是最美好的，或者最强壮的，或者最高雅的，对它的渴望胜过一切，认为与它分离就会活不下去。然而，每个人或者几乎每个人都经历过这种矛盾：为了这个人我准备付出一切，但唯一的条件是这个人爱我。如果情况相反，这个人不再爱我，仇恨就代替了爱：如有必要，我宁愿让他死去但属于我，也不愿意他活在他人的怀里。嫉妒与占有欲相辅相成。这是因为，通过所爱的对象，我所爱的仍然是自己：爱欲属于人际关系中的自私自利，或者如同神学家们所说，这是一种贪欲之爱，在这种爱中我更愿索取而非付出。此处，人们发现"爱—欲"并未体现那种想让爱的对象无可替代的爱的特征。如果我的爱是通过对象的缺失来确定的，那么我所记取的这个对象的特征不是它自身所有的，而是仅仅通过我才得到的。我所爱的不再是独一无二的他者，我所爱的是他的缺失——这种缺失是另一个也可以复制的。

<176>

如果爱首先为施爱主体的利益服务，那么被爱的对象便遭忽视；在想要达到主体与客体融合为一体的努力中，被爱的对象以另一种方式同样遭到忽视。这同样是古代就已经有的一种俗套；人们将融合的理想归功于爱和友谊。在柏拉图的《会饮篇》中，阿里斯托芬支持这样的观点，两个爱人受到"融为一体的欲望"的驱使（191a），"爱想要将两人合为一人"（191d），每个人都渴望"与爱的人融合"（192e）。在《尼各马克伦理学》中，亚里士多德提到一个谚语，"朋友只有一条心"（IX，8，2），他谈到"朋友是我们的另一个自己"（IX，4，5）。这一意象进入拉丁文文学中：按照西塞罗的说法，朋友们构成一个唯一的存在，只有一个灵魂；贺拉斯接着说，每个人拥有这唯一灵魂的一半；圣奥古斯丁则将朋友描述为"另一个我自己"："我感到我的灵魂与他的构成两个身体里仅有的一个灵魂。"（《忏悔录》，IV，6，72）但是，在评论阿里斯托芬的观念的时候，亚里士多德早已警告过这融合的危险：构成同一个存

<177>在,不管怎样这只是一种想象,所以只是对现实关系施加的压力,其代价必然是磨灭此前的特殊性。"他们由两个人变成一个唯一存在",这必然导致"两种个性消失,或者至少他们中的一个消失"(《政治学》[*La Politique*],1262b)。

蒙田对于爱没有太多敬意,他将融合的理想仅限于友谊。他写道,这里的两个灵魂"互相混合,彼此混同,它们融合得如此彻底,它们抹去并且再也找不出它们的结合部"(I,28,188)。朋友的意志迷失于我的意志,"我们不再保留属于自己的东西,不再有他的和我的"(189)。这里,慷慨、认同、义务的概念不再适用:他们的一切都是共有的,朋友们构成"两个身体里的同一个灵魂"(190)。朋友"不是他人:他就是我"(191),自从他死后,"我觉得自己只剩下一半存在"(193)。

相反,卢梭却将融合保留给爱。"我的第一需要,最大、最强、最不可磨灭的需要占据我整个的心:这是对一个亲密社会的需要,尽可能的亲密:主要因为这个原因,我必须有一个女人而非男人,一位女性朋友而非男性朋友。这种特殊的需要如此强烈,连最紧密的身体的结合都不足以满足:我必须要两个灵魂合为一体;若非如此,我总会感觉空虚。"(《忏悔录》,IX,414)所以,卢梭重复了传统的意象,但是赋予它一种矛盾的表达:不再是一个灵魂居于两个身体,而是两个灵魂在一个身体。他追求身体的融合,也就说是不可能的。此处,女人与男人的区别(爱与友谊的区别)仅仅是因为女人给异性恋的男子一种完全接触的感觉。

所以,与他人的关系,其顶点就是吞噬对方——这也意味着对方的消失。在另外一处,卢梭使用了相同的意象:"在吃饭的时候阅读,这是我所梦寐以求的,如果不能单独约会的话。我所缺少的社会的补充。<178>我轮番吞噬着一页书和一块食物:这就像是我的书在陪我吃饭。"(VI,269)书籍是朋友的替代品,但是,另一方面,它们与小蛋糕为伍,这难道就是朋友的命运?融合——或者不如说,既然融合是不可能的,那么就过以融合为要求的两人生活——与误解殊途同归:他人不是作为完全独立的主体存在；他人不是迷失于物之中，而是消弭于我之中，他只是我的一部分。两个人之间的爱产生一个唯一存在，那是因为他们中一方选择或被迫为另一方牺牲；融合的结果实际上与臣服没什么不同。

如果我们相信他的描述，"爱—欲"因为其结构本身而注定失败。蒙田早已指出，这是一种持续的挫折感：要么，欲求的对象缺失，要么，欲求本身缺失。"欲求与享受同样让我们痛苦。"（II，15，614）"爱—欲"的逻辑是恶毒的：只有当我不被人爱的时候我才爱，只有在我不爱的时候我才被人爱。因此，人们总是受制于两种互补的不幸：爱而没有回报的不幸，被爱而无法回报的不幸，两者都是因为爱本身。对被人爱的确信让爱衰退，阻止人去爱；而这正是所有爱的目标。我们所有人都不自觉地渴望着我们自己的不幸：我们想被人爱，这会阻止我们爱我们自己，这种状态反过来注定让我们失望和烦恼。但是，我们情不自禁要去追求爱；因为我们欲求本身的结构，我们注定在两种挫折感之间摇摆，即不被人爱的挫折感与不爱的挫折感。

贡斯当常常传达给我们这种死胡同的意象。人类主体服从于自己无情的逻辑，似乎没有任何机会从爱中得到幸福。被人爱并不会让你幸福，所以不应该期待被人爱。人们不该如此，却渴望如此：这就是每日发生的欲望的悲剧。我爱；但是我只能从两种不幸中做出选择：要么，我爱的对象回应我的请求，而欲望消失；要么，对象不做回应，而欲望受挫。贡斯当认为这是宿命，正是他的这种解释主导了对阿道尔夫这个人物的构思。"他的处境与埃莉诺的处境是没有希望的，这正是我想要的。我表现他因为自己只是很小程度地爱埃莉诺而受着折磨；但是，如果他爱她更多一些的话，他就不会这么受折磨。由于没有感情，他因她而受苦；如果有更多的激情，他会为了她甘心去受苦。"（《阿道尔夫》，"前言"，8）人的全部生命难道就归结为这样的"不幸中进行选择"？似乎贡斯当有时是这样认为的。他的一生都是"痛苦与厌倦的交替"，他在给姨妈德·拿骚伯爵夫人（comtesse de Nassau）的书信里这样写道

<179>

（1808 年 8 月 2 日）；但是，据他所言，他的女友热尔梅娜·德·斯达尔（Germaine de Staël）的一生也同样如此："她总是对我们的私情怀有忧虑，这使她无法感觉到我们的关系是令人疲惫的。"（《日记》，1804 年 8 月 19 日）

在这种爱的观念中，没有什么能将它与人文主义思想联系起来的东西。主体的意志在这里被归为乌有，爱服从于一些非个人的法则，它们指导所有人的行为：自私自利、对空缺的欲望、对不可能的融合的渴望、不可避免的挫败。这些心理法则具有生物法则的刻板性，个人的行为可以通过一系列他无法控制的原因来解释。这种观念更符合唯科学论的主张。然而，这种观念出现于与各个现代家族有关的一些思想家的著作中，我刻意选择了引用人文主义作者们的表述。

<180> 爱—喜

"爱—欲"是一种既不保证爱的对象的唯一性，也不保证其自由，更不保证主体自由的爱的形式。另一种爱的形式"爱—喜"却不一样，它可以从性关系中观察到，也可以从父母与子女或者朋友之间观察到。这种爱可能在缺失中体验到（这是在子女长大时，远离子女生活的父母通常的命运），但是构成或滋养爱的并不是这种缺失，缺失更多的是一种意外，它不足以破除爱，而从原则上讲，对象的在场比缺失更可取；这种爱的领域是互信互利。构成这种爱的感情是欢乐，是仅由爱的对象的存在造成的；我们再次用神学家的话说，这是一种善意的爱，而非贪欲的爱。这种爱的目的不是融合：我无法为他人的存在而欣喜，除非他与我有所分别。对它的描述——有时名称各异——同样可以从那些可能描绘"爱—欲"的人的作品中找到；但是爱的这种新变体与前一种不

同，它是与人文主义思想相合的。因为什么原因呢？

在蒙田作品中，这种关系的最好化身就是两个男人之间无性的友谊，他自己与埃蒂安·德·拉博埃西（Étienne de La Boétie）的关系就是其典范。从他对友谊的描述中，蒙田重复了古代作者们归于友谊的大多数特征。友谊意味着朋友们的相似和平等。正是因为这个理由，暴君是值得可怜的：他怀疑周围人的真诚，无法对任何人吐露心事；他无法将心比心。相反，朋友间的信任是完全的，平常的人际关系法则在朋友之间被颠倒过来："我更多是献身我的朋友而不是占他为己有。"（III，9，977）对爱进行思考，蒙田得出结论认为将一种纯粹经济学的逻辑运用于人际关系是不可能的：这里，付出就是索取。"我所给人的快乐比我所感受的快乐更甜美地抚慰我的想象力。"（III，5，894）

<181>

卢梭对第二种爱的形式的评价是有所改变的。在《新爱洛伊丝》中，他与蒙田相近：互信互利和他人的存在造成的喜悦是友谊的特征，而非我们通常所称的爱的特征，爱要求融合。但是几年之后，在他的《皮格马利翁》（*Pygmalion*, 1762）中，卢梭以不同的方式提到赞成或反对融合的选择。雕塑家皮格马利翁曾试图与伽拉忒亚（Galatée）融为一体，但他忍住了：如果他变成她，他便不再能爱她。"如果我是她，我就看不到她，我就不会是爱她的那个人！不，让我的伽拉忒亚活着，让我不变成她。啊！让我永远是另一个人，永远想要成为她，看到她，爱她，被她爱……"（1228）融合（即便是想象中的）最终让爱变得不可能：只有从自我与他人的区别出发才存在爱，所以自我应当成为一个不同的实体。在同一时代，《爱弥儿》中的爱似乎也与朱莉和圣普乐所描述的爱不属于同一类，因为我们在这里发现作为爱的目的，互信互利代替了融合，互信互利意味着承认另一方为不可等同于自己的完全独立的主体。如果称得上占有，那么这占有是矛盾的，因为它是相互的占有。"占有如果不是相互的就什么也不是，充其量是性占有，而非对个人的占有。"（IV，684）因为想要吞噬对方，人们会让他消失；而敬重一个人，人们

会让他维持独立的存在。

<182>　　而且，这种新的爱不再仅仅以我的永不餍足的要求为中心。"付出与索取同等，这种爱本身是一种充满公正的爱"，"真正的爱"绝不可能是一种不尊重对方的爱（Ⅴ，798）。这种爱比激情更少受到幻想的左右，因为它不仅要情人的心，还要求他的思想；它是由主体承担的行为。最后，相对于《新爱洛伊丝》中所描写的爱，还存在另一个区别。在《新爱洛伊丝》这部小说里，我们可以看到一种柏拉图式恋情的"爱的阶梯"（从身体到精神，从个性到共性）：圣普乐应当迈向对朱莉的近乎基督似的爱。在《爱弥儿》中则相反，年轻人对索菲的爱（或者索菲对他的爱）不一定有所改变，这爱就是它自身的目的。此处，卢梭将爱（而不仅仅是友谊）阐释为一种有对方在场的喜悦。这种爱超越了朱莉与沃尔玛（Wolmar）之间的那种默契，它一定会在婚姻中发展繁荣。

　　这第二种类型的爱不也与第一种类型一样受到同一种威胁，即损耗的危险？卢梭写道："我常常想，如果能够在婚姻中延长爱的幸福，人们就会拥有地上乐园。这至今还没人看到过。"（861）蒙田仅限于提出这种玩世不恭的看法。而卢梭则着手思考规避这一障碍的方法。他的药方很简单，他说："那就是结了婚后仍然做情人"（862）。卢梭的提议既关系到肉体之爱，又关系到夫妇的情感关系：必须让他们各自都保持为自由主体，即一个完全独立的人，其行为仅仅依据爱，而非义务。"不管自己怎么愿意，两人任何一方都不应该属于对方。"这也就是说，无论结婚与否，情人们彼此都有权拒绝将自己交给对方；卢梭大概会非<183>常理解"婚内强奸"的概念。"让两人各自始终是自己人身的主人，有权仅仅自己愿意时才爱抚对方。"（863）在"爱—喜"中，爱的对象呈现为与"爱—欲"中不同的方式：不仅爱的对象绝对不可替换，而且，它保有自己的自主。这种自由并非与忠诚不兼容：拒绝将自己交给对方并不意味着将自己交与第三者；只是个人不被牺牲给夫妻的共同体。所以，"爱—喜"的存在证实了自主与群居性是兼容的：自由人并不注定

生活在孤独之中。

从它的主要特征来看,"爱—喜"与"爱—欲"针锋相对:有对方在场的喜悦代替了对空缺的崇拜,你不是仅仅根据我来定义,制约两者交流的理想不再是两者的融合而是两者的互信互利。你不再是一种手段,而是变成目的;而且,它应当保留意志的自主:由于这两个特点,"爱—喜"接近于人文主义学说。然而,这种关系仍然是松散的,我们最初的问题仍旧没有得到回答:对于针对人文主义方案的挑战,这样或那样的对爱的观念以什么来回应?

以个体为目的

只要有爱存在,对爱的对象的任何替代均不可能,我们已经看到这一点 [169]。但是,这一对象的地位与作用却不总是相同。在"爱—欲"中,对象的介定是通过主体(你是我所缺少的),而最终成为主体的工具;而且,两者之间的关系服从一些不变法则。在"爱—喜"中,对象的介定是通过其自身,所以它是唯一的而且自由的,它同时从我的爱中获益。但这并不是说,我无法超越对被爱者人身的爱。

<184>

"为什么"的问题具有双重意义,即因为什么原因和为了什么目的,warum 和 wozu, pochemu 和 zachem。在希腊传统中,人们不认为对于爱的原因提问是徒劳无益的;相反,人们经常说只有拥有某些素质的人才值得爱。通过他的人身,我们所爱的是这些素质。个人不是被当成对另一个人有利的工具,爱的理由是个人的优点;在这个意义上,爱被用来为一种抽象概念服务,即美或者德行。这便是柏拉图在《会饮篇》中描述的"爱的梯级"的意思:对个人的爱只是爱他身上的美,而美只是美的概念的不完美体现,人们努力向美的概念爬升,而美本身最终与善

混同。为了他本身而爱一个人，在柏拉图看来，这属于一种不太值得看重的偶像崇拜。

对于柏拉图而言，被爱的人的素质同样是不容忽视的：真正的"爱—友情"（philia）只能在两个有德行的有尊严的人之间产生，这便是为何它是那么稀少。亚里士多德仔细地将这种爱与利益驱动的功利友谊区别开来；这并不妨碍爱即使没有目的却有理由。任何人即使是奴隶也值得成为爱的对象，这一概念是希腊思想中所无的。亚里士多德多次援引母爱为例，母爱是不可否认的：任何孩子，无论多么缺少自尊与德行，他都可能拥有一位爱他的母亲——但唯一的条件是这是她的孩子。

<185> 基督徒之爱即"仁爱"（agapê）的特点是它扩展到所有人，所以它不要求理由。人们爱一个人不应该是因为他是富有的，或者美丽的，或者善良的，也不应该因为他与我们亲近。耶稣在山上布道中这样宣告："异教徒们本身不也是这样做的吗？"（《马太福音》[Mt.]，V，47）我们爱一个人，应该是因为他是一个与其他人一样的人。上帝爱他所有的孩子，好的和坏的，义人和不义之人。耶稣是上帝在俗世的化身，他指出这种父亲般的爱如何能够成为人与人之间的生活准则。除非是圣徒，个体的人不会像基督那么完美；不管怎样，他们将保有完人的理想，拒绝为爱寻求任何理由。

此处，与希腊思想相反，因果论的"为什么"被排除了，但是目的论的"为什么"却并非如此。圣保罗说过：爱上帝就是爱同类，"爱他人者是在执行律法"（《罗马书》，XIII，8；参见《哥林多前书》[I Cor.]，XIII，2—7；《加拉太书》[Gal.]，V，6 和 14；《提摩太前书》[I Tim.]，I，5；等等）；但这意味着：人们应该通过爱他人而继续爱上帝。基督徒的仁爱是派生的和从属性的。圣奥古斯丁在提到他最好的朋友的死时，他将两种爱对立起来：他因为他这个人而爱他，这是他的错误所在；他因此通过他所感受的悲痛而受到惩罚。"因为爱一个凡人，就好像他是不会死的，我这是将我的灵魂泼在了沙子上"，他写道。上帝的信徒没

有这类威胁,他没有任何风险:"爱您的人是有福的。……只有他才不会失去任何所爱之人。"(《忏悔录》,IV,9,74)通过个体的人,奥古斯丁将他的爱传达给上帝。

基督教内部的某些神秘宗派甚至完全排斥对凡人的爱,因而歪曲了最初的意思。17世纪,萨尔的圣弗兰西斯(Saint François de Sales)鼓励一位女信徒放弃任何人间之爱:"我们的天主爱你,嬷嬷,他想让你完全属于他。……不要再去想友谊,也不要再去想上帝在我们之间创造的统一,也不要想你的孩子们……"(《致尚塔尔的女修道院长》[À la Mère de Chantal],1616年5月21日)这便是基督徒的精神上的赤诚:上帝对于他是一切,余下的都归乌有。"不是上帝,对我们而言就什么都不是。……除了上帝和所有爱上帝的灵魂,我什么也不爱。"(《致女修道院长》[À la mère],1620年1月)与冉森派接近的另一位作者尼柯尔(Nicole),他是说得最明白的:"上帝要求人类的只是他们的爱;但他要求这爱是完整的。他不想有任何分享,因为他是人类之主宰,他不愿他们寄情于别处,也不愿他们在任何俗人身上得到安宁,因为没有任何俗物是他们的终极目的。"(《预言家》[Les Visionnaires],463)将个人当作终极目标,爱和死均不能让这种行为变得合理。人们可能回想起[131]帕斯卡——无疑是法国反人文主义思想家中最伟大的一位——在临死前仍恪守的禁令:我必须阻止依恋,我对他人或者他人对我的依恋,因为个体不应当成为"任何人的目的"。

对于基督徒来说,如同柏拉图的看法,爱一个个体的人属于偶像崇拜。当然,基督徒之爱是没有理由的,但它并非无目的。对爱的合理性解释,不一定是因为我爱这个人不是爱他本身而是作为上帝的孩子们中间的一个,而是他们所有人都有同样资格得到爱。这解释了在"仁爱"中对爱的对象的替代是可能的:我不应该依恋于某一个人,而是对所有人都报以相同的爱。在理想意义上,我甚至不应该试图去了解我的慈善所施对象的名姓和容貌。

<186>

<187> 人们总是歌颂爱,但是他们这么做的理由并不相同,因为他们对词的定义不同。之所以爱能够让人达到美,之所以爱的施行与德行的施行重合——既然两者中都是为了对方的利益——那是因为人们看重美与德行;所以爱的价值是一种反射的或者工具的价值。之所以爱与上帝的律法重合,那是因为律法赋予爱以意义。但是,人文主义作者们所理解的并非如此。

首先,我们要记住对此最古老的而且仍属最动人的表述是传统上认为的爱洛伊丝在她给阿贝拉尔(Abélard)的书信中的表述。那大约是在1135年,在"典雅"时代初期,这两位曾经的情侣分别被幽禁在各自的修道院中,致力于完成他们的宗教义务。正是在这种情形下,牢记基督教义的爱的主张,爱洛伊丝在她给阿贝拉尔的第一封书信中写道:"上帝了解这一点,我在你身上追求的只是你本人。我所渴望的只是你,而非属于你的或者你所代表的东西。"(127)而在阿贝拉尔的警告之后,她在第二封书信中再次提到这一点:"在生活让我经历的所有状态中,上帝了解这一点,我所害怕冒犯的不是上帝而是你;我努力取悦的不是他而是你"(160)。这种爱,只是人类之爱,不再具有任何基督教意义。

蒙田描写了他与拉博埃西所经历过的同一个理想在完美的友情中的充分发展,他提出不仅这种友谊不是为某种外部目的服务,而且他对拉博埃西的选择除了对拉博埃西个人的认同之外别无其他理由。因此,朋友的人身不可以简化为任何普遍概念,个体作为朋友不代表任何概念;他是独一无二的一项,他的价值在于他本身,这与古人的事例正相反。由此得出这个著名的句子:我为何爱他?"因为这是他;因为这是我。"(I, 28, 188)这一表述在蒙田笔下不仅只出现一次,这一点是很具启示性的;最初,他围绕着自己的事例写道:"因为这是他";后来,<188> 他才加上了这一表述的后半部分(我们还会再次谈到这一点[223])。友情的存在证明人们不可以将个人"普遍化"。

所以,相对于古代思想,蒙田的新颖之处既不在于赋予友谊的至高地位，也不在于两位朋友的亲密让他们融为一体；其新意在于朋友的个人的唯一性，在于拒绝为对朋友的爱寻找任何合理解释。这与柏拉图的爱的"梯级"毫无可比性，柏拉图将对个人的爱当作通向对美的爱的第一步；这蒙田这里，个人则仅仅代表他自己。亚里士多德和西塞罗赞美友谊，因为友谊是美德的最佳化身；蒙田赞美友谊则因为友谊针对的是个人本身的完善：不是因为道德原因。亚里士多德也说过："因为涉及的是他"，"因为他就是他自己"，但他的话是指：因为他就是这个可敬的人。另一方面，与基督徒们相同，蒙田不寻求对自己的爱做出合理解释；但是与基督徒不同，他不将对个人的爱当作通往上帝的路径，这里对俗人的爱不导致对上帝的爱。他喜欢拉博埃西是因为他本人，他本人就是终极目标。

不应该有所误解：说出"因为这是他，因为这是我"并不意味着被爱者的人格不重要，只要这是他而非别人。这种诠释充其量只能适合于父母与子女之爱（不管他们做什么，不管他们变成什么样，我都爱我母亲或我的儿子），而不能适合两个成年人之间的爱。这里，被爱者的身份是具有决定性的，我爱的不仅仅是个名字或者身体，我爱他是因为我觉得他具备吸引我的素质；进行解释的人，应该是我所讨厌的局外人，这些解释可能成为受质疑的材料："因为他聪明"，"因为他美"。蒙田崇拜拉博埃西是因为他本人，这是个出色的、慷慨的和勇敢的人。这便是为何爱不会永远持续：他并非一成不变，我也不是，构成今日之认同的东西明日或许会消失——在爱人者、被爱者或者两者身上都如此。不将个人看作某种概念的化身，这就是人文主义观念中爱的标志，这并不意味着对未来无所谓，也不意味着人们注定担当着纯粹被动的无条件崇拜者的角色。

人们无法避免会遇到帕斯卡所提出的可怕的问题（《思想录》，B. 323，L. 688）：人们喜欢的不是一个人的抽象实体，而只是喜欢他的素质。而且，我们的素质不是"借来的"，构成我的正是这些素质的积累与

<189>

结合。脆弱易逝的是自我本身：正是人类的不幸在此处变成人类之伟大的原因。这还不是一切：不仅，道德特征的组合如此复杂，它不可能有所重复（遇到一个人的第二种道德与遇到他的第二个身体一样是不大可能的），而且，自由活动的能力界定着每个人，这让他的行为不可预测，所以甚至可以说让他的行为独一无二。我们努力去吸引被爱者的目光，这同样是因为我们对他的回应不能确信：他人的注视，其中始终存在不确定的可能，它对于我们而言是一条通往自由的道路。这种唯一性是彻底的，不仅限于个人的复杂性。盲人们无法通过发展其他感官来弥补视觉缺陷；但是我们这些明眼人相对盲人而言却是有残疾的，因为我们不再能支配这种特殊手段来达到他们那样的自由与独特，即他们的注视。

<190> 此处，我们看到人文主义的第二个公设出现，我称之为以你为终极目的，即拒绝将他人变成工具，它在"爱—喜"中达到顶峰。这一公设不仅属于一种人类学说，而且属于一种道德，广义上的道德：它并不描述人是怎样的，而是描述人应该如何对待人。然而，这样将人抬升到之前给上帝的位置上，这并不导致任何偶像崇拜（这种人文主义并非"天真的"）：蒙田并没有告诉我们说他的朋友是完美的或者他应当被当作上帝来对待；他只是看到自己对这个特殊存在的依恋。在这一点上，笛卡尔与他一样，他宣布："再不完美的人，人们也可能对他有完美的友谊。"（《灵魂的激情》，83）感情的品质不是由其对象的德行来决定，绝对概念不是自然中既有的东西，而是主体的产物。

大约两个世纪之后，卢梭通过朱莉之口——她是新的爱洛伊丝！——做出对这一原则的解释，按照这一原则，在人际关系中个人应当始终是一种目的，而不仅仅是一种手段。她说："人是一种过于高贵的生物，他不应该仅仅为别人充当工具，人们不应该利用他去做他所适合的事情而不先问问他认为什么是合适于他的。"（《新爱洛伊丝》，V，2，536）在喜悦中，情人所做的是道德规定他做的事情：在两种情况中，将个人简化为工具的角色都是被卢梭否定的。那便是圣奥古斯丁的

名言"去爱，然后做你想做的"(《约翰一书评注》[*Commentaire de la Première Épître de saint Jean*]，VII，8，328—329)的通俗版。

对不完美的爱

爱的对象不见得是善的，不见得是美的；然而，恋爱者却认为他是善的和美的。爱所拥有的制造幻觉、赋予对象以最大的美德的能力（司汤达 [Stendhal] 后来称之为"结晶"[cristallisation]），这是从拉丁文学以来就有的一个人们熟悉的主题；但是它的意思在改变。比如，拉罗什福科从中看到的是我们的不自足，是我们的思想无力洞悉欲望的花招的又一个证明；我们在不再爱的时候变得清醒，除此以外有别的解释吗？"情人们只有在爱人的魅力结束时才能看到她们的缺点。"(《道德箴言录》，MP46)"当他们不再相爱时，几乎没有人不因为曾经相爱而觉得羞耻。"(《道德箴言录》，M71)

<191>

卢梭了解这些文字，他借朱莉人之口引用了其中一段，确认了这种观点：导致我们幻想的是我们的想象力本身，对爱的对象饰以各种美德；我在你身上所爱的正是我自己，朱莉在另一次清醒时刻补充说（III，8，340）。只要我们渴望什么东西，想象力就会负责去美化它（VI，8，693；卢梭对这一论断非常看重，他小说的第二次前言中加以确认，而且又在《爱弥儿》中照搬了这一论断（V，521）。爱弥儿的家庭教师说得斩钉截铁："若非虚幻、谎言、幻象，真正的爱本身又是什么呢？人们对自己的幻想的爱超过对于所爱对象的爱。如果人们看到的东西正如人们所爱，那么世上便不再有爱了。"(IV，656) 而且，在自己的生活中，卢梭也重复着这些论断；他在一封书信中写道："爱只是幻想，……当人们爱的时候，人们根本看不到任何事物的真相。"(《致德莱尔》[À

Deleyre]，1759 年 11 月 10 日；VI，192）然而，此处这些话的意思并不是拉罗什福科的意思。

<192> 如果人们要求的是一种真正的美、真正的善，那么人们爱的便不是因为这对象本身而爱，而是为了它的素质；如果这些素质缺失，人们便不再爱它。卢梭想让人们能够去爱每个人；无须为此寻求合理解释，无论如何解释都是虚幻的。看到所爱之物被饰以各种美德，我们是幸运的。承认了虚幻，便同时放弃了要求，按照这个要求，要想被爱就必须拥有独特的德行：人的生活是一个不完美的花园。对于柏拉图而言，个人只是些影子；真正存在的只有理念，也就是美。对于卢梭而言则相反，美是个幌子，只有人与人之间的关系才是真的。这种美化爱的对象的能力说明了感情的伟大，而非证明人类的缺陷。这是因为，即便所爱对象的德行都是臆想的，爱在情人心中产生的那些德行却是真的。卢梭给圣日耳曼的信里写道："我所设想的爱，我所能感觉的爱，因对所爱对象之完美的幻想而炽烈；这幻想本身将爱引向对美德的热烈追求。"（XXXVII，280）

我们在《爱弥儿》中（V，743）读到："真正的情人哪有不准备为爱人牺牲性命的呢？"即便是受着幻想的驱动，行为仍是真实的。这便是人类之爱的最可贵特征：如同笛卡尔所言，借助于一些不完美的人，他们只具有相对的价值，爱却能够产生绝对的东西。所以，人类的特殊性在于懂得用有限之物来制造无限，用转瞬即逝之物来制造永恒，将际遇之巧合转变为生命之必然。当情人感受到所爱之人不仅仅对于他是最令人渴求的，而且在客观上具有高人一等的素质，当他有这种神秘感觉时，他不是在幻想。所以，当我们宣称"我会永远爱你"的时候，我们不是在说谎，即使在多数情况下这种预言都被证明是错的；这些话反映出我们的意愿，想看到绝对的东西被引入到缺乏绝对之物的生命之<193>中。朱莉说："情人在说出谎话的时候并没有在说谎。"（《新爱洛伊丝》，I，46，129）

在事情过去很久之后，当卢梭想到他最爱的女人索菲·德·乌德托，他对她进行了身体上的描绘，从他的描绘中看不出这是情人眼中所见。"德·乌德托伯爵夫人接近30岁了，谈不上漂亮。她的脸上有水痘的疤痕，面色不够细腻，她的视力不好，眼睛有点太圆"(《忏悔录》，IX，439)。这里，我们磕绊在爱的梯级的第一级台阶上：我们如何会去爱一个人，如果他不是美或者德行的化身？

幸好，人类拥有一种能力，那就是将所爱的对象看作自己想要的样子。卢梭这样描写他的文学人物朱莉的完美无缺："那时我沉醉于无对象的爱，这种沉醉将我的眼迷住，那个对象定位在这沉醉之上，于是我在德·乌德托夫人身上看到了我的朱莉，但是她被赋予了我用来装饰心中偶像的所有的完美。"(440)这里并不像卢梭有时在自传作品中所做的那样，这并非是对幻梦陪伴中的过去的生活的赞美，而是让我们弄假成真的能力服务于我们与具体的人的关系。幻想不再是一种权宜之计，一种补充；它是使人们能够从相对出发来制造绝对的手段，让个人的不完美不会成为阻碍他们的感情的完美的障碍。从这一点上说，这种爱超出了古代的善意的爱（或"纯粹的爱"）的范畴：不仅，爱是无私的，而且，我爱不完美状态的他人，了解我的想象力会弥补所缺乏的完美。

现在，我们更加了解人文主义者为何给爱留有这样的地位。蒙田与拉博埃西的友谊在他眼中构成他生命的顶峰，他在文集第一卷中提及这友情的时候给予它崇高的地位。在友谊关系与蒙田略带鄙视地称作"普通"或"平常"交情的关系即简单的逢场作戏的关系之间，存在一种质的飞跃。对这种友情的特殊地位的合理解释，我们已经看到 [188]，不在于朋友的人格，而在于友情经验本身的品质。蒙田的睿智想让生活从生存本身找到自己的意义；但是，作为人文主义者，他不认为个体本身是完善的：人只有通过友谊才能达到完善。他人是外在于"我"的，但是友情之爱是我生命的一个不可缺少的部分，而且作为我的一部分，它不为任何目的服务。

<194>

蒙田多次强调这一点：就像朋友这个人是对选择他做朋友的唯一解释，友谊本身就是目的。"这种交往的目的"正是共同生活、交往、谈话："这是灵魂的操练，没有任何成果"（III, 3, 824），也就是说友谊就是友谊本身。这使友谊有别于其他以工具利用为目的的人际关系，比如肉体之爱，它是以享受为目的的。"友谊则相反，只有渴望友谊才享有友谊"，它不是任何东西的工具："在友谊中，除了友谊本身不涉及其他"（I, 28, 186）；友谊"除了反映自身不反映任何其他概念，它唯一与自己有关。"（189）

爱与人文主义

<195> 个人无法解释他们寄予爱的价值，虽然他们准备肯定这价值。歌唱典雅之爱的游吟诗人们重复这一看法："没有爱的话，活着还有什么意义？""没有了爱，人们便没有价值"，旺塔多的伯纳德（Bernard de Ventadour）这样宣告；近7个世纪之后，邦雅曼·贡斯当与他相互呼应："当人们不再被爱的时候，那生活还有什么意思？"（《致朱丽叶·雷卡米耶》[A Juliette Récamier], 1815年10月8日）现代人——人文主义者说出了他们未曾表述过的思想——在爱中所赞赏的不一定是美、德行或者智慧，即便这些品质可能介入其中。他们心中明白人类是不自足的，为了生存，他们需要他人；爱以各种形式来满足这种需要，化身为对这需要的最强感受。这种对爱的赞美处于人文主义传统的中心，在这一传统中，爱也成为一种理想。原因很简单：如同人文主义所主张的，爱将他人推举为我行为的最终目标。确实，人们早已将基督教称作"爱的宗教"，但我们前文刚刚看到 [185]，必须赋予人类之爱一种神圣的理由。此处，正是基督教开创了一个新纪元，剥除了爱的所有超自然动

机。人文主义思想将爱置于价值等级的顶峰，再一次消弭了对它将人简化为孤独的和自足的个体的指责。

　　这种人文主义并不因此而"天真"：此处，人是被作为价值，而非作为事件而受到重视。对爱的重视不是因为爱的对象是完美的（它并非如此），而是因为为了某个人本身而爱他本身，这是人们所能做到的最好的事情。在母亲对孩子的爱中，重要的不是孩子，而是爱。被人爱的个体是一种化身，不是完美的化身，而仅仅是人性的化身；珍爱人类——如列维纳斯（Levinas）所言，是践行"对他人的人文主义"——在此处是至高价值。我上文分辨出的所有特征——用彼对象来替代此对象的不可能性、对象之构成终极目标、对象之与己不同的身份的维持、对象对于其自身存在的享有——不能告诉我们双方彼此的内在品质；所有这些特征都是关于双方之间所建立的联系的性质。 <196>

　　不可约简的个体，作为人类行为的终极目标，同样具有主体的自主性。初看起来，人们的认识却可能与此相反。如果人文主义思想仅仅是歌颂意志，比如道德、政治和社会生活中的自主，那么没有什么比爱的存在本身更加与之相悖了。因为爱人的主体不由自己的意志主宰：人们无法因为决定了爱而爱；相反，爱是证明行为的起因不是意志的作用的最好例证。卢梭很清楚这一点，他坚持对这一意见加以一些限制。首先，他希望在爱之中保有主体按照自己意志行动的权利——但所涉及的是被爱者的、他人的主体，其自由已经是由其个体性所预设的。而作为目标的人与作为施动者的人并非同一个人，你无法简化为我，即便两者都是人。另一方面，爱人的主体自身并非注定被动。虽然对爱的对象的选择不由他的意志（他的自主），但他与这个对象的关系的发展是可由他选择的；因此，通过接受偶然性并同时逐渐用由自我负责的决定来代替它，他可以克服服从与自由之间的对立。但是，做出的这两点明确说明而且不减少主要论断的力量，即没有人能强迫自己去爱：偶然性和神秘投契替主体做出决定，在这个时刻起作用的那些力量超出了主体的控制。

<197> 不可能让爱服从人的意志,这种不可能性证明了为何任何设定人类无所不能的"骄傲"学说注定会失败。意志不是万能的,因为它不能左右爱。主体的自由永远不会完整,主体的意志也依赖于一些非意志的因素:托克维尔说[64—65],对于自由的喜好本身是一种人们无法自由选择的本能。鉴于自己本身的状态,人可以选择按照自身的意志行事,这解释了人何以要求政治自主;但人可以选择自己本身的状态吗?人永远无法做到将个人变成一张白纸,某种"既定条件"永远先于人的"想愿"。主体由自己来完全掌握是不可能的;这里,所有"骄傲"都无一席之地。这并不会让自由变成空话:"因此我不是自己的主人,因为我无法自主成为我之外的另一个人?"(《爱弥儿》,IV,586)但是,爱以另外一种方式加强了人文主义学说,即不再将人当作自己行动的原因,而是当作自己行动的目的。对爱的赞美进入人文主义学说,不是通过我的自主,而是通过以你为终极目标。然而,这两者并非是相互绝缘的,因为两者都与人类本质的自由有关:使人能够反抗自己的"天性"的自由,使人变得无法预测的自由。

选择仅仅以人为目的,这一选择将人文主义思想与其他现代精神家族区别开来。保守派和唯科学论者习惯上将一些超验的目标交给人类:对于前者而言,是上帝、自然或者只是族群;对于后者而言,是无产者、优等民族或者人类的幸福。为了国王、为了祖国或者为了革命而死,这总归是些近似的选择:每一次,选择的目标都是一个高于个人之上的实体,而个人本身则沦为手段。个人主义者们,他们拒绝让个体屈服于一<198> 个更高目标,不管是什么目标;个人的充分发展被看作一种值得尊重的目标。人文主义家族同样拒绝将个人工具化,只是行动的目的不再是主体本身:其目的是他人。

人文主义者肯定一些超越每个个体生命的价值;然而,这些价值与保守派所要求的神圣无关;可以说,这里所涉及的是一种水平的、侧面的超越，而非垂直的超验。人不再被置于神的位置上。但这并非随便什么样的人：这里涉及的仅仅是在我之外的化身为个人的人。此处，不像在保守主义或唯科学主义的一些其他形式中那样，宗教被政治代替，上帝被国家或者民族、政党代替。而且，人们不会将对个人的爱混同于所有社会成员被要求的对领袖的敬爱：即便领袖是一个个人，但人们所崇拜的是其职位，而非担当职位的人；完美是与受尊崇的对象不可分的，而人们用自己的爱所爱着的是一些并不完美的存在。

这并不是说，从人文主义的视角看，人们应当将生命贡献给唯一一个人：他人可以是多个的，最主要的是他人始终由一些个体的人组成，而不是被一种抽象概念来代替，即使是"人类"的概念。如果为了人类的福祉而牺牲一些个人，那就脱离了人文主义家族。如果与此相反，人们让全部生活服从那些只应当作为手段的东西：工作、金钱、成功，那么也一样脱离人文主义。这是两种彼此对立的反人文主义的选择：后者将人所利用的工具当作人的目的，前者将人类本身当作达到某个超越于人的目的——神圣的、自然的或者只是抽象的目的——的手段。

爱则摆脱了这两种对人的简化。所以，爱变成我前文 [51] 称为积 <199> 极的人文主义的最佳体现：阻止某些不公正的东西被强加于人的不仅仅只是公民们的平等要求或自主，还有对一些正面的价值的推举，这使人能够赋予每个生命以一种意义。同时，我们看到这种积极性重视私人领域，依恋、奉献、友谊、爱的关系在私人领域最能得到发展，虽然私人领域并不排斥从事政治行为的公共领域。如果说在日常的家庭内的美德、家庭生活、爱的婚姻开始受到赞同的同时，人文主义也扩大了对人们精神的影响，这并非偶然。邦雅曼·贡斯当同样要求私人与公共领域的平衡，他以自己的方式证明了爱的优先地位，他宣称："一句话，一个眼神，一次握手，在我看来要胜过所有理性，以及这俗世上的所有王位。"(《致安妮特·德·热朗多》[À Annette de Gérando]，1815 年 6 月 5 日)

第六章

个人：多元性与普遍性

人文主义者证明了魔鬼的第一个威胁是站不住脚的：与他人一同生活，这并非为了保有自由而必须付出的代价。"我"的自主并不强迫每个个人自我孤立，与其他人隔绝。但是，魔鬼还有其他牌可以打，我们知道这一点：他还宣称个人虽然自己夸口成为自己行动的主体，实际上却是可能受到影响的，易变的，弥散的，是一种途径而非一种完整存在。

个人的自主，的确可能理解为两种意思：通过包含他在内的更大实体来理解他，或者通过构成他的更小的实体来理解他。从蒙田到托克维尔，法国伟大的人文主义者们曾经认为现代人相对于他所属族群的自由是有可能的。这并不证明现代人可以毫发无伤地通过来自相反方向的第二重考验。因为，如果个人只是表皮，集合多个人格在内不能却对它们施加任何控制，如果个人只是标签，随意贴在一系列不连贯的状态之上，如果个人在任何时候都无法确定一种统一性，那么还能谈得上个人的自主吗？在摆脱了他必须为之效命的那些势力之后，人岂非有可能屈从于那些应当为他效力的因素的作用？为了享有自由，他应当付出的代价是否是最初被认为应该是合约的受益者的人的概念的消解？

对人的内在分析将由人文主义思想来主导，不是在一种普遍性理论的框架内进行，而是围绕着对自我的认识来进行。蒙田与卢梭在法国代表着对人的分析的两个决定性时刻;人文主义学说从中得到了一些出人意料的阐发。

人,多样的与起伏不定的人

个体的存在是多样的,对这一概念的理解是通过两种不同的方式。一方面,是作为一种时间上的变化,一种生命的阶段性,一些"水平"运动中的改变:这便是不守恒性。另一方面,是作为同时性中的、空间上的多样性,而非时间上的多样性;尤其是作为内心生活的一种分层结构,沿着"垂直"方向将之纵切。

这种"空间的"多样性的原因是什么?蒙田一下子便指出答案所在,他将人的多样性与人的内心的多样性纳入同一分析之中。我们与他人展开的交流可以在我们自己的内心中继续。"你和你的伙伴彼此是足够的舞台,或者说你对于你自己就是足够的舞台"(I,39,247):内心的对话与外部进行的对话被置于同一平面,内心的多样性与我们周围的多样性相似。"我们与我们自己的差别同我们与他人的差别一样大。"(II,1,337)之所以这种内心的对话是可能的,那是因为我本身是多重的,或者如蒙田所言:"我们拥有着可在自身中迂回的灵魂。"(I,39,241)人们可以从中得出结论,认为个人——同样——是由与他人的关系构成的,这些他人是多样的,各自相对个人占据不同位置,所以个人注定是无限多样的。

<203>

对于我们自身中同时存有的不同人物,蒙田没有过多笔墨。相反,对于我们在时间中的易变性,他却滔滔不绝;他描述了同一个生命的相继的化身之间的无限的延续。首先,蒙田是这样描写自己的:大概可以这样说,他被永远的变化影响着。"此刻之我,与彼时之我,我们是

两个人。"(III, 9, 964)这是将蒙田与其他人区分开来的一个独特特征吗？绝对不是。人通常都是"多样的和起伏不定的"(I, 1, 9)。"说恒常属于人性，这比什么都让我难以相信，而说反复无常属于人性，没有什么比这更容易相信了"(II, 1, 332)；人是不稳定的和变动的。这就是为何律师的职业为人类境遇提供了一个有说服力的形象：所辩护的立场不同，但律师却以同样的确信在陈词。

这种内心的多样性的首要原因，也是"垂直的"多样性的原因，是外在于我们的多样性。我之所以会轻易改变，那是因为我的内心依赖于外在——后者肯定是易变的。存在自我与他人之间的一种相互影响。"我们的事实，只是些连缀在一起的片段。"(II, 1, 336)"在一切事物上，且在所有地方，人只是补缀与拼凑。"(II, 20, 675)时势为我决定了一切；我更多是由内心受到的接连的影响形成的，而非由内心的基质形成；习得的东西战胜先天的东西。"我明天可能变成另一个人，如果新的习得让我改变的话。"(I, 26, 148)如果从他人处得来的影响相互矛盾会怎么样？那么，矛盾便被引入自我的核心本身。而另一方面，"世界只是变化与不同"(II, 2, 339)。

<204>

《随笔集》的第二卷是这部著作第一版的最后一卷，它是以下面这几句话结束的，是对前文所有内容的总结与呼应："世上从来没有两种相同的看法，也没有两根相同的毛发或两个相同的种子。它们的最普遍的品质，就是多样性。"(II, 37, 786)第三卷的观点并无不同："世界只是一个永远的跷跷板。一切事物在世界中都在不停摆动：土地、高加索的岩石、埃及的金字塔，它们在共同的摆动和自身的摆动中。恒常本身就是一种无力的摆动。"(III, 2, 804—805)正是世界上的这种多样性与易动性使人变得如此善变。我们的理性本身虽内在于我们，却随时乐于变化："这是一种铅与蜡的工具，可伸长，可折叠而且可适应任何角度和任何尺寸。"(II, 12, 565)这便是为何蒙田本人拒绝表现现状，而倾心于发展过程："我不描绘存在。我描绘过渡：不是从一个时代向另

一个时代过渡，而是如民众所言，从一个七年到另一个七年的过渡，是逐日的过渡，逐分钟的过渡。"（III，2，805）

这种极端唯名论（唯一存在的是瞬时状态）的一个后果是不可能准确认识世界或者不可能对世界拥有一种严整的印象：这便是《为雷蒙·塞邦辩护》（Apologie de Raimond Sebon）的结论。想让世界的运动确定下来，渴望统一性，这是一种疯狂。"只有疯子才是确信的和坚定的"（I，26，151），只有傻子才不愿改变。相反，灵活多变是智者的特征。"出于必要而被迫过单一的生活，这是存活，而非生活。最美好的灵魂是那些拥有更多变化和灵活的灵魂。……不断地听任自己，囿于自己无法摆脱、无法扭转的倾向，这不是与自己为友，更不是成为自己的主人，而是成为自己的奴隶。"（III，2，818—819）如果人们听凭习惯的指引，那么我的自主会受到影响。蒙田采用了这种态度，这让他探究自我的著作达到了一个让人吃惊的结果：蒙田的"主导的形式"是"无知"（I，50，302）。但是，如果自我只是过渡，那么如何让它为自己的行动负责？如何将蒙田算作人文主义思想家，既然人文主义者不认为我的自主是句空言？

<205>

主导的形式

到了这一步，蒙田的读者会感到疑惑。他手中的书，他刚刚读到的作品，给他的印象并不像这宣言让人以为的那么混乱。蒙田的思想或许不成体系，它却并非不严密；作者留给我们的形象肯定是错综的，微妙的，但这形象并非毫无头绪。这是否意味着这些纲领性宣言被著作的行文本身减弱了？或者不如说这些纲领性的宣言应当放在它们各自的框架中来解读。蒙田极力肯定一个命题，即人类的易变性，他对之进行详细描述;《随笔集》第一版的开篇与结尾都是这一见解。蒙田宣称,个人本身不具备一种对生命的波折毫无感受的本质。但这并不是说,在另一个层面上,个人没有任何稳定性,人们永远无法从一个人出发而概括到另一个人。

<206>

《随笔集》不仅仅暗示着这一论断;这一论断是明白表露的。当然,习得在改变着我,但是还不至于让人混同习得与先天。我拥有一些"自身的自然能力",我拥有"我自己的自然的手段"(I,26,146),教育不应该寻求"强违自然倾向"(149)。换言之,人们会倒向骄傲的人文主义,即同皮科·德拉·米兰多拉一样认为人可以按照自己的愿望成为矿物或植物,动物或天使。"这些自然倾向互相帮助,并通过建制[教育]加强;但它们几乎不相互改变。"(III,2,810)不能让对他人的依赖成为奴役。我们虽然是由得自于外部的印象构成,但我们特有的东西却仍与外人有异。个人与城邦都一样:城邦公民与外人之间的区别是永远的。我们身上有着外来的欲望和属于我们天生的欲望,虽然外来的欲望有时倾向于清除天生的欲望,"恰如一座城邦,外国人的数量如此之大,以至于他们把本地居民赶走,或者消灭他们过去的权威与力量,完全篡夺权力并控制他们"(II,12,472)。

蒙田认为这是不变的区别和持久的运动,他还肯定说:"几乎从一出生,它[我的判断]就是唯一的:同一倾向、同一道路、同一力量。"(III,2,812)蒙田看到没有任何品质能概括它,他向我们指出:"我的行为受我本身制约";他告诉我们,存在一种"普遍形式",一种"宇宙的帐篷"(813),即普遍的和占主导的形式,这不再是无知,即不加区别的通往一切的出口。甚至蒙田肯定,如果他能活千年,那么在相同情境中他始终会有相似的反应;他自称准备回到另一个世界去驳斥那些歪曲关于他的存在的真理的人(III,9,983);也就是说真理是存在的。

<207>

这种对易变性和稳定性的双重论断如何得到解释?那是因为我们的自由是原则上的,但是实际上它可能受到限制。人不具有唯一而永恒

的天性,而是生活在某个时空中;此时此地的存在赋予他一种认同,虽然这种认同与缺失的本质是不同的。地点,如蒙田所言,是我们对一种文化或者一种习俗的归属。人不是从虚空中诞生的,而是生于一个现存社会之内。"我们拥有的人,他们已经就范于某些习俗,我们不会像皮拉或者卡德摩斯那样造出人来"(III, 9, 957),就像人们想象中的人物那样,从石头和龙牙生出人来。"该由习俗如其所愿来赋予我们的生活以形式。"(III, 13, 1080)习俗裹挟着我们:对于个人而言,习俗与天性一样强大。"随俗是第二天性,它同样强大。习俗所缺少的,我就让它缺少好了。"(III, 10, 1010)蒙田所给出的例子很能说明问题。在学习法语之前,他学习了拉丁文:法语对于他而言属于习俗,而拉丁文是天生的(III, 2, 810—811)。那么,天性就是最初的习俗?

蒙田的社会保守性基于这种对习俗的绝对化。既然除了习俗之外一无所有,习俗持续的时间是唯一的认可标准,那么在反抗习俗之前要多加思考;最好同意"不轻易改变现有法律"(I, 23 标题)。不应该对各个民族的民族中心主义感到不满,如果这些民族通过模仿其他民族来改变,事情不会变得更好。因为往往人们不可能知道一种价值是否高于另一种(比如基督新教是否优于天主教),所以最好遵循由传统传承的价值,即人们出生的环境中的价值。"最常用的和普通的生活形式是最好的"(III, 13, 1104),对于群体与个人都是如此:"不管什么样的改变,都让人意外和伤害人。"(1085)

人不仅仅属于一个文化背景;任何生命都在时间中延展,所以存在一种个人的历史。一个生命的结果,那就是个人认同。这种"本质"是生命的产物,而不是生命的来源;但它却同样牢固。临时的东西变成永久的东西,灵魂所获得的皱褶永不会消退。"我不再处于一场重大改变结束的时分,去投入一种崭新的生活,不常见的生活。……变成另一个人已来不及。……由于长久的习惯,这种形式在我这里已经成为实质,偶然已经变成天性。"(III, 10, 1010—1011)再一次,这不单单是他的

<208>

特色：每个人都一样，比如那些古代的智者，"对美德的习以为常变成他们体质的一部分。……这是他们灵魂的本质，是他们自然而平常的生活方式"（II, 11, 425—426）。这一发现的惊人后果是人随着年龄变老而逐渐变得真实：生命是成为自我的过程，老年人相对少年人的优势就是严密性对偶然性的优势。然而，我们已经看到 [171]，个体化是与自由相关的：随着我的自由扩大，我越来越成为我自己，一个唯一的存在；在两张成熟的男人或女人的脸之间的差别比两个新生儿的脸之间的差别要大。

<209> 我们可以再次看到这一点 [193]，人是种奇特的动物，他最初没有真正的自我，但是他的一生都用来产生一种自我：他将形式转化成实质，将偶然转化为天性，将习惯转化为本质。说社会只懂得习俗而不知"天性"还不够；还要补充说习惯变成一种天性。马塞尔·孔什（Marcel Conche）说，蒙田"将历史纳入自然"（《蒙田与哲学》[*Montaigne et la philosophie*], 95）。习俗之于国家的意义，相当于传记之于人的意义。孟德斯鸠（继帕斯卡之后）听到这一教训，他也说："任意的东西变成必然性。仅仅属于约定俗成的东西变得与自然法则同样有力。"（《随想录》, 616）是否应当由此得出结论，认为由蒙田开创的"历史的"和"文化的"人文主义是与一种建立在"人性"概念上的更具实体性的人文主义相对立的？不应该如此，因为这种"天性"正在于我们的不确定性，在于我们获得个人认同与集体认同的能力；自然将我们自由地和没有束缚地带到人世。

这种主导的形式的确立是不可避免的；但这同样是一种价值，因为它赋予生命以统一性和意义。凭借友谊，蒙田努力防止拉博埃西的形象消散。"如果我不尽全力去维护我失去的朋友的形象，人们会将他撕裂成无数彼此相反的模样。"（III, 9, 983）所以，必须得出结论，在我们彼此相近的身体属性之外，每个人内心的多样性和内心的对话具有一种局限，这同样是一种"自然的"局限，但其性质不同。从起点上看，人

肯定是多样性的和起伏不定的，人的各个不同侧面之间的对峙伴随着他；但是人的生命进程让每个人发现他的主导形式，并且局限于此。内心的对话，从这个意义上看，在一段时间之后变得更具重复性，不再能够与我们和朋友的对话相提并论，在与朋友的对话中我们投入爱，我们是因为他们本身而爱这些人，爱他们本来的样子：这种对话是无限的。

<210>

此处，由蒙田代表的人文主义思想肯定个人自由，却对它加以限制：一方面是身体的限制，这是从起点上就既定的；另一方面是道德的限制，这种限制处于终点之上。天性并不预先决定每个人和每个民族后来发展成什么，偶然、自由和意志都有其一席之地。但是，虽然人不是一蹴而就的，但人最终会变成他自己，即使从来不能完全做到这一点：历史转变为天性。由此，历史具有了一种新功能：虽然人文主义者们拒绝将历史看作对事物现状的一种可接受的解释（并不因为一个事物存在便合理：历史记录的是强力的胜利，而非权利的胜利），但他们将历史看作人的存在形成的场所。蒙田是，而且仅仅是他的生活、著作、与他人的交往让他变成的那个人。内心的多样性上升到一种新的统一性。

以个体为目的（副篇）

蒙田投入到认识自我的工作中，这使他得以发现个人认同，由此发现人内心的多样性。内心的多样性对于我的自主并不是威胁。但是，蒙田的工作以另一种方式对人文主义学说作出贡献，他将单独的个人变成值得加以认识的对象。从这一点上看，《随笔集》开辟了一条新路。

说实话，这些随笔的写作计划并不是一下子就确定的。最初，蒙田似乎设想的是他那个时代更为通行的一种作品形式，即从哲学家与作家的作品中汲取的一种对古代智慧的汇编，辅以这些箴言或典范让蒙田自

<211>

己想到的一些想法。但是,在写作过程中,计划改变了;结果便是我们今日看到的《随笔集》的样子。

新的设想在作者心中逐渐确立,那就是让认识世界服从于认识自我,将客观变成认识主观的工具。一方面,汇集趣事和有教益的箴言,另一方面,描绘自己,这似乎属于两个完全独立的计划,虽然它们互相不矛盾;蒙田却将两者合为一体,分别赋予它们手段与目的的角色。他的读者们将会发现一个新的角色:其他作者所提供的只是素材或者适当的表达方式;蒙田著作的真正主题就是蒙田。"我自己就是我的书的素材。"(I,"致读者"[Au lecteur],3)"这里,我旨在发现我自己。"(I,26,148)"我并不努力提供事物去让人们认识,而是提供我自己。"(II,10,407)"我在此涂鸦的所有这些大杂烩只是对我生命的实验[经验]的记录。"(III,13,1079)他计划描绘自己,这正是让他与别人有所不同的地方。"世人总是看自己对面;而我,我将我的视线反转向自己内心,我看进去,我让视线在那里游赏。每个人都盯着自己前面;我呢,我看自己内心:我与之打交道的是自己,我不断审视自己,控制自己,品味自己。其他人如果想做同样的事情的话,他们总是前往别处;他们总是向前走,……而我,我盘踞于自我。"(II,17,657—658)

既然蒙田自己承认这条路是独特的,他为何要继续这条路呢?对于这个问题,他给出了几个回答。他多次告诉我们,他是为朋友们写作,为了让他们能够留下他的真实形象,一幅酷似的肖像和持久的记忆:比如在"致读者"中就这样说过;还有 II,8;II,18;III,9 等等。但是,这种解释似乎带有某种故作姿态的意思:不然,蒙田为何出版他的随笔,而不是(像马勒伯朗士[Malebranche]早就指出的那样)仅限于私下流传?他也知道他不仅仅为自己的朋友写作:"有几件事是我不愿意告诉任何人的,我将它们告诉民众。"(III,9,981)有时,他肯定了解激情可能有助于克制激情(III,13,1074),但是这种道德训诫在《随笔集》中实不多见,在著作结尾的地方,蒙田甚至不确定是否在自己所划定的道路上有所进展:"我越是纠缠自己和了解自己,我的畸形就越让我吃惊,我心里就越发不了解自己。"(III, 11, 1029)

让我们来切近地审视蒙田的计划。他的新颖之处不在于他自传的素材,而在于他让这种对自我的认识脱离了任何外在目标。蒙田并非因为自己的生活有什么了不起才讲述自己的生活;他甚至刻意提防读者会有这样的推论,担心读者会从他赋予主题的重要性得出结论,认为作者具有本质上的重要性。"人们会对我说,将自己当作写作主题的计划,对于那些著名的人间罕有的人来说是可以谅解的,由于他们的名气,他们让人渴望了解他们。除了可供人效仿的人,生活与观点可以充当楷模的人,其他人都不应该让人了解自己。"(II, 18, 663)所以,蒙田不断提醒读者,他个人没有什么可崇拜的,甚至往往是可资批评的。"其他人注意在觉得有丰富的值得谈的主题时才谈到自己;我则相反,我觉得自己如此贫乏和干瘪,这不免会让人怀疑我存心卖弄。"(664)

此前 150 年,罗伯特·康宾(Robert Campin)和扬·凡·艾克(Jan van Eyck)决定不仅仅为世上的大人物画像,而且要为更普通的人画像,个人的特殊性成为表现一个人的充分理由。在 16 世纪,这一运动影响到写作,虽然人们更愿意出版那些著名人物的生平;本维努托·切利尼(Benvenuto Cellini)给出的《本维努托·切利尼传》(*La Vie de Benvenuto Cellini*)的存在理由,只是自己在艺术上所获的"伟大成就"(11)。关注作为个体的人,而非像在圣奥古斯丁或阿贝拉尔的作品中那样关心个人命运是为了阐明神圣意志,最早的这样的自传体作品出现于 16 世纪的后半叶,但蒙田未能看到这些作品,因为它们都是在他死后出版的。

正是他,蒙田,创造了这类自传体的理论。在这一方面,他承认自己的独创性:"这是世上唯一的属于这类的书"(II, 8, 385),他对此作出解释:"[对民众表白自己]我是第一个,是通过我的普遍性存在,即作为米歇尔·德·蒙田(Michel de Montaigne),而不是作为语法家或

<213>

诗人或法学家。"(III, 2, 805)这一著名表述同时肯定了个体的前在性和"目的性":诗人、语法家或法学家是超越了个人的一些范畴,同样可以通过其他个人来代表;只有个体是在普遍意义上,即完全地,成其为米歇尔·德·蒙田的人。他要宣告的并非由他个人体现的那些品性是好的,而是要宣告他有权关注个人,无须让个人代表任何东西。个人值得作为其本身而得到了解。从他所赞同的奥卡姆的威廉的唯名论中,蒙田得出了所有与人类相关的结论:在世上只存在一些个别之物;说到人类,存在的只有个人。精神和社会的法则不能让人穷尽个人认同:"我尤其渴望人们将我们每个人分别进行裁断,渴望人们不会从一些普通范例中推论出关于我的结论。"(I, 37, 229)正是在这一点上,《随笔集》的计划是属于人文主义思想的。

<214>

蒙田努力对个人的事毫不隐瞒:他的目的不是告诉人们他应该如何,而是告诉人们他原本如何。自从马基雅维里以来,现代人已经懂得区分这两者,他们更愿意去努力了解存在物。"我希望人们从中看到的是我简单的、自然的和平常的方式,没有勉强与做作"(I, "致读者",3);他所描绘的样子或许并不完美,但是即便"秃顶而且头发花白",那仍是他自己的样子。"我想让人们看到我自然和平常的脚步,如同本来的蹒跚的样子。"(II, 10, 409)

即使从道德的角度看,此中也有一种额外的好处,它是按照宗教忏悔的做法,但却被移植到人类交往的世俗领域中:罪孽一经承认,便不再那么沉重。"坦诚而自由的忏悔虽引人指责,却消除人的辱骂。"(III, 9, 980)为何如此?这并非因为坦白本身足以赦罪,而是因为在公众看来自我坦白导致某种约定。"强迫自己说出一切的人,会强迫自己不做任何不能告诉别人的事情。"(III, 5, 845)进入到公共话语空间,由此承认自己的合法性,这要比放任自己的倾向要好(拉罗什福科也是这样说的);所以,坦白是通向正确方向的一步。这就是为何"我觉得撒谎比放荡更糟"(846)。同时,对他人的真诚确保了对自己的真诚。"欺瞒他人的人，通常也会欺瞒自己。"（845）对于蒙田而言，公众的耳朵代替了忏悔师的耳朵。但是，必须补充说，变化要比他所说的要彻底：如果话语不是针对上帝，而仅限于纯属人类的空间，那么就不再真正存在忏悔。信息的接受者改变了信息的内容：人们对自己的兄弟和姐妹说话跟对一个全知全能的存在说话是不一样的。 <215>

蒙田的写作不是为了认识世界，也不是为了拿自己当作例子，而是为了间接地认识自己。此处，他可以重复他对选择朋友的解释：为何是他？因为这是他。个人不需要从自己之外获得合理性解释，他自己就是最终的合理性解释。正如导致友谊的那种冲动不需要道德目的，只能通过朋友这一特殊的"他者"来解释，对自我的认识也通过主体的唯一性与主体对其自身的特殊地位来得到解释。然而，还存在一种差别："我"与"你"一样是唯一的，但是"你"的唯一性是价值的来源，而"我"的唯一性却仅仅是一个事实。这里，蒙田解释的不是对自己的爱，而是对自己的认识。在这种情况下，这使他将自己的生活逐渐同化为这一认知计划：蒙田不是别人，他就是这个寻求认识自己的人。"我走上一条路，不停顿也不劳苦，只要世上还有墨和纸，我就会走下去。"（III，2，806）创作这本书的不再是人，反而是书在创造人。

唯一的存在

因为他的唯一性，蒙田想要认识蒙田这个个体：因为这是他。两个世纪以后，当卢梭投入自己的自传写作，他回想起蒙田的计划，但他不满足于此。他的自传将是不一样的：他之所以想认识卢梭这个人，那是因为这个人不同于其他任何人。这个个体不再仅仅是不可化简为其他人；而且他跟其他人没有相像之处。在《忏悔录》第一卷的开篇，卢梭 <216>

明确对此进行了表述。"我生来与我所见过的任何人都不同；我斗胆认为我与任何存在的人都不同。虽然我并不比他们强，但至少我是不同的。"在这地球上先于他存在的人中，也没有人像他一样；更能说明问题的是，在未来也不会有任何人像他一样，因为自然已经打碎了"它塑造我的那个模具"（5）。他是属于一个独立品种的生物，因而需要对他进行全新的分析。卢梭通过肯定自我与他人之间的这种决裂，脱离了人文主义思想的框架而进入到激进的个人主义的框架，如同他在自传中多次做过的那样：每个个体都是一个孤立的不可相互类比的存在。

他与其他所有人之间的这种绝对差别是什么？卢梭首先做出的回答是依据《忏悔录》的存在本身，因为这是一本空前绝后的书。"我在完成一项未有先例的事业，它以后也不会有任何效仿者。"（同上）"这是现存的而且以后永远不会有的唯一的按照本性、完全真实的人像。"（"前言"，3）据卢梭所言，新颖之处不在于他不说谎，而在于他不再选择仅仅讲述他的一部分生活（不论是最好的还是最坏的部分），他对读者和盘托出，留给读者自由来得出自己的结论。卢梭的做法好像他的工作的唯一规则就是如今我们的心理分析师强加于患者的这一规则：说出一切。"我将是真实的；我毫无保留地真实；我将说出一切；善，恶，总之，一切。"（《〈忏悔录〉草稿》[*Ebauches des Confessions*]，1153）在这一点上，他的著作是独一无二的作品。

自传的语言应当是对全部经历的透明的、纯粹的传递，让经历自然而然填满书的每一页。然而，卢梭知道说出一切是不可能的，因为所经历的东西是无穷尽的；他同样知道必须做出选择，不仅从过去的经验中选择，而且从各种语言表现形式中选择：词句不是自然确定的，它们既不属于事物也不属于行动。"必须为我要说的东西发明一种与我的计划同样新的语言：应采用什么样的语气，什么样的风格？"（同上）当他想到这一点，卢梭敏锐地将特色与文体等同起来："对接收到的印象进行回忆，同时体味当下的感觉，我以两重方式来描绘我灵魂的状态，即事件发生之时与我进行描绘之时的状态；我的风格本身将属于我的历史。"（1154）然而，这种"专业的"见解反映出对读者的关注，对形式的关注，这些已不再符合简单的和盘托出、让经历变得透明的计划。

在《忏悔录》的被抛弃的前言里，卢梭指责蒙田未能符合这唯一的规则："蒙田对自己的描绘很酷似，但却是侧面像。"（1150）在他写作《漫步遐想录》的时候，他客观地思考自己的《忏悔录》，他承认在写作的时候想象与真相一样多，他美化了某个时候，忽略了另一个，他服从的是逼真，而不是真理："我讲述那些我已经忘记的事情，就像它们似乎应该是这样的。"（《漫步遐想录》，IV，1035）他谦卑地承认他不一定比蒙田做得更好："有时候，不知不觉地，出于一种下意识的动作，我从侧面来描绘自己，掩盖畸形的一面"（1036）。难道任何肖像，不论画得怎样，总是"侧面的"？

自从他说出计划，仅仅几年时间，卢梭自己就发现：他所完成的自画像与前辈们自称的自画像并没有那么大区别。这是否意味着作者终归与其他人差不多？卢梭不愿承认这一点，他首先尝试进行几种替代性的回答。他说由于他所具有的享受独自生活的乐趣，他总归还是与所有人都不同：所有人都需要他人在身边，从中寻求自己自尊心的满足，只有他不太感到这种需要。而且，因为他具有一种不偏不倚的判断力，他是独一无二的："这世上只有在他身上我才看到这一点，那就是对他的那些最残酷的敌人的作品都抱以同样的关注。"（《对话集》，II，803）他的宽容也是独一无二的："我听到所有人都在谈论宽容，但是我只在他那里看到真正的宽容"（811）。在晚年，即写作《漫步遐想录》的时期，他认为自己是唯一一个摆脱了所有恐惧和所有希望的人，所以也是唯一生活于和平与安宁中的人。

然而，这些对绝对差别的新解释并不比之前的解释更让人满意。就算卢梭说的是真的，他所体认的个性只不过是别处早已存在的某种品质的最高形态，即便这种品质过去还处于较低的程度。除他之外，其他人

<218>

也曾喜爱孤独，奉行宽宏或宽容，另一些人也到达过安宁；差别只可能是数量上的相对的差别，不再是绝对的。也许是因为这个原因，卢梭在《对话集》中最后一次尝试承认自己的差别。这次他肯定说，让他区别于他人的东西是他是唯一一个"自然的人"。其他所有人都受到偏见、自尊心的影响。"所有人都在表象中寻求自己的幸福，没有人关注现实。所有人都将他们的存在置于表象中；所有人都受到自尊心的奴役与欺骗，他们根本不是为了生活而生活，而是为了让人相信他们曾经活过而生活。"只有他逃脱了这一规则，对此的证明就是，若非如此，他不可能写作他的著作、建造他的学说。"必须自己描绘自己才能向我们展示本真的人，如果作者不像他的著作那样独特，他就永远写不出来这样的书。"（III, 936）因而，卢梭不仅仅是不同的，作为"自然人"的唯一代表，他还是所有人中最好的，"自然人"是优于"成其为人的人"的一个物种。

<219>

我们已经指出这一点 [151]，卢梭将个人的事例投射到他的理论建构之中，这对于理论的严密性有些不利影响。但是，这不一定更有利于区别作者的特殊性。他在这里告诉我们的是什么？他与所有人都不同，因为他从不与他们相比。他说，属于他的那个卢梭爱自己"而无须与人相比"，而且"他一生中从来没想过要与别人相比"。（II, 798）然而，这一论断与他所宣称的绝对的独特性一样，是自相抵消的：要想确立自己的差别，卢梭必须将自己与其他人相比较（如若不然，他所声称的东西就是站不住脚的）；但是，如果他这样做了，他就不再能说自己与他人不同：同他们一样，他将自己与人比较和衡量。对差别的发现来自于比较；所以，这种差别不可能缺少自尊心，也就是说不可能离开比较。

卢梭很清楚事情是这样的，认识不可能离开比较，只有比较才能告诉他相似与差别的奥秘："不与任何事物进行比较，仅仅通过其自身之中的关系，这样如何能确定一个事物？"（《忏悔录草稿》, 1148）所以，他对自己的绝对差别的最后一种解释也垮掉了；我们应该看到没有任何东西可以支撑卢梭惊人的自负，这是一种纯粹原则上的诉求。

<220>

我与他人

不管怎样,卢梭并不总是采取这样的极端立场;在他写作《忏悔录》的同一时期,他的其他一些表述表现出较为克制的雄心。他愿意相信他所投入的对自己的生命与人格的探索可能对他同时代的人们和读者们是有益的。以何种方式有益于人?始终是通过认识自己的独特存在,但他的存在不再与其他个体截然不同。

此处,卢梭正好与拉罗什福科相反。对于拉罗什福科而言,认识自己是不可能的(其原因是虚荣),认识他人是让人受益的。对于卢梭而言正相反,认识他人很快就达到极限,因为我们不能直接与他人相通;认识自己却可以无限推向更远。卢梭排除了以虚荣为论据(不论是作为应该避免的恶习还是作为导致盲目的根源)。承认自己的虚荣,这可不是虚荣之举,人们可以不顾自尊心的警告。相反,"没有人能够描写自己之外的别人的生活。内心存在的方式、真实的生活只有自己知道"(《忏悔录草稿》,1149)。我只能感受到自己的存在,卢梭也是这样说的,至于其他人,我不得不满足于从外部了解他们。在他这里,有一种对人类克服任何困难的能力的信心,而不至于肯定人是万能的;这更多是拒绝将任何局限当作最终的限制,只要人们不被迫离开自然世界。要对卢梭与拉罗什福科的论争作出评判,这大概没有意义:这两种认知在各自的类型中都是不可代替的;这里重要的是描述卢梭所选的道路。

人们只能认识自己,但是这种认识本身由于缺少比较而受到桎梏。如何克服这一障碍?不是通过机械的推己及人,而是通过了解他人讲述的对自己内心的探索。他人的讲述同样也应当是绝对真实的,而且是公开的。如果存在这样的讲述,那么每个人都能探勘自己的存在,同时与先行者进行比较。"除了自己以外,至少必须了解一个同类,以便从自己心中区别出属于整个物种的东西和属于个人的东西。"(1158)卢梭交给

‹221›

自己的使命正是如此，这已然称得上雄心勃勃了：创作一个叙事作品，认识一个个体，以便让所有其他个体能够发现自我。"我要努力让人们至少拥有一件进行比较的素材以便学会自我欣赏；让每个人都能认识自己和一个别的人，这个别的人就是我。"（1149）卢梭将是进行自传探索的耶稣基督：在认知的祭坛上，他牺牲自己，以便让后来人能够认识自我。

卢梭赋予自己的角色虽然仍是独一无二的，但是在他与其他人之间不再有断裂；他只是让他人从他独特的内省能力与回忆能力中受益。与他在其他地方所说的相反，所有人都能够追随他走这条路："让每个读者都效仿我，让他像我所做的这样回归自我。"（1155）由于卢梭的献身，他的工作变得简单了，但是其结果却不一定有所不同。通过这种回归，卢梭到达的终点是与他最初的论断相矛盾的：人们倾向自以为与他人不同，然而往往却没有多少不同。"人们说，如果我是某某，我就会同他所做的不同；那是搞错了。如果人们真是那个人，就会完全与他一样。"（1158—1159）人们可以选择自己的行为，人们可以让自己的行为仅仅以自身为依据；但人们无法自由选择自身的存在：自由是真实的，却是相对的。所以，自传中的追求不是将个体与其他所有人分离开来；相反，每个自传都在为后来的那些自传做准备。

人类命运

那么蒙田呢？从某种意义上来说，《随笔集》只是一种权宜之计（卢梭大概会说这是一种补充）：随笔代替了信件与话语，若是拉博埃西不死，蒙田大概会写信给他的朋友或与他谈话吧；或者，这些随笔复原了拉博埃西可能对蒙田留有的记忆。"只有他能见到我的真面目，他将它带走了。这便是我为何要如此细致地解读我自己"，我们在1588年版中读到这些（III, 9, 983）。他之所以开始写作，那是为了走出朋友之死使他陷入的迟钝的孤独状态，他不断期望的只是另一个"正人君子"在《随笔集》中认出自己，有一天他会来寻求他的友谊。

对友谊的崇拜和对自我的认识在蒙田的写作计划中构成一个复杂的梯级。对《随笔集》的设想首先是作为一座纪念碑来纪念拉博埃西，它几乎就是一座陵墓：第一卷的核心部分应当由去世的朋友的杰作《论自愿的奴役》(*Discours de la servitude volontaire*) 来占据。但是后来蒙田决定，在撕裂法国的宗教战争的背景下发表这样的作品是不恰当的（因为拉博埃西的作品曾经被胡格诺派（huguenots）教徒们在他们反对王权的斗争中使用过）；他用拉博埃西的另一些不太激烈的作品代替了这一篇，那是他的一些十四行诗。这种替代是很容易做到的，如同弗朗索瓦·里戈洛（François Rigolot）指出过的，"自愿的奴役"不仅可以指专制的后果，也可以指高尚地服从朋友的利益。然而，不久就有了新的转折，蒙田认为这些十四行诗本身放在《随笔集》中不太合适；所以，这些诗被从书中去除了。最终，拉博埃西得到了他的陵墓，只是核心部分被掏空了；或者，依据蒙田使用的另一个比喻，构成画卷的核心的部分被侵占了，最终被构成画框的部分，被描绘蒙田自己的那些"怪诞的绘画"代替了（I, 28, 183）。在书中，拉博埃西不再作为个人真正存在，他只是一个借口，被用来对友谊进行总体的思考；只有朋友的缺失才让《随笔集》的写作成为必要，随后成为可能。拉博埃西这个人不再是写作的目的，而是其手段。

<223>

也许是受到亚里士多德的一个表述的启发，蒙田最初写到："因为这是他"；随后，他补充说："因为这是我"。这一切的发生就好像，在写作《随笔集》之前对拉博埃西这个人的发现已经让蒙田能够将自己之外的个体当作一种目的；但是，要想发现自己也是一个这样的不可化简的个体，要想写作《随笔集》，就必须让拉博埃西死去：首先是在肉体上死去，继而是在象征意义上死去，也就是说他仅仅是在蒙田的著作内部

起到一种辅助作用。"我"不仅被加于"他"之上,"我"还清除了"他"。《随笔集》不再是纪念拉博埃西的纪念碑;这些随笔成为表现蒙田的唯一性的场所,他是《随笔集》的唯一的"作为终极目标的个人"。

<224>

这一看法在蒙田 1570 年的一个叙事文本中已经明确,也就是拉博埃西死后 7 年,即《随笔集》第一版之前 10 年。蒙田向自己的父亲详细讲述了导致朋友死亡的疾病的发展,直到他的临终遗言。"他开始极具感情地再三请求我给他一席之地;以至于我担心他神志不清了。……'我的兄弟,我的兄弟,你难道会拒绝给我一席之地?'直到他迫使我用理性来说服他,告诉他,既然他还在呼吸和说话,既然他还有身体,他就有他的位置。他回答我:'即便,即便我有位置,但这并非我要的;而且,等说出一切,我也就不在了。'"(《拉博埃西》,203)好像他拥有超自然的预见力,拉博埃西不仅要求朋友在言语中为他留有一席之地,而且他预见到自己会慢慢地淡出朋友的文字。两人的友谊以及后来朋友的死亡使《随笔集》成为可能;但是拉博埃西在完成的作品中不再有位置:一切都已说出,但他已不在里面。蒙田大概没有忘记这些话。

蒙田不仅限于肯定任何个人都值得作为他自己而被人认识。如果他仅限于此,那么的确会出现一个困难:如何让自己成为写作的唯一目的,如何肯定他的目的是对自己说话,而非对他人说话,虽然在自己与他人之间没有断裂(他自己是这样告诉我们的),虽然我们是由他人造就的,而我们自身中也包含着他人?随着他对自己进行探究,蒙田辨识出了自己的主导形式:这使他在成功的人际交流中看到关于自身生活的理想。"我的主要形式专属于沟通与创作;我是完全外露的,直白的,是为社会和友谊而生的。"(III,3,823)书籍并不比生活更有价值:作为作品,书籍优于子女,但如果把书籍与朋友相比,书籍只是贫乏的替代品。

<225>

而朋友一旦死去,书籍便只能针对他人:针对此时尚不能理解他的年轻的读者,但也是针对后来的所有愿意阅读的读者。"我对纸张说话,

就像是在跟随便什么人说话。"（III，1，790）既然词语是属于所有人的，人们便不能描述自己，也就是说无法将自己的生活转化为话语而不同时针对其他人；这还意味着人们无法通过写作来达到一种与他人隔绝的自我。正是出于这个原因，蒙田告诉我们，他改变了他的写作方式。最初，他选择简短的形式，短篇随笔，这是适合于他的倾向的：他不喜欢长篇大论，更喜欢"零散的片断"（II，10，413）。但是，当他真正了解读者之后，他决定采用最方便读者的方式写作，而不是采用最方便作者的方式："因为我最初经常将篇章切分过多，我觉得还没有引起读者关注就打断了，分散了注意力，于是我开始将章节写得更长。"（III，9，995）出于相同的原因，蒙田蔑视那些想用晦涩来让人觉得他深刻的人，他更喜欢苏格拉底，苏格拉底说话是要让每个人都能听懂。"我喜欢的说话方式，是一种简单而自然的说话方式，嘴里怎么说，纸上就怎么写"（I，26，171）；语言的这种朴实就是对读者的尊重。

从这个角度，蒙田重新思考他的计划，即认识自我的计划，他补充说他的认识自我不仅针对自己，而是针对所有人。进行这样推己及人的概括是可能的，因为人们彼此之间再怎样不同，"每个人都担负着人类命运的完整形态"（III，2，805）。这一论断是有力的，尽管蒙田在其他地方继续质疑从特殊向普遍过渡的可能性。他自己在努力认识自己的同时，不仅限于事件的五彩纷呈，而是渴望把握一种潜在的自我认同；在这一点上，《随笔集》的写作方案超越了自传写作。"我所描写的不是我的所作所为，而是我，是我的本质。"（II，6，379）同样，个体的计划并不妨碍他谈到"普遍意义的人，这是我努力了解的"（II，10，416），或者说"我所做的研究，其主题就是人"（II，17，634）；正相反，一方导致另一方："我用来审视自己的这种长久的关注，同样驱使我顺带地评断他人。"（III，13，1076）在"描绘自己"与"针对他人"之间不再有矛盾，蒙田可以用一句话道出真情："我的肖像完全归功于读者。"（III，5，887）更好地认识自己使人能够更好地与他人沟通。

<226>

蒙田不愿将自己的生活当作典范，因为他的生活并不比别人更好；相反，他对真理的追求可以服务于他人，因为每个人都会因此而受到激励去了解自己。"没有比对自己的描述更困难，更有益了。"（II，6，378）所以，他进行自己的追寻的时候"并非没有怀着教育读者之心"（II，18，665）。对自己的认识有利于人与人之间的沟通；与此相对，两个人之间最好的友谊和对话是受到求知冲动驱使的："真正的起因应当是彼此共同的。"（III，8，924）

<227> 所以，个人终归是可以具有普遍性的。如何将这一结论与另一个结论协调起来？这另一个结论是蒙田通过他对友谊的思考而得出的，即不存在超出个人之外的东西，而个人就是化身为友人的这个人。似乎蒙田的想法（从未得到明确表述）如下：一个个的看来，人们都差不多；从他们的相互作用、友谊、爱情来看，他们不可以彼此化简。与后来时代的所有自恋者所认为的相反，在我的自我认同中，并不是我与所有其他人有绝对差别（在我与他人之间，在唯一与普遍之间存在相互影响）；具有绝对差别的是"他人"的概念，即一个与另外一个人有关的自我。差别，这是当然的，差别不是实质上的（从他个人的角度看，他也是承载人类命运的一分子），而是在于他相对于我的立场：曾经是我的朋友的人是他，不是别人。第一个个体是你，而不是我，因为每一个你都预先假设有一个我，个体仅仅在关系之中才存在。每个你都是唯一的，每个我都是普通的。只要将人们一个个来看，大家是相似的；但是如果从他们的关系格局中来看他们，人们必须承认他们变得不同了，而且不可相互代替：我母亲是这个女人，我儿子是这个孩子；我爱这个人，而不是另一个。

蒙田所投入的对自己存在的追寻，将人类世界的这两个维度合在一起。一方面，他分身为认识的主体和被认识的客体，他可以审视自己这个人，就像这是一个别的人；书的主人公，即作者的分身，相对于作者，他占据着一个与他的朋友拉博埃西同样独一无二的位置，让作者也成为一个唯一的存在：试图认识主人公的那个人。同你一样，我可以成为最

终目标；这是因为他自己陷入到主体间的网中。另一方面，蒙田在认识一个唯一个体的时候，发现了人：他个人虽未构成终极目标，但他成为用来探究人类命运的工具。

<228>

波菲利（Porphyre）在对亚里士多德逻辑学的评论中写道："这类存在被称作个体，因为它们各自都是由一些特殊性构成，这些特殊性的集合绝不可能与另一个存在相同。"（《导论》[Isagoge]，7，20）这就是实质的个体性。蒙田通过他的怀疑论与唯名论，让这一论断达到顶点。但是，谈到人类存在，他有所超越：任何人都是一个不可效仿的个体，然而每个人身上都有整体人类命运的印记。这是另一类的个体性，它是立场上的，而非实质上的，它是不可约简的：因为这是他（对于我而言），因为这是我（对于他而言）。拉博埃西本身不是唯一的。从这一新的意义上说，他是个个体，因为对于我而言，他占据着任何其他人都无法占据的位置。我自己，由于变成双重的，既是主体又是客体，我也能变成独一无二的。个体仅仅由于他与其他人的关系才能真正与他人不同。我是其他所有人，但是他人不能化简为我。个人的唯一性与人类的普遍性由此达成妥协。

我在开篇时说过[66]，蒙田的关于人的思想包含人文主义学说的所有构成元素。在此，我们看到它们汇集在一起：作者的我的自主，他刻意从事这项认识、建构和沟通的工作；以你为终极目的，作者所针对的是你；每个个体相对于我而言占据着一个唯一的位置，在友谊中，这个他者不会导致除了他自己之外的任何东西；他们的普遍性，即所有人的普遍性，他们共同拥有同一人类命运。这些要求的多元性有一个理由：那就是人类本身的维度是多元的，是彼此不可约简的。在客观世界中，每个人都是同一个物种的成员；但主体间的世界中，每个人都占据着一个唯一的位置；在与自己的面对面的交锋中，每个人都是孤独的，都对自己的行为负责。唯一而且普遍，孤独而且与他人在一起：这就是蒙田为人文主义传统留下的人的概念。

<229>

第七章
价值的选择

魔鬼声称自由的代价首先是必须与其他人分离：孟德斯鸠、卢梭和贡斯当指出事实并非如此。魔鬼补充说现代的个体还必须放弃自我的认同和对自己的任何控制；蒙田很好地解释了他如何能够和为什么能够既是多元的又是唯一的。还剩下魔鬼的第三个威胁，也就是说：现代人宁愿自由而不要服从，他不再可能奉行纯粹个人价值之外的任何价值。上帝死了，人们试图拿来代替上帝的那些偶像也越来越快地在消亡。然而，共同价值的丧失再次导致灾难，而且灾难同样巨大：在一个既无共同价值又无共同理想的世界上，社会正在解体或者转变为一个由官僚规章与暴力关系治理的企业；个体本身仅成为动物或者机器。所以，为了摆脱这些危险，最好还是放弃自由。

我已经谈到过［49］，人文主义的大原则——我的自主、以你为终极目标、他们的普遍性——既属于关于人类的学说，又属于政治学和道德，这些原则同时对应于人类的一些特性与一些共同价值。自主与权利平等构成主要的政治价值，这是"消极"人文主义的本质的东西。该是我们来就近审视"积极"人文主义的时候了，即审视人文主义道德，分析它们的衔接关系。对"道德"这个词，我是从它的广义来理解的，它与个人范畴的价值重新建立关系：所以，它同样涵盖与爱或者宗教有关的问题，它仅仅与"人类学说"和"政治学"对立，而不与"伦理学"对立。但是，在进一步阐发之前，必须审视道德价值在其他现代家族的学说中所占有的地位。这一章就是关于这个问题的。

在道德方面，保守派的立场相对简单：他们宁愿受制于人也不要自主。换言之，他们相信共同价值的存在，这些价值是由他们生活其中的社会规定的。有道德，就是符合现行的规范。这种规范的起源就是另一个问题了；在欧洲，多数情况下，规范是与基督教义有关的。在福音书的世界中，服从律法不足以让人成为有道德的人；而是，对于保守派而言，只要符合福音书的训诫就值得褒奖。波纳德并不寻求每次都追溯到基督教原则；对他而言，只要将鼓励盲目服从推举为首要的德行就足够了——这正与自主相反。与追求自由相比，"用法律来压制好奇、征服理性，这是一种规范人们思想和规范所有人的一种更有效更广泛的方法；所以，这种方法更适用于社会"（《政治与宗教权力理论》，II，300—301）。

我们已经看到 [38]，唯科学主义家族原则上应该没有留给价值一席之地：在世界上一切都是必然，"善"或"恶"这些词不再有什么意义。如果我的行为是完全由我的遗传、社会处境或精神历程决定的，那么我如何可能为之骄傲或相反为之羞愧呢？这中间既没有功绩，也没有过错。然而，唯科学论者仍然免不了发出一些具有价值色彩的强制要求，因为这些命令号称是建立在科学基础上的，所以尤其应当更加严格地遵循。如丹纳所言，"因为仅仅追求真理，科学导致了道德"（《有关批评和历史的最后论述》[*Derniers Essais de critique et d'histoire*]，110）。由科学揭示的价值一定是对于所有人都一样的，因为科学是唯一的。因此，在法国，那些为唯科学论思想铺路的人——"启蒙运动"的物质论者、孔多塞、圣西门、奥古斯特·孔德和实证主义者——同样是一些普遍主义者，他们梦想着建立一个全世界唯一的国家。

必须说，当这种唯科学论学说被当作政府政治的基础，也就是后

<233>

来 20 世纪那些极权主义国家的情况，那么这种学说会受到一种显著的歪曲。这些价值从理论上讲是根据科学的，现在它们不再是普遍价值，而是成为一个群体的价值。这种转变在德国的国家社会主义中尤其容易，因为国家社会主义选择以达尔文主义为基础，即以对"适者生存"法则的简单化解释为基础，我们前文已经看到这一点 [40]。斯大林主义原则上推崇一种普遍主义理想；但是，它所采用的用来达到理想的手段——阶级之间的无情斗争，直到完全消灭资产阶级——取消了这一理想的内容，将战争合理化，而不是将和平合理化。最终，并非所有人都值得同样的尊重，因为人们中间的某一些是敌人；而敌人是不配当作人的，应该被灭绝。

<234> 另外，意识形态的要求很快变成进行镇压的一个纯粹的借口，进行镇压的唯一目的，就是让这个成功夺权的群体继续掌权。结果是，这些自称以科学为依据的国家，实际上致力于排挤任何追求自由的精神，排挤任何唯一以理性为基础的论证；在它们的实际存在中，它们出奇地接近于受到保守主义启发的那些威权政体，它们培养相同的服从的美德。在一个极权主义国家中，人们努力控制对道德的顺从，而不是让每个人自己负责；在这个意义上，我们可以说道德在那里被政治代替了。个人非但不应该有所疑问，反而应该服从整个群体的准则。

这两个类型的价值选择是相对简单明了的。个人主义家族就不同了，这个家族有众多的分歧。

个人主义者的生活艺术

与前两个家族的成员相反，个人主义者相信主体的自主，但是他们不认为人们的相互影响具有特殊作用：每个个体各自向着自己的理想前进。这便是为何在这里不再谈"道德"为好,道德总是意味着某种共同准则,最好我们只谈论价值,将价值的系统化当作一种"生活艺术"。对于价值的思考,从个人主义者的视角看,并不让人发现共同生活作用于每个社会成员的后果,而是教会人们向着自己的最充分的发展,向着自身命运的圆满,向着构成他们幸福的东西前进。

因为转向追求某种生活艺术,而非某种道德,个人主义者们与基督教的悠久传统决裂,他们往往与古希腊罗马的那些前基督教的概念重新会合。当然,存在多种方式来把握古希腊道德与基督教道德之间的对立。有时,人们说古希腊道德渴望幸福,而基督教道德渴望善;前者培养个人的完善,后者着意于与上帝的关系;前者寻求成就天性,而后者渴望拔除天性;前者尊重人的目的,后者看重人的义务。但是,在当下的语境中,异教传统与基督教传统之间的重大差别在于它们赋予社会生活的作用,即便这种作用是不言而喻的,而不是呈现为纲领的一部分。

<235>

对于异教徒而言,理想就是"好生活"的理想,即在宇宙与自然秩序中占据一个好位置。苏格拉底向往灵魂的完美。人的这种理想天性是什么呢?对这一问题的观点各异。对于许多古代人而言,人的特性就是将人与动物区分开来的特性,即人的理性和精神能力。所以,最好的生活就是能让人悠闲地培养这些能力的生活,即哲人在退隐中过着的静思的生活。但是,某些作者如亚里士多德和西塞罗,他们同样肯定人类是一种社会生物,只有在有所作为的生活和最高程度的人类关系即友谊中才能达到优异。比如西塞罗这样写道:"自然赋予我们友谊是为了使人达到美德——在孤独的人身上,美德不可能完善——去与他人联合并由此达到完美"(《论友谊》[*De l'amitié*],XXII, 83)。

目的,就是个人的优异;手段——受到人的社会性的制约——就是友谊。在两者中,与他人的关系并非最终目的,它至多能充当达到美德的有效手段。但是,不论人们选择(与他人一同)有所作为的生活,还是选择(孤独的)静思的生活,目的始终是个人与他所处的自然秩序的

<236>

和谐。人的"德行"（vertu）是与事物之效用（vertu）有延续性的，一个战士可以做到优异，一面盾牌也一样——只要尽善尽美地完成使命，只要接近了属于自己的根本属性的目的。

相反，对于基督徒而言，善是与爱邻人重合的（因为所有人都是上帝的孩子）；所以，道德在这里被解释为一种善意和一种善行，一种与人为善的能力，而不是仅仅渴望"好生活"而别无其他。道德的框架不再是与自然的关系，而是人与人之间的关系。基督说，所有律法归结起来就是两个训诫：爱上帝、爱邻人如爱自己（《马太福音》，XXII，37—40）。圣保罗补充说：爱上帝就是爱邻人；没有了慈善之爱，信仰就不足够。除去相对边缘化的神秘主义或颂扬修道院生活的倾向，基督教选择立身于人际交往的世界，虔诚变成慈悲的同义语。我们已经看到[185]，与这种等同关系互为表里的就是人爱人不是因为爱他们本身，而是因为将他们作为通往上帝的道路来爱。

还必须提醒大家，"邻人"不是亲人：基督徒不仅爱自己的亲属或同胞，而且爱所有人，包括外人、敌人和堕落之人；他的爱不是针对个人的，如同人们有时所说的，他的爱是"仁爱"（agapê）而非"作为欢乐的爱"（philia）。基督教道德与古希腊道德之间的差别不在于某某命题的内容，而在于命题在整体结构中所占据的地位。古希腊人不仅了解朋友之爱，也知道博爱或普遍的爱，甚至也了解媚外或对外人的爱；但是，这类道德要求的导向迥然有异，即它所朝向的完美是被理解为存在的圆满。这是因为，当他们想到人的群居性，他们为个人及其同类留有同一个唯一的位置。相反，在基督教传统中，所涉及的不再是或许可以通过友谊来达到的个人的成就；这里，不再能谈得上自身存在的"好生活"，因为从定义上讲，善依赖于对他人的善意。他人对于自我的这种新的必要性，其基础是赋予基督的独一无二的地位，基督不仅仅是我们的同类：他不得不死在十字架上，为的是让其他所有人都能够得到拯救；其他人不能等同于他，但是他们从基督的牺牲中受益。通过效仿基督，人们不会与同类混同，人们不会仅限于肯定我们共同的人性；人们为同类做对方所不能做的事情，人们与同类互补，因而对于同类是必不可少的。在这一意义上，在基督徒那里，主体间的维度占据着决定性的地位。

古希腊人想要按照天性来生活，以便借此达到幸福，幸福即是善。基督徒认为天性是恶的（这是原罪学说所表达的内容），非但不应该渴望与天性一致，还应该降服天性；理想与自然是有分别的，甚至对立的（理想就是律法）。而对善的追求本身应当会让好基督徒幸福。

所以，古希腊人的某些美德从基督徒的视角看来不再是美德。如果我的生活的完美是我的终极目标，那么作为比别人强的强者我可以达到它：阿基琉斯（Achille）是值得崇拜的。但是，从基督徒的角度看，他可能只不过是骄傲而已。比如在中世纪，当基督教意识形态想要将骑士文学用来为自身的目的服务时，人们重新发现了这些冲突：如果所涉及的问题是接近圣杯，即一件基督教圣物，那么这些勇敢的骑士便不再是最受赞赏的人了。对于古希腊人而言，勇气本身就是一种美德；对于基督徒而言，勇气只有在服务于上帝和人类的时候才成其为美德。

<238>

因为个人主义者们没有给群居性留有特殊位置，所以他们能够更加容易地与古代的伦理学流派会合（密尔［Mill］，这位功利主义的雄辩的代言人，他主动引伊壁鸠鲁为根据）。同古人一样，为了达到充分发展和幸福，他们力图发现自身的本性，并加以遵循。但是，他们同时又与古人有别；重大的区别在于现代的个人主义者同时选择了自主。古希腊人拥有一种宇宙的意象，它是属于社会规范的；个人主义者放弃使用一种共同的意象，他们仅限于各自以自己的方式来寻求自己的本性。所以，他们从双重意义上拒绝群居性：既是从他们的选择的内容上加以拒绝，即选择"好生活"而不是善意（他们同古希腊人一致，而不与基督徒一致）；又是从形式上加以拒绝，因为每个人自由地选择适合自己的生活（他们同现代人一致，而不是与古代人一致）。在一个没有共同规范的社会中，对"好生活"的渴望（古人的"好生活"）转变为（现代的）

对真实性的崇拜。让每个人都去做适合于己的事情：这便是个人主义者的口号，它的最早表述见于 17 世纪初泰奥菲勒·德·维奥（Théophile de Viau）的作品（如同古耶提醒我们注意的）：

> 我赞同每个人在一切事情上都遵循自己的天性；
> 天性的统治是令人愉悦的，它的法律不是严酷的。
> ……
> 我永远不会责难
> 依恋自己觉得可爱的东西的人。
>
> （《讽刺诗第一首》[Satire première]，1620）

<239>　　在这个所有个人主义者的共同的整体框架之内，仍然存留着多种选择，我在此提醒大家注意几个能说明问题的例子。

蒙田的智慧

　　因他思想的某些侧面，蒙田是属于人文主义传统的；由于他思想的其他一些侧面，他又为个人主义的到来做了准备。我们可以支持这样的看法，即他关于人类的学说是彻底的人文主义的。他相信人性的不确定性，人性是由习俗引导的，但同样受到主体的"意志的自由"的指引。他知道人的天性是群居的。最后，他没有忘记所有人都属于同一物种，而这种归属比民族的决定性更具有影响力，但民族的决定性也不容忽视；他知道阶级差别在共同的人性面前退居次位。不论什么人都与别的人一样代表着人类。"一个小人物是完整的人，同一个大人物是一样的。"（I, 20, 96）"皇帝们与补鞋匠的灵魂被扔进同一个模子。"（II,

12,476)"男性与女性被扔进同一个模子;除了制度与习俗,其中的区别不大。"(III,5,897)在这些话里有着某种潜在的革命性,这是蒙田未加以阐发的内容;但他却肯定了人类的普遍性。

蒙田的道德观虽属于人文主义者的道德观,却因其整体结构而与之有所分别。让他接近其他人文主义者的,是他倾向于我们的自由的行为,而非由自然法则或人类法则决定的行为(即我的自主),是他将友谊作为不要求任何理由的终极目标的解释(即以你为终极目标)。让他与其他人文主义者有所分别的,是他的伦理思想没有用来为善服务,而是用来追求幸福,同古代的圣哲们一样,他不是立身于善意的角度,而是立身于"好生活"的角度。在蒙田这里,智慧之路要以他人为参照。它引导个人遵循自己在俗世上的宿命,这宿命就是存在。可以说,在这里,智慧生活的目的就是让目的与手段之间的差别消失;就是从这些行为中找出人类行为的意义。

更确切地讲,蒙田很清楚许多东西都注定被当作工具来使用,人类的许多行为也一样。人们行使正义并非是为了行使正义的快乐,而是为了惩罚作恶者和保护被害者;医生在从事自己职业的时候,他追求的不是自己的快乐,而是减轻病人的痛苦。知识是有用的;但是蒙田并不渴求知识。他所追求的是智慧,这是一种状态,人们尽管自身不完美却能从中达到幸福;在这一领域,行为的目的在于行为本身。认识自我,这是蒙田为之奉献一生的活动,它没有超越于其自身之外的目的。如同我们刚刚看到的[226],蒙田的确渴望通过他自己来认识人类,但这是因为每个人已经是完整的人,人的普遍性在针对这个对象进行研究之前就早已存在于对象之中了。友谊本身被他依据相同的模式进行诠释:将我引向他人的运动,不针对于这个"他人"之外的任何东西。友谊并不构成生活的目标;不如说,在最完美的友谊中,人们除了友谊之外别无任何目的——如同人们在余生中应该做的那样。友谊是生活中最美好的部分,如果与它擦肩而过就太可惜了;同样,对你有用并不构成我的义务。

<240>

<241>　　某些行为、某些对象,它们的目的在自身之外;但是,生活之所以成其为生活,它除了自身之外别无目的。"生活的用处不存在于空间,它存在于践行。"(I,20,95)生活"应当以自身为目标"(III,12,1052)。生活,"这不仅是我们的行动中最根本的,而且是最辉煌的。我们的伟大的光辉的杰作,就是恰当地生活"(III,13,1108)。智者会尝试着达到这种超离状态,拒绝自己的每个行动中的工具化。"为散步而散步"(III,9,977)。"当我跳舞的时候,我跳舞;但我睡觉的时候,我睡觉。"(III,13,1107)"亚历山大说他劳作的目的就是劳作。"(1112)

　　人类生活是在时间中展开的;拒绝从自身之外寻求自身的目的,这促使人们接受了活在当下。从塞内加和贺拉斯那里,蒙田了解到那些不断在未来中进行计划的人注定永远受挫,而那些懂得活在当下的人是幸福的。在生命中,不应该与亲人们争吵却等他们死了才赞赏他们;也不应该努力消磨时间,就像真正的生活稍后才会开始:要么是现在,要么永远不会。当然,不可能从我们的思想中完全清除对每个事物的之前和之后的意识;但是,人们可以从当下找到快乐,而不是将快乐推延到一个遥不可及的别处。同样,每个行动都潜在地包含着完整的人。"人的每个部分、每个举动都在显明这个人,将他与别人同时表现出来。"(I,50,303)如果他不得不选择,蒙田宁愿普通的生活,而非俗世的大人物们的特殊生活。"在我看来,最美好的生活就是按照人类的普通模式来生活,有秩序,但没有奇迹,没有乖张。"(III,13,1116)

<242>　　因为整个人类可以化身为任何一个人,任何一个行为,所以蒙田告诉我们,人应该满足于落在自己身上的命运,不寻求去改变它:就像他拒绝将本性作为价值的基础导致他的保守主义(遵循所出生国家的法度),他对生活的所有侧面的重视促使他接受生活的原样,而不是去寻求改善生活。"哲学告诉我们,所有行为都同样适于智者,同样让智者荣耀"(III,13,1110):必须学会在人们现在之所在、如人们现在的样

子的情况下享有自我。"我爱生活,并按照上帝乐于赋予我们的样子去培育生活。"(1113)这里,蒙田所向往的生活的艺术是与任何集体行动的纲领,与任何军国主义都格格不入的:智慧在于享受原有的生活。正是应该从这个意义上来理解让自己符合自己的天性的古老训诫。对自我与世界的这种接纳是智慧的成果。"懂得原封不动地享有自己的生命,这是一种绝对的完善,神圣一般的完善"(1115)——而生命本身却是不完美的。这不是对自我的纯洁,而是对自我的完成,它是通往幸福的。"我生而如此,我既要幸福又要智慧。"(III,10,1024)义务与倾向不应该背道而驰。"偏爱你自己;相信你最喜欢的东西。"(III,12,1050)自由与天性在这里达成妥协。

由于所有这些选择,蒙田接近于古老的智慧观念。然而,他同时与之有所区别:因为他选择一条道路,虽然这条道路是历史上已知的,但这条道路并不完全是他所属的那个社会的道路。他不满足于像他那个时代和他的那个国家的习俗所要求的那样去做一个虔诚的基督徒,蒙田将自己的生活分为两部分:他的膝盖是跪下的,他的公众行为符合于习俗;但他的理性和判断仍旧是自由的,他为自己选择一种适合于己的生活艺术,而无意把它强加于别人。这也就是说,由于他选择自主,决定按照他自由采用的原则来生活,蒙田仍旧是个现代人;更确切地说,他为个人主义的生活态度做了准备,这种态度就是从历史中选择一种理想,这种理想不一定是同时代人们的理想:我决意成为佛教徒,或者儒教徒,或者万物有灵论者,或者成为基督徒,为什么不呢。

蒙田是个现代人,这同样是由于他不认为理想与现实的差距是一种诅咒。他想让自己成为追求真理的人,他不遗憾自己不是已经找到真理的人。在哲学上,我们知道,他将思想家分为三类:那些知道真理在何处的人,那些拒绝寻求真理的人,还有那些不懈追求真理的人;他将自己归入最后这一类,因而他偏爱不完美多于完美:他写作"不是为了确立真理,而是为了追寻真理"(I,56,317)。人们不应当因为在对真理

<243>

的追求中失败而受到责难，反而应当因为放弃追寻而受责难。"驱赶与狩猎正是属于我们打猎的本性；如果我们进行得不当，那是不可原谅的。如果没有抓到，那是另一回事，因为我们生而是追寻真理的；掌握真理，这是属于某个更为强大的力量的事情。"如同莱辛在两个世纪之后所说的，掌握真理适合于上帝；只有追求真理是适合于人的。蒙田立身于一种纯属人类的视角，所以他可以得出结论说："世界只是一所调查学校"（III, 8, 928），即研究与学习的地方；只要有所尝试，这便是成功。

对于幸福也一样。蒙田决定接受人类命运本身的不完美，从达到完全满足的不可能性之中找到满足的理由。"因为在俗世中只存在灵魂的满足，不管灵魂是粗糙还是神圣。"（III, 9, 987）亚里士多德说只有神灵和动物才能孤立地生活；似乎他暗指共同的生活不可能是完美的，蒙田将这种不可能性转移到任何对完全幸福的渴望。但这是人类特有的："生活是一种物质和身体的运动，从其本质上就是不完美的活动，而且没有规则；我努力依据生活本身来为它效劳。"（988）睿智与幸福并不意味着达到圆满，而是意味着人们接受在不圆满和目的性中生活。蒙田得出结论，我想要让"死神发现我正在为自己钉十字架的钉子，对他满不在乎，比对我的不完美的花园更不在乎"（I, 20, 89）。

拉罗什福科的诚正

在蒙田之后大约百年，拉罗什福科表述出个人主义道德的另一个版本。对于有关民众的事情，他认为服从现行规范就足够了。但是，对于贵族阶级，即拉罗什福科自己也身在其中的精英阶级，要求是不同的：最好遵从自我，而不是投合别人的期待或者占统治地位的规范。在他的《思想集》（*Réflexions*）中（尤其是 I, III 和 XIII），拉罗什福科强调这一要求的两个阶段：对社会因循守旧（"虚假"）的批评，为忠于自我（"真实"）辩护，这意味着生活方式的多样性，这些生活方式都同样是可接受的，这种生活方式的多样性根植于人们本身的多样性。人们经常忘记他思想中这个积极的侧面；在此应当提醒大家注意这一点。

拉罗什福科宣称"根本没有好的复制品"（《思想集》，III）："好的"这个形容词永远无法对应于实物，它意味着忠实于自我，而非他人；"模仿总是不幸的"（《道德箴言录》，MS43）。然而，普通人总是力图模仿："人们忽略自己的好处而关注外人的好处，这些好处通常并不适合我们。"（《思想集》，III）这些模仿者注定是虚假的，要么他们有意识地欺骗他人，要么他们被自己欺骗。然而，认识关于自我的真理远比服从美德更加重要：人们的虚假是"因为渴望通过一些本身是好的却不适合我们的品质来让自己有价值"；那些不懂得"区分普通意义的善与我们特有之善的人"就是这样做的（XIII）。

<245>

"好生活"的根本准则变成关于自我的真理（《道德箴言录》，MS49），成为斯多葛派（潘内提乌斯）所说的按照自然赋予我们的秉性来生活的现代诠释。"让每个人都准确地估量对自己好的东西，让他来自己规范自己的倾向，让他不要去探究他的行为是否应当像他人做这件事的方式一样；最适合个人的行为方式，就是他自己特有的行为方式。"（西塞罗：《论义务》，XXI，113）真理这个词被拉罗什福科用作一种可与多样性兼容的意义：所涉及的不是一个客观的绝对的真理（或价值），而更多是让人的存在与人的所作所为相一致。人们是真实的，"因为他们就是他们本身的样子"，各自依据自己的职业和倾向行事。这便是为何"一个主体可能拥有多个真理"（《思想集》，I），唯一一个人可以在自己身上表现出几个侧面，所以他可以通过几个人格侧面得到实现；对于每个人格侧面，与自己相一致的要求仍然适用。

与此相对，多个人可能向往同一性质的真理，即对真理的最佳表述；人们接近真理的道路是多样的，对真理的认同虽然各异，但这些认同是

<246>"属于同一个真理的"。这是因为"对于语气与方式,没有任何普遍准则"(III);所以,每个人应当仅限于遵从自己的天性。"西塞罗已经做出论断,最适合于人的就是在行为与意图中与自己保持一致"(XXXIV,125):拉罗什福科的个人主义根植于斯多葛派学说,同时将斯多葛派的思想向多元性的方向发展。这里,我们从一种义务的道德(必须如此行事,因为这是法则)过渡到一种关于真实的伦理学(必须如此行事,是为了忠实于自我,为了完成自己的个人本性)。同时,我们看到有可能将世袭的贵族转化为精神的贵族("诚正君子")。所以,存在着比我们习惯上体认的社会角色更加真实的一种自我;应该由我们去追寻这自我,在找到之后,我们应当与之一致(我们从这里初步辨识出某种做法,它后来成为现代人所熟悉的做法)。

拉罗什福科当然是一个道德家,即认识并分析风俗与撕裂人心的激情的人;不管怎样,当他从正面意义上表述出有关我们行为的建议,他所表述的不是一种道德,而更像是一种修辞(或者如我们今天说的,是一种审美)。这里,善意不占据任何特殊位置。从修辞学传统中,拉罗什福科找到了他的劝诫,将写作的准则转变为生活准则;对这种修辞学传统,道德家们(是从该词的普通意义上说的)始终是有所怀疑的。修辞学不正是意在教我们尽可能有效率地服务于随便哪个命题,不管正当与否?修辞学不正是教导我们说不存在独一无二的美,而是有多少个主体就有多少美,告诉我们作家的艺术在于找到适合于自己的美?

<247>然而,拉罗什福科也将适合这个修辞学中的核心概念当作我们行为准则的核心词:必须始终寻求适合于个人的东西,而不是将相同的要求强加于所有主体;适合是从众的反面。"每个人都有适合于自己面孔和才干的表情","适合某些人的东西并不适合所有人"。相同的要求被移植到个人生活之中:人们并不具有唯一一种认同,必须适应形势。"在军团的排头与在散步中",人们走路的方式是不同的。对每一个阶层,有不同的语调、举止、感情与之适应;每个行业、每个房子都拥有自己

特有的美。拉罗什福科用来描写理想的行为方式的其他词汇也都是属于同一意义的：必须追求自己的不同组成部分之间的*一致*（III），追求它们之间的比例（XIII，参见 M207）追求话语和思想、语气与感情、举止与表情之间的*和谐*（《思想集》，III）。

在所有人与所有人的战争中，在自尊心的对抗中，每个人在根本上都是孤独的。在社会的墨守成规中，在让我们伪饰丑行的虚伪中，个体服从于集体。诚正君子既非孤独亦非从众：他选择了经过选择和有限的人来陪伴他，即其他一些诚正之士的陪伴。最受他赞赏的活动是一些社会活动——但并非随便什么社会活动；在其《自画像》（*Autoportrait*）中，拉罗什福科只提及两种："与一个机智之人一同读书，我感到极度的满足"（167），以及"与诚正君子们谈话是最能打动我的乐趣之一"（166）。

这两种活动也是互为表里的：共同阅读给新的令人愉快的谈话提供素材，谈话又可以促成创作新的读物。他的《道德箴言录》本身就是这样在德·萨布莱夫人（Mme de Sablé）的沙龙中创作出来的，首先是当作诚正之士间的一种机锋游戏——沙龙的女主人、拉罗什福科自己、他们的朋友雅克·埃斯普里（Jacques Esprit），有时还有其他几个人；随后，作为作品用书信传阅，因而为新的路边漫谈、新的评论充当了借口。朋友中的每个人不仅自己同样创作一些箴言，而且对其他人的创作加以改进，以至于我们能够将之看作一种真正的集体作品：伙伴通过他的期待而催生箴言创作，随后他对它进行形式的修改，只有他的最终认可才使它变成一件公开传阅的作品。拉罗什福科在给德·萨布莱侯爵夫人的信中写道："只有在你首肯之后这些箴言才成其为箴言。"（1663 年 8 月 17 日）在诚正之士之间，说话与写作、阅读与写作，是人们所能耽恋的最高级的活动。

<248>

在精英人士之间，有可能做到顾及自己的虚荣心而不伤及别人的虚荣心，将每个人的自尊心的不相共容与外在于他的其他人的自尊心的

要求调和起来。"诚正之士的交往"的良好进行所要求的条件首先包含着参与者之间的相互信任，这并不意味着每个人都应该毫无保留地将自己交给对方，也不向他要求完全的信任；不如说，这意味着人们不用担心脱口而出的话会被恶意使用。另一方面，这种共同生活不能让人感觉是种束缚，"必须让每个人都保有自己的自由：必须毫无束缚地相见，要么根本不见"。最主要的是致力于同一个目标："尽可能地为娱乐一同生活的人做出贡献"，有助于"社会的快乐"（《思想集》，II）；在一封信里，拉罗什福科向朋友建议"如果有可能的话，致力于那些最能给人消遣的事情"（的确，他很快就补充说："给出这些建议比遵从建议要容易得多"，见致德·吉托伯爵 [comte de Guitaut] 书信，1666 年 11 月 19 日）。我们看到，同帕斯卡与冉森派一样，拉罗什福科也是从谴责我们虚假的德行出发的，他却得出了相反的结果：拉罗什福科没有谴责娱乐精神，而帕斯卡却是以此为名目来痛斥整个社会生活的，拉罗什福科想要致力于让娱乐精神达到尽善尽美。

  拉罗什福科远不止让人想到他是一位教育家，他让人觉得他是位艺术家，他的素材就是人本身。"必须尝试认识我们天生的气质，不脱离它，尽可能让它完美。"如同斯多葛派早已建议的那样，诚正之士像雕刻家一样对待自己的生活，雕刻家试图从大块的大理石中释放出包含在里面的形态，诚正之士从材料中阐发出真理。"好生活"就是懂得将自己塑造成成功的作品。还有，他丝毫不因为我们所有人都投入一场宏大的戏剧演出而气恼，诚正之士决定作为导演来介入"人间戏剧"的发展，以便让它更加和谐和更加让人愉悦。每个演员都必须找到合适自己的用场，并顺应它；整个剧团应当逐渐朝着更大的一致性前进。帕斯卡认为戏剧是对美德之人的最糟糕的威胁，而在这里戏剧变成理解人类生活与世界进程的手段本身。这里，拉罗什福科站在冉森派的对立面：同他们一样，他对于人性持悲观看法，但是他的悲观不是绝望的，哪怕最残酷的描绘人心的画家也能留给我们一种生活艺术。

拉罗什福科与人文主义者一样对个人自我塑造的能力即某种我的自主有着某种信心；但是，这一特点是人文主义者与个人主义者共有的。确实，他将这种特权仅仅留给某些人；在这一点上，它与民主派的人文主义者之间的差别只是量的差别。在深层次上将他们区分开的东西首先是关于人类的一种假设：他认为自私自利与自尊心独断地支配着我们的行为，他将社会规范降低为针对个人私欲的（虚伪的）迟来的解药。至于他的道德观，你在其中不起任何特殊作用：他并不是要将你作为我的行为的终极目标。

<250>

波德莱尔的唯美主义

在旧政体中，精神权力被认为归属于教会，虽然民间的威权实际上可以任意妄为。从18世纪中期以来，另一个社会群体，即文人集团，渴望代替神父们的职位，渴望保罗·贝尼舒（Paul Bénichou）称作"作家的加冕"的东西。在法国大革命之后，这一梦想似乎触手可及了，因为基督教会失去了特权。拿破仑帝国未能让文人们接近权力，在拿破仑帝国倒台后，第一代作家——雨果（Hugo）、米什莱（Michelet）、拉马丁（Lamartine）——得以尝试着被人树立为同时代人的精神领袖。他们所捍卫的价值并不新鲜；所改变的是这些价值在什么地方得到肯定。

但是，幻灭紧跟在梦想之后。想要夺取精神权力的诗人与思想家们不得不面对现实：刚刚发生的改变比他们所期望的要彻底。不仅过去的演员——教会——遭到了辞退；连上演的剧目都不再是同一部，在新剧中，不再给有别于且独立于民族的精神权力掌握者任何角色。受到质疑的并非那些所谓人道主义价值——政治家仍然以此为依据——而是文人们要求掌握精神权力的权利受到质疑。在新一代诗人即波德莱

<251>

尔（Baudelaire）这一代诗人的思想中发生了一场颠覆。他们的长兄们还要求艺术应当高于公众生活。维克多·雨果高呼："当人民缺失法律，他们必须有艺术。如果没有先知，那必须有诗人。"（《对〈内心的声音〉的解释》[Notes explicatives des *Voix intérieures*]，484）当他们发现这种企图是徒劳无功的，幼弟们放弃了外在的等级，而选择从内部进行颠覆：他们不关心是否大多数人会追随他们的榜样，他们肯定说必须用一些美学价值来代替伦理价值。我们可以将这一选择称作唯美主义。

这种替代具有两种主要形式，两种都已经可以从波德莱尔的作品中找到。波德莱尔仍然怀有先前计划的失败带来的苦涩，抱怨"在这个世界上行动不再是梦想的姐妹"（《圣彼得的背弃》[*Le reniement de saint Pierre*]，I，122）。一方面，通过颂扬生活转变为艺术品，他与之适应；另一方面，他将艺术品的生产看作人生的圆满。

要求"美生活"，而非"好生活"，这就是在波德莱尔那个时代人们称作"公子哥"（dandy）的人的道德。"这些人除了在自身中培养美的认识，满足自己进行感受与思想的热情，他们没有别的事业。"（《画家》[*Le peintre*]，II，709—710）这种崇拜的头一种形式就是无条件地崇拜肉体之美；波德莱尔肯定：

身体之美乃最高恩赐
它能为任何丑恶之行获得宽恕。

（《譬喻诗》[*Allégorie*]，I，116 ）

<252> 同其他个人主义者一样，波德莱尔似乎越过了基督教传统而与异教道德会合：对于他如同对于柏拉图，美必然与善是互为一体的。但是，表面上的一致掩盖着重大的差别：对于柏拉图而言，身体之美是美德的一种可能的征兆，但是美德的存在是不一定的；对此的证明便是苏格拉底的丑陋。对于波德莱尔则相反，美是与丑恶共存的，但是美比丑恶更

有影响；这仍是对艺术（对表象）的一种颂扬，而不是对自然的歌颂。柏拉图的美的梯级在这里被颠倒过来。不仅仅是他的身体，"公子哥"的整个人都应当服从于这种审美理想，放弃任何其他无意义的要求，要么是因为美自动产生一种至善，要么是因为美可以让恶得到宽恕。

> 不论你来自天堂还是地狱，都无所谓，
> 噢，美！庞大、骇人、天真无邪的怪物！
> ……
> 来自撒旦还是来自上帝，有什么所谓？是天使还是塞壬，
> 有什么所谓，如果你——天鹅绒眼睛的仙女，
> 你的律动、香气、闪光，噢，我唯一的女王！——
> 如果你让这世界不那么丑恶，让当下的瞬间不那么沉重？
>
> （《美的赞歌》[Hymes à la beauté]，I, 25）

在"公子哥"这里，经验的质量胜过所有其他考量："对于在一瞬间之中发现了无限的享受的人，永恒的诅咒算得上什么？"（《恶劣的玻璃匠》[Le Mauvais vitrier]，I, 287）

不仅只有诗人要求美代替或征服善。埃内斯特·勒南（Ernest Renan）是学者和哲学家；但他在1854年写道："同样，我设想在将来道德这个词将变得不恰当，会被另一个词代替。就我的个人用语来说，我倾向于用审美这个词来代替它。面对一个行为，我更想知道它是美还是丑，而非它的善恶。"（《沙漠与苏丹》[Le désert et le Soudan]，542）但是，早在他1848年写作的第一部著作中，他就宣告："'你应该变得美，那么就每时每刻都去做你的心让你做的事情吧'，这便是全部的道德。所有其他准则从绝对形式上说都是虚假的和欺骗人的。"（《科学的未来》[L'Avenir de la science]，871）所以，行善就是像艺术家一样行事，因为行为服从于审美对和谐的要求，而不是服从道德对一致的要求。

"对于我而言,我宣布,当我做得对的时候,就像艺术家的行为是从灵魂深处提取美来将它实现于外部,我的行为同他一样是独立和自发的。有德行的人就是让美在人的生活中实现的艺术家,好像雕刻师用大理石来实现美,音乐家用声音来实现美。"(1011)如果美的内在标准(存在或者生命的各部分之间的和谐)被当作善的超验标准,那么审美便代替了伦理。唯美主义属于这样一种冲动,它想要将审美从一切道德、宗教或政治的监管中解放出来,它来自于为艺术而艺术的运动,其结果是所有这些领域的新的结合,但是这一次的结合是以美为主导的。

唯美主义的另一种变体是肯定该由职业艺术家来完成最高贵的行为,这行为就是书籍、图画、音乐的创作。于是,诗人的祈祷变成:"上帝啊天主!赐予我神恩,让我创作出几个美丽的诗句来向我自己证明我不是最低劣的人,证明我不比我蔑视的那些人差!"(波德莱尔,《在凌晨一点》[À une heure du matin],I,288)艺术创作在这里变成一种对生命的救赎;没有任何行为比这种行为更高等。这便是为何上帝在他宝座的边上为诗人留有一席之地。然而,因为并非所有人都是诗人,因此存在着两种衡量,两种尺度:一种道德给艺术家,另一种道德给普通人。"存在几种道德。有所有人都应该服从的切实可行的道德。但是还有艺术的道德。艺术的道德完全不同……还存在几种自由。有给天才的自由,还有一种给下流胚们的非常有限的自由。"(《给我的律师的说明》[Notes pour mon avocat],I,194)

同拉罗什福科的作品里一样,世界被分为有资质的人和普通人。存在两种道德,而且只有两种:有传统的道德,它是由外部强加;还有高等级的个人所奉行的道德,这道德就是产生美。正是在这一点上,波德莱尔的朋友,即曾经在《恶之花》(Fleurs du mal)的庭审那天为他辩护的巴尔贝·多尔维利(Barbey d'Aurevilly),与他有所分歧:"我们不认为艺术是人生的主要目的,不认为审美会在某一天统治世界。"(波德莱尔[译],《页边集》[Marginalia],II,342)

这却并不妨碍波德莱尔的后继者们同样也投身这第二条道路,而且他们人数众多。对于诗歌在公众生活中的作用,马拉美(Mallarmé)不抱有这位前辈的幻想,所以也不会有他那样的幻灭,他在给卡扎里斯(Cazalis)的信里写道:"一位现代诗人愚蠢到哀叹'行动不再是梦想的姐妹'。"(1863年6月3日)但马拉美却写出这一著名的表述:"在这世上,一切事物的存在都是为了达成一本书。"(《书籍,精神的工具》[Le Livre, instrument spirituel],378)而马塞尔·普鲁斯特(Marcel Proust)却对奥斯卡·王尔德(Oscar Wilde)的"倜傥风雅"(dandysme)、这种将艺术标准强加于生活的企图有所保留,他信服马拉美所选择的那种唯美主义:"真正的生活,也就是暴露的和放在明处的生活,也即唯一的完全体验的生活,那就是文学。生活的至高真理存在于艺术之中。"(《重现的时光》[Le Temps retrouvé],474 和 481)

唯美主义在哪些方面是与人文主义相异的?首先,在与他人的关系方面,尤其是因为以你为终极目标在唯美主义中不起重要作用。唯美主义可能拒绝也可能不拒绝他们的普遍性(波德莱尔是拒绝的),但是在任何情况下唯美主义对人类的群居性都不保留任何位置;因此,唯美主义仅仅以我的品质构成价值。人文主义学说既不肯定也不反对在伦理与审美之间存在最终的一致;但是,人文主义不允许将伦理诠释为是对审美要求的一种单纯的反映,因为对于人文主义来说,整个伦理都是属于主体间世界的。

<255>

第八章

适合人性的道德

现在,我们可以转向人文主义道德本身。为了审视这一问题,我准备接连提到法国人文主义的最重要的代表人中的两位——卢梭和贡斯当的思想。

卢梭认为人文主义道德应当同时反对两种态度,即毁灭共同价值,这是我们能够在那些我称为个人主义者的人身上观察到的;如同保守派所要求的那样,让价值服从教条,不论是否被认为来自于神圣意志的教条。人是"一种聚居性的生物,必须给他一种适合人性的道德"(《致博蒙书信》,969)。卢梭发现自己不得不同时与两种相互对立的思想划清界限。但是,在能够看清他的做法之前,我必须提醒大家注意卢梭的道德思考相对于他对于社会的政治学思考和他对个人的心理分析是如何定位的。

第三条道路

<258>

18世纪"启蒙运动"的支持者们认为,只要人类听从他们的教导,就可以治愈人类的弊病:通过致力于科学与艺术的充分发展,让它们变成人人可以企及,通过推广文明带来的好处,人们将会成功让繁荣与幸福主宰世界。卢梭第一次介入公开辩论是他的《论科学与艺术》[Discours sur les sciences et les arts],这是与他认为是种幻想的东西直接对立的:他反驳说,不,文明的扩张并不有助于改善人类的命运。人们提出的这种解救方法并非良策,而是因为没有正确认识人类的弊病。人是由自己的自由定义的,即由道德定义,而不是由知识,甚至也不是由智力;所以,通过推广知识并不能真正有助于改善人。卢梭从未停止从事科学与艺术,因为他不像他的对手们、那些"启蒙运动"的捍卫者所以为的那样,他并不"反对"科学与艺术;但是,对于人类,他有一种不同的观念。今天,当我们吃惊于像20世纪欧洲文明这样发达的文明竟然能够制造出奥斯维辛集中营和科雷马集中营这样恐怖的事情的时候,我们表现得就像是伏尔泰或达朗贝尔的弟子,他们对卢梭的警告总是听不进去:不是通过积累更多知识,也不是通过经常去剧院看戏,人类就能变得更好,即变得更有人性。"我们可以是人却不是学者。"(《爱弥儿》,IV,601)在这一点上,卢梭仍然忠实于基督教精神。

在扫除了"百科全书派"及其友人所提出的空想的解决办法之后(他认为这种空想只会让辩论更加混乱),卢梭也面对同样的问题。首先,人类的苦难是什么?是缺少良好举止、精细品位、文化吗?不。他的第二篇论文《论人类不平等的起源和基础》,寻求确定对人类弊病的精确诊断。人类的不幸来自于他们必须共同生活,而每个人却都想不顾其他所有人的利益来达成自己的目标。禽兽仅限于满足自身的需求。人对其他人加于他身上的注视获得了某种意识;所以,他情不自禁地将

<259>

自己与他们相比,将自己与他们眼中反射出的自己的影像相比。变得比别人更好,这同样意味着其他人必须比自己差;想要我的幸福,那就意味着造成他们的不幸。人们被贪欲与嫉妒吞噬,每个人都追求自己的幸福而不顾他人。不仅,他人变成了我的主人(他们决定我应该做什么),而且,他们成为我的敌人,而我应当消灭他们。如同卢梭在几年之后所说的,人的不幸来自于"舆论使整个世界对于每个人都成为必要的,让人们生来就彼此为敌,只能从他人的不幸中得到自己的利益"(《致博蒙书信》,937)。人类不可逆转地进入到社会状态,但是这种状态是可悲的:这便是他从自己的观察中得出的第一个结论。

人们如何来补救这种局面?有些时候,卢梭认为既然人类命运是矛盾的,个人的渴望与他所属的社会的渴望并不重合,那么解决办法在于选择两个元素中的一个而不顾另一个。"造成人类的苦难的是天性与社会建制之间、人与公民之间的矛盾。要么就把你的心完全交给国家,要么就让它完全属于自己,即便你要把你的心平分两半,那同样会把它撕裂。"(《政治学残篇》[*Fragments politiques*],VI,510)

<260>《社会契约论》以及其他政治学论著分析了第一种选择的后果,即将人完全交给社会,也就是"去除天性"——但是这里涉及的并非让所有人都有德行的理想社会。但是,卢梭虽然能够沿着这一选择的逻辑探索到底,他却并未真正忘记现代人不再是神话中斯巴达的居民,现代人不再同意将自己当作仅仅是社会实体的一个部分[142],而是将自己看作本身完整的整体——他也没有忘记让-雅克这个人在这样一个国家中将会是非常不幸的,在那里个体必须完全服从集体。所以,卢梭描绘一个理想国并不是为了让他的描述充当应该执行的纲领(而且这将会要求一场革命,卢梭是反对革命的),而是为了让人们拥有一种概念分析的工具,让人们理解和评判那些现实中的国家。卢梭在《爱弥儿》中综述了《社会契约论》的内容,他附上了自己对这种工具的使用方法:这不是行动的方案,而是一种思想工具。"问题不是要在我们之间首先建

立起真正的政治权利原则。现在,基础已经奠定,你们来审查一下人们在这基础上建筑的东西。"(《爱弥儿》,V, 849)

现实的政体永远不会符合《社会契约论》的方案。但是,在偏差中存在一些不同程度,决定个体对于制度的态度的是这些偏差程度。"即便根本看不到社会契约,但如果特殊利益像普遍意志一样保护他,如果公共暴力确保他不受私人暴力的侵害,如果他所见到的恶让他去爱善的东西,如果我们的制度本身让他了解并憎恨这些制度本身的不义,那看不到社会契约有什么关系?"(858)一个既定的社会如果允许其成员的批评精神得到发展——换言之,如果它允许他们区别理想与现实——而不是强迫他们声明这个社会就是人间天堂,那么它是可接受的(却不因此是完美的)。从中,我们看到卢梭关于社会生活的看法与极权主义的纲领的差距是多么巨大,但人们有时却试图让他为极权主义负责。

<261>

"社会的"解决办法并非真是种解决。卢梭的个人倾向将他引向他所设想的第二种选择:让人完全属于他自己!我们已经看到[144 及下文],他在自传作品中详细探索这一选择;但他最终承认:这条道路并不比前一条路更可行。而且,充其量只能适于(让－雅克)个人的东西无法推荐给所有人。所以,不论做出什么选择,失败都在窥伺着我们,卢梭苦涩地得出结论:人类永远不会有黄金时代。"原初时代的愚蠢的人们对它毫无感觉,它又逃脱了后来的开启智慧的人类,黄金时代的幸福生活永远与人类无缘,要么是在人类能享有它的时候未能正确认识它,要么是当人类可能认识它的时候却已经失去它。"(《社会契约论》,第一版,I, 2, 283)卢梭所提出的世界观和历史观比原始主义的世界观和历史观更加悲观:社会腐蚀人,但人只有进入社会才成其为人;人们无法摆脱这种矛盾。我们的使命同时就是对我们的诅咒。

然而,并非一切都已失去。当然,人是双重的。但是,难道人们不能尝试让这两个侧面相互适应,而不是选择其中之一?对这一问题的解决不是选择一个而放弃另一个,而是让这两种人格能够更好地相互理解；解决的办法不在于革命也不在于逃避，而在于教育，广义上的教育。矛盾的双方结合为一体，将自然的理想纳入社会的现实，卢梭在《爱弥儿》中最好地做到这一点，这部作品早于他的自传写作阶段，但他自己认为这是他思想的巅峰。系统化的论述（《社会契约论》）被证明是描述公民之路的适当形式，同样，自传即孤独个体的自传是一种特别适合描述第三条道路的文学类型：《爱弥儿》是一部混合性作品，既是个性的又是非个性的，既是虚构又是思考。这是在社会中培养理想的人（在卢梭用语中也是"自然人"的意思）的著作。"想要培养自然人，却并不因此把人变成野蛮人，将他放逐在丛林深处。"（IV, 550）"生活于自然状态的自然人与放逐在荒漠之中的野蛮人之间存在很大差别。爱弥儿不是一个放逐在荒漠的野蛮人，他是一个适于生活在城市中的野蛮人。"（III, 483—484）卢梭虽梦想着统一性，但他懂得客观看待自己，他在《致弗朗基埃书信》（*Lettre à Franquières*）中写道："我，是个混合的生命。"（1139）

  人的问题的解决不能靠完全服从社会，也不靠退隐到孤独状态。所有人都会同意这一点，但是如何超越这种贫乏的二元选择？人的第一条道路让他成为一个"完全社会的人"（就像人们所说的"完全电气化的"）；从字面上理解，人们可能会说这就是"社会主义"（或者应该叫"社会之主义"[sociétisme]？）；这也是唯科学主义者倾向的道路。第二条道路寻求将人限制为"完全个体的人"；所以，第二条道路就是个人主义的道路。但是，卢梭也设想了超越这种对立，他设想出通往这种对立之外的第三条道路，虽然他没有给这条路起专门的名字；然而，这条路应当被称作"人文主义"的道路，因为它既承认群居性，又承认个人的自主。这里，卢梭不再寻求去除人的天性，而是力图让天性适应现存社会，同时让自己的生活接近理想。"必须不断躲闪回避；必须运用许多技巧来阻止社会的人变成完全非自然的人。"（《爱弥儿》, IV, 640）彻底的孤独的确并不与自然状态相悖，但彻底的孤独与现实存在的人即在社会中生存的人的天性相悖。将人类的群居性加以升华而不是加于否定，这是有可能的，即便并非所有人都可以走这条路。在《新爱洛伊丝》中，我们读到"其他人只寻求权势和他人的注视"；但是，有一些人，即那些决意抗拒这种压力的人，他们到达了"甜美与和平"（I，60，165）。这一选择的可能性本身是最主要的东西。

早在他对社会进行思考的时候，卢梭就考虑到这第三条道路，虽然他始终未给予这条道路与前两条道路同样显著的地位。如我们看到在《论人类不平等的起源和基础》中所表述的，人类的理想的历史实际包括不止两个阶段。在自然状态（想象中的起源）与社会状态（当下的现实）之间，还存在着第三种状态，即一个中间状态，在这一状态下人不再是野兽，却还不是他后来变成的那种悲惨的生物：如果我们愿意，这就是"野蛮人"的状态；在野蛮人的状态，人类体验到最大的幸福。"人类能力的这一发展阶段，正处于原始状态的怠惰与我们自尊心的激越活动之间，这应当是最幸福和最能持久的时期。越是思考这一阶段，就越是觉得这种状态最少关乎革命，却是对人类最好的，大概只是由于某种倒霉的偶然性，人类才走出了这种状态"（《论人类不平等的起源和基础》，II，171）。

《致博蒙书信》用类似的词汇描写了这理想的"第二种状态"："人类开始注视同类，他们也开始具有一些对行为得体、公正和秩序的认识；他们开始感受到道德的美好，良心在起作用"；那时人类"在本质上是善的"。（936—937）这一状态调和社会真理与自然理想，所以它是可能的状态。卢梭不主张回归自然，同样也不建议回归这种"野蛮人"状态；但是，当他后来具体地探求用什么来代替我们生活于其中的这种可悲的社会状态的时候，他再次想到自然状态与社会状态的妥协，想到一种温和的或者混合的理想。

<264>

同样，必须重新谈到与上一组对立相关联的一组对立，即自我之爱与自尊心之间的对立［122—123］。不管怎样，虽然卢梭仅限于谴责自

尊心,自尊心被等同于我们的群居性本身,但他没有很大偏离他的前辈们划定的道路,比如拉罗什福科和帕斯卡,或者古代的斯多葛派。切中要害的问题是要了解建立在自尊心之上的那类关系——虚荣和想要超越他人的欲望——是否穷尽了整个社会领域,就如同前辈们所提出的那样,他们以此为基础来谴责整个社会生活;或者,还存在其他一些关系,它们同样是社会的关系,但是不属于相似性的范围,所以不会导致人们的攀比,不会导致取代别人的欲望,不会导致敌对。然而,在这一点上,我们能看出卢梭考虑到这属于另一类型的社会关系,隐约看到它对于人类认同的影响,虽然他用来指称这类关系的词汇不如"自我之爱"和"自尊心"那么通行。介于其他两种感情之间的这第三种感情,就是"对尊重的意识"(《论人类不平等的起源和基础》,II,170),即承认我们的人性尚未退化成虚荣和缺乏信任。纯粹的自然状态中人不关注自己的同类也不感觉自己被他们关注,在他臆想中的波兰纯粹的社会状态中,所有人"都互相关注"而且知道自己被人关注,在这两种状态之间存在一个中间世界,在这个世界中群居性是基础的既定条件,但是在这个世界里人们可以选择在群众的注视下生活还是退隐生活,选择生活在熟人中间还是隐姓埋名。

<265>

卢梭辨识出的第三条道路,如果我们仅限于关注他的学说的主干,它很可能被我们漏过,但它却具有特别的价值:第三条道路并不与其他两条道路彻底对立,而是纳入和勾连了它们的一些元素;前两条道路,各自本身都是严密的,却导致人类的苦难(因为必须要牺牲自己的一部分存在),只有第三条道路才包含着幸福的可能,因为它摆脱了那些常见的威胁。幸福虽不确定,但却是可能的。在对卢梭的评论中,这一事实很少被人提到:虽然,他可以通过假设来探索纯粹的自然状态或纯粹的社会状态,探索个人与社会,但是在他力图表述自己对于现实的人类的最佳命运的时候,他选择了"折中"。但是这究竟是指什么呢?

双重的存在

通过想象出爱弥儿的教育中的两个重要阶段，卢梭成功调和了人的存在的两个相对立的侧面（顺便说，这种对于教育的不断要求再一次表明卢梭绝不是原始主义者：孩子远不是生下来就完美无缺的）。我们已经看到 [104]，卢梭称为"消极教育"的第一个阶段，我们如今也可以称为"个人教育"，它是从出生一直到"理性的年龄"的——这里，大约是15岁。第二个阶段即社会教育阶段（或称"积极教育"）在此时开始，直到死亡才结束。第一阶段的目的是帮助在我们自身中发展"自然人"；第二阶段的目的是让我们适应与其他人一同生活。在第一阶段中，爱弥儿将学习"所有与自己有关的东西"；在第二阶段中，他将了解各种"关系"，获得"社会的美德"（III, 488）。

<266>

自然人只了解与事物的关系，公民的理想是要在这上面再加上与人的关系。这就是教育的第一阶段的原则；但这不是第二阶段的原则。"只要他仅仅靠身体的存在来认识问题，那么他就必须通过他与事物的关系来研究自己；这就是他的童年的用途；当他开始感觉到自己的精神存在，他就必须通过他与人们的关系来研究自己；这就是他整个一生的用途。"（IV, 493）"在孩子能够观察人之前，他观察事物。成人应当从观察自己的同类开始，然后如果有时间的话观察事物。"（V, 832）所以，个人教育首先针对身体的存在：它有助于训练感官，完善器官。它力图让孩子在物质方面独立（这与将人幼稚化相反）：为了让他的意志完全发展，必须不能让他需要"将他人的手臂与自己的挽起来"（II, 309）。这种独立显然不等同于自足，即孤独个体的理想：自足是成人生活的目标，更多与精神有关，而非与身体有关；独立对应于获得初步的自由，初步的自主：孩子学习自行其是。

这里，必须说，如果我们从字面上理解卢梭的论断，那么这些论断

<267>就变得难以成立。只有从来没有看到过一个儿童的成长的人，才能像卢梭那样认为与事物的关系和与人们的关系是逐次到来的，或者认为孩子会将他与人的关系简化为与物的关系："被按照年龄来教养的孩子是孤独的。他爱他的姐妹就像爱钟表，爱他的朋友就像爱他的狗。"（IV, 500）从经验上说，这是错误的，同样，像卢梭那样想象人们只有到15岁才开始关注他人，这也是错误的，会因此忽视从孩子一出生就将他与周围所有人联系在一起的那些关系（尤其是与母亲的关系）："人们开始对周围的人感兴趣；人们开始感到自己不适合独自生活；因此，心向着人的情感打开，变得能够依恋人。"（502）如果我们想为卢梭的这些见解重新找到某种意义，那么我们必须再一次让这些见解脱离它们被投射其中的时间轴线，必须将这两种形式的教育，即人格的两个侧面，放在同时性中进行考查，甚至脱离时间因素进行考查。卢梭的想法并非关系到儿童发展的两个阶段，而是关系到我们的存在的两个侧面，这是在我们的发展的任何时刻都存在的。

或许可以说，"消极"教育的目标就是获得独立。如我们所看到的[104]，首先是身体的独立（能够自己做一切事情），但是它是在社会生活中依然延续的。必须让爱弥儿即使生活在人们中间也不会服从于他从周围接受的观点的强制，而是让他"用自己的眼睛去看，用自己的心去感受，除了他自己的理性之外不让任何权威主宰他"（551）。他要的不是权威——不论权威来自于政治、社会还是家庭，不论它是被公开施行还是隐蔽施行——他宁愿依靠个人的良知和理性，依靠自己的理想所能表达的判断。从潮流的习见、窠臼和强制中解放出来，这种解放继续<268>并扩大对身体的独立的获取（这里，我们仍旧是处在我的自主的领域）。

这种强烈意义上的（不再是不确定性的意义）自由并非起始的既定的东西，而是教育的结果——它始终是不完美的。卢梭写道："人生而自由"（《社会契约论》, I, 1, 351），但是人类生而有依赖性：最初依赖于那些供给他生存的成人，随后依赖舆论，舆论赋予他们生活的形式。

消极教育是一种逐渐的解放,随着成长,人们越来越自由——直到有一天,他们开始变成自己的习惯的奴隶,或者重新堕入老年的依赖中。卢梭在这里更接近圣奥古斯丁,而非奥古斯丁同时代的伯拉纠,伯拉纠相信人一开始就是自由的;对于卢梭而言,自由是习得的——就如同人的个体性,还有人的道德一样。所以,不应该将作为人类的区别特征的自由与个人的这种逐渐获得的有条件的自由混为一谈。

第二阶段——或者不如说第二侧面——与家庭教育的完全不同。"爱弥儿不适合总是独自一人;作为社会成员,他应当履行社会义务。他适于与人们一同生活,他应当了解他们。"(《爱弥儿》,IV,654)在卢梭眼中,这第二阶段即社会教育阶段,这甚至是最重要的阶段。"直到此前,我们关心的只是孩童的游戏;现在我们关心的才是重要的。普通教育结束的时候正是我们的教育应当开始的时候。"(490)通过"消极"教育,个人达到内心的一致;他对自己行为的判断仅仅依赖于自己。此时出现了第二个考验,社会教育在为之准备。现在,行为必须满足所有人的共同标准;教育只能从人与人的关系的背景中才能发现这些标准(此处,我们在接近以你为终极目标)。

<269>

教育的两个侧面对应于卢梭认为的人类的两个"状态"(自然状态与社会状态)。在第一阶段中,人们重视孤立的生活及其能力;所以,必须避免借助理性与道德。相反,理性与道德在第二阶段居于核心地位。第一阶段的理想并非孤独的个体(而是让一个已经处于社会之中的个体能够依靠自身生活),而第二阶段的教育的目的也不是创造一个卢梭所谓的公民;新的道路,即爱弥儿的道路,不是通过机械地叠加取自前两种道路(即公民之路和孤独的漫步者之路)的一些元素来获得的。人类社会在这里是从它的最大的外延来理解的:所涉及的不再是一个国家,而是整个世界。在他的政治学论述中,卢梭已经考虑到这条社会与道德教育的道路,它是与公民的国民教育不同的:它化身为苏格拉底这个人物(在《政治经济学》这篇文章里)或者基督(《社会契约论》中)。卢

梭的人文主义在此处与他的"社会主义"分道扬镳，但这却仍然是一种个人主义：这一个体必须在与他人的相互影响中生活。

对道德的辩护

现在，我们开始隐约看到道德在卢梭思想中的地位。我们已经看到[126]，人类总是懂得区分善恶，这种看法是属于他的人类学说的；或者不如说：如果这种区分善恶的能力得不到证实，那么就谈不上人类。道德不仅是值得推崇的；而且道德是存在的。如果道德真的消亡，那会是可悲的。"人的心中的良知[对于卢梭来说这是道德的同义语]的声音不可能比人的认知中理性的声音更加微弱，道德的麻木不仁与疯癫一样是非自然的。"（《对话集》，III，972）懂得区分善恶，这属于人类的天性；即便存在例外，这些例外也证明不了任何与规则相反的东西：怪胎的存在并不消除人种的同一性认同。

在他的道路上，卢梭最先遇到的对手就是唯科学论者，或者如他所说，是那些唯物主义哲学家，他们否认这种区分善恶的能力，因为他们认为人的行为中的一切都是超越于个体之上的系列因果关系的结果；没有了自由，人类便必然没有道德。"为了不让讨厌的道德的指导来阻碍他们的指导，他们通过破除所有宗教、所有自由意志以及所有悔恨而从根基上摧毁了道德。"（967）

卢梭的指责是合理的吗？说实话，他的人文主义与唯物主义立场并不是不相容的（我们知道卢梭自己曾想给他的思想命名为《智者的唯物论》[Le Matérialisme de sage]，见《忏悔录》，IX，409）：问题在于这两种学说的目的不同。唯物主义是关于世界结构的一种假说；人文主义是一种关于人类的学说，在此之上建立起一些道德和政治理论。一旦唯物主义转变为唯科学主义，凡是存在的价值都被认为是科学发现的人类属性的必然后果，这时这两种学说才变得不能相容；在唯科学论中，一旦这些人类属性被人发现，个人意志就必须服从群体意志。

卢梭所了解的唯物论，首先将人化简为一种自私和孤独的存在，继 <271> 而宣称自私自利应当成为社会的法则。所以，卢梭所谴责的并非唯物主义本身，而是那个时代的唯物主义者们认为能够对人类做出的描述，即他们认为的人类应有之态所依据的推理。最好称这些人为唯科学主义者，他们的立场是重新将人置于麻木不仁的物质的水平，将人转变为物。通过让纯粹的人的规范变得与自然原因一样具有约束力，人们可以由此得到与自然原因相同的结果，这一直是唯科学主义者的梦想。"如果国家的法律能够像自然法则一样具有任何人力都无法抗拒的不可改变的性质，那么对人的依赖会重新变成对物的依赖。"（《爱弥儿》，II，311）这同样是施加于人的真实天性之上的一种暴力。

另一方面，道德受到个人主义者们的批判。说实话，想象人类服从一些不可更改的法律的那些"哲学家"，他们同样将自己当作例外，他们个人表现得像是个人主义者：他们认为能够自由选择最满意的道路。这就是狄德罗和格林的立场："要知道，人的唯一义务就是在一切事物上遵从自己的心之所向。"（《忏悔录》，IX，468）爱弥儿的家庭教师则警告他的学生，提防任何让自己的行为仅仅由心灵活动或由所体验到的快感的强度来引导的企图："所以，请你告诉我，只以自己的心为法则而不懂得抗拒任何他所渴望的东西的人会走向怎样的罪恶？"（《爱弥儿》，V，817）如果个体认为自己是完全孤独的，那么善就仅仅是快感的一个多余的同义词。

个人主义者们不否定道德态度，但他们企图每个人都以自己的方 <272> 式来判断：民族与民族不同，个人与个人不同。卢梭的辩护策略在此处有所改变。像蒙田所做的那样宣告文化最终会转变为天性，这对于卢梭已经不够：对于卢梭而言，某些价值具有附加的好处，那就是它们与他所认为的人类的天性一致。"人们告诉我们,天性只是习惯。这是什么意思?有些习惯难道不是被暴力强加的而永远无法压服天性的?"(I,247)卢梭提出与植物的类比,人们强迫这些植物的枝干横向生长。这并不是因为事实证明这种生长方式与自然的方式同样自然!天性不仅仅是一种最早的习惯。卢梭甚至说道德的重大原则是天下皆同的,较少受到习俗的影响。

在《爱弥儿》及同时期作品中,他对道德生活的看法是以基督教传统为出发点的,而不是以古代异教道德为出发点;他并不寻求确立一种生活艺术让每个人分别达到"好生活"的理想,而是立身于善意的视角,确立一种预先设定了人的群居性的关系。从某些方面看,宗教在这里是与道德结为一体的。"如果人生而属于社会,那么最真实的宗教就是最有社会性的和最有人性的。"(《致博蒙书信》,969)道德、自由和群居性总是结为一体的。卢梭甚至不愿设想一种不同于基督教道德的道德观念是可能的。"在任何国家,在任何教派中,爱上帝胜过一切和爱同类如同爱自己,这就是法律的概要。"(《爱弥儿》,IV,632)

当卢梭谈到基督教的时候,他进行的诠释是很有选择性的:他从中记取的正是这种善意的视角,即作为基础的群居性,以及它的普遍性。卢梭认为这是基督徒的一个特别贡献(从历史上看,这是不准确的,因为斯多葛派早就在捍卫"人类的社会"):"自然法权和所有人的博爱,这些健康的思想传播得比较迟,它们在世界上的进展如此缓慢,以至于只有基督教义将这些思想充分加以普遍化。"(《社会契约论》,第一版,I,2,287)卢梭没有注意到这种普遍性仅仅关系到人与上帝的关系,与人间王国无关(基督教义并不反对奴隶制)。同时,基督教义几乎被简化为卢梭称作"人的宗教"的东西:"通过这种神圣的、至高无上的、真正的宗教,人们同是上帝之子,他们互相认作弟兄。"(《社会契约论》,IV,8,465)

对于卢梭而言,不仅美德与道德只存在于社会中,而且它们就是对他人的存在的意识；它们是通过将同一态度推及到整个人类的可能性来获得定义的；公正是与普遍性联系在一起的。"我们关注的对象越是不直接与我们关联，就越不用去担心对人的个别利益的幻想；越是将这种利益普遍化，它就变得越公平，在我们身上，对人类的爱就是对公正的爱。"(《爱弥儿》, IV, 547) 对于人来说，忘我是智慧的源泉。"他越是关心别人的幸福，他的这些关心就越明智，他对于善恶的区分就不容易出错。"(547—548) 萨瓦省的本堂神父正是这样来用利他主义和自私自利来识别善人与恶人。"善人相对于整体来安排自己，而恶人相对于自己来安排整体。恶人让自己成为一切事物的中心，善人则权衡自己的半径，立身于圆周外围。"(602)

卢梭并非不了解，每个国家都应该对自己的公民有所要求，但他仍将道德的普遍原则置于这些要求之上（这是一种逻辑顺序，而非时间顺序）："首先让我们找到这种崇拜和这种道德，这将成为所有人共同的东西；然后，在必须进行国家的表述的时候，我们审视其基础、关系、适合度，在表述了属于人类的东西之后，我们接着再表述属于公民的内容。"(《致博蒙书信》, 969) 这种普遍的博爱，或者叫正义，或者叫道德，并不混同于对亲人的爱。

<274>

同时必须加以明确，卢梭的普遍性是普遍而不绝对。所有人都属于同一物种；却并不因此用人类的抽象概念来代替个体的人。那些"哲学家"们的过错在于他们最终要将每个个体转变为达成某种概念的手段。卢梭斥责"那些所谓的世界公民，他们自诩爱所有人是为了有权不爱任何人"(《社会契约论》, 第一版, I, 2, 287)。让我们提防那些为了捍卫人类而准备牺牲个人的人。"人类"的理想只有在不忘记它是由所有各自不同的人构成的，它才是可以被人接受的。

卢梭将基督教化简为两个表述，即人的普遍性和对同类的爱，他称之为"基督教的本质真理"；从此出发，他可以宣告这一学说"充当着所有良好道德的基础"(《致博蒙书信》, 960)，这也是他的道德的基石。

但是，当他在谈到建立在"所有人的普遍和共同原则"（971）的基础上的、"所有民族共同的"（975）、"本质的宗教"（977），他对术语的选择可能更为恰当，他所依据的是这个唯一标准：这种宗教是针对所有人的，它超越所有的疆界，因为"异教徒同样是人"。所以，这是"一种普世宗教，可以说它是人类的和社会的宗教"（976）。但是，这样的宗教正是人文主义道德。

对基督教道德的批判

卢梭与基督教道德的关系可归结为从中提取他所认为的基督教道德的核心内容吗？并非如此，因为他同时提出了几种批评，这些批评可以让人更好地把握他的立场。

首先，卢梭同意现代人对自主的选择，反对盲目服从某种来自于别处的法则，不论是来自于人还是来自于上帝，只要不是首先被个人接受的法则。正是因为这个原因，他同意"对于神启有所怀疑"（998），与普通信徒不同，他没有"这样的福气去从启示中看到他们认为是理所当然的东西"（964）。他想从自身中寻求善恶的标准，而不是从神圣话语中。出于同样的原因，卢梭宁愿服从他从福音书中发现的原则，而不是天主教的等级（从这一点可以看出新教教育对他的影响）。

人们可能想知道卢梭所援引的这种良知的自由是否会被他同时对"公民宗教"的吁请破坏，这种吁请尤其表现于《社会契约论》中，"公民宗教"是一整套应由国家来承担的规范。但是，如果我们看看这种公民宗教的内容，这种矛盾便消失了。卢梭所建议的是国家成为良知自由的保障者（因而确保对于善的多元概念），所以国家打击所有那些反对良知自由的人。唯一得不到宽容的是那些不宽容者："可能存在一些宗教，它们攻击社会的基础，必须首先消灭这些宗教以便确保国家的和平。"(《致伏尔泰书信》[*Lettre à Voltaire*]，1073)那些教唆人的仇恨的学说应当被人憎恨。《致博蒙书信》在提到"本质的宗教"的最起码的教条之后补充说："如果某个人提出教义来反对这种本质宗教，那就让他被当作社会根本法则的敌人而被驱逐出社会之外。"(976)如果某个人宣扬毁灭社会，那么社会有权利也有义务去反对他而捍卫自己。《社会契约论》关于公民宗教的章节重复了这一主题，在驱逐之上又加上了对那些故意逾越规则的人处以死刑，这当然是过分的；但是，这是因为卢梭此处描写的是国家逻辑，而非个人命运。如果个人不寻求通过(不宽容的)暴力手段来摧毁(宽容的)社会，那么他不会受到任何惩罚的威胁。

　　在其他方面，卢梭与基督教传统的差别更为明显。当人们问基督究竟谁是邻人，基督用善心的撒玛利亚人的譬喻来回答。这一譬喻包含两个独特元素。首先，它谈到一个受苦人，一个被抢劫而且受伤的人；再者，它将问题的中心转移了：对于"谁是我的邻人？"的问题，耶稣代之以"谁是受苦者的邻人？"的问题(《路加福音》[*Lc*]，X, 29—39)。所以，这一关系的关键不再是我，而是你。在基督教义中，个人的苦难可以被诠释为一种被神选择的标志：当我自己或者我的亲人们是幸福的，我们不能肯定这表明了上帝的意志；相反，苦难不可能是我自己想要的，所以它是上帝干预的标志。卢梭同样赞同这种对你的重视，在他的思想中别人的苦难不具有能与此相比的作用。在他的学说中出现的这种"怜悯"并非仁慈，而是一种同属于同一物种的感情。此处，受难者不具有独特地位，他仅仅给每个人提供了最方便的手段去将自己认同于他人，因此有助于对少年的教育。

　　卢梭甚至认为必须当心不要将同情心当作所有道德的试金石，因为同情心可能因此沦落为对自我的纵容和对他人的放任(当他们是邪恶的)。爱与友谊，它们是针对个体存在的，而非针对受苦的不相识的"邻

<277>

人"。如果想将它们加以普遍化——对于卢梭而言，这实际上是一种可取的转变——那么最好将这种善意扩及所有人，而非仅仅是那些受苦者；因此最好通过普遍性原则来以公义为依据，而非依靠基督教的仁慈（agapê）。"只有当怜悯与正义一致，人们才进行怜悯。必须通过理性、通过对我们的爱来怜悯我们这个物种，而非怜悯我们的邻人。"（《爱弥儿》，IV，548）人性的发现被归功于苏格拉底和耶稣，它更多属于普遍的正义，而非对受难者的同情。在这一点上，卢梭追随过去的其他一些哲学家，他们主张人依据理性行事，而非依据同情，但他们急忙补充说由于缺少一种理性态度（这是多么常见的情况啊），怜悯总归是唯一可以接受的态度。

<278>卢梭强加于基督教道德之上的最重要的转变此时尚未来临：这一转变发生在对恶的属性的思考之中。为了更好地把握它，我们可以依据它们在善与恶的源头之间设定的距离来区别这些道德概念。基督教义对这一问题给出了几种回答。教会为了自身的构成，需要将善认同为自己，将恶认同于其他人（犹太人、异教徒、异端），这并不足为奇；善超越了它在俗世的来源，它来自上帝，恶来自魔鬼。可以说，这样的诠释属于某种"外在的善恶二元论"：恶的来源是完全外在于善的来源的，它是超越我们的。

但是，在另外一些时候，善与恶却被看作内在于所有人的，但是它们来自对立的双方，这两个对立面被认定为肉体与精神，它们在此处是俗世与天国的同义语；善对恶的胜利是由精神对肉体的主宰来保障的，因为肉体属于撒旦，而精神属于上帝，就像圣保罗时时提醒我们的那样。恶通过原罪被引入我们身上，由于基督的牺牲，出现了善的可能。于是，我们面对着可称为"内在的善恶二元论"的一种看法（这是最初的摩尼教徒早已熟知的）：这种对立总是截然的，但是对立的两项在每个人身上都是特有的。这使基督徒有时候可以将道德从主体间框架分离，虽然原则上讲主体间框架就是道德的框架：过修道生活，蔑视肉体，拒绝快

感，这是种有德行的行为，虽然行为关系到的是一个孤独的主体。任何苦行都是福音书所记载的耶稣的教诲中没有的，但是后来苦行被引入基督教；对纯洁的要求辅助甚至代替对爱的要求。通过这第二种形式，基督教与在它之前的一些学说相近，比如柏拉图主义，也与在它之后的一些学说相近，比如康德学说。

面对肉体，卢梭个人虽感到一种恐慌，但他却在他的概念中（除了某些模棱两可的形式）拒绝任何形式的善恶二元论。恶不是来自于肉体，当然也不来自于精神：美德与邪恶来自同一个源头，那就是人的社会化（我们已经看到，即让人之所以成其为人的人性化）。善与恶的可能性本身是在人发现其他人的存在时出现的。这就是为何卢梭不能仅限于谴责我们的社会状态，虽然社会状态要为我们所有的缺陷负责：因为社会状态同样是我们最重要的品质的基础。"善与恶来自同一源头。"（《关于美德的书信》，325）《政治学残篇》中的一篇直接面对了这一问题。"他们的美德与邪恶肯定是从社会交往中产生的，从某种方式上看，对于他们来说一切都是属于道德范畴的。从道德上讲，社会本身是善抑或恶呢？答案依赖于对因社会而产生的善恶进行对比，依赖于对社会在构成社会的人身上产生的恶行与德行进行权衡。"初看起来，是恶胜利了；但是要避免太快下结论，因为在这些问题上，数量并不足够说明问题。"唯一一个善人的美德对人类的升华的程度要胜过所有恶人的罪行让人类败坏的程度。"（VI，505）

<279>

这是卢梭对于人类的始终不变的看法，他强调界定人类认同本身的那些特征的二元性：个人的完善是与人类的衰落同时的，他在《论人类不平等的起源和基础》中也是这样说的。人类的群居性，所有人都感受到的对彼此的需要，这是我们堕落的原因，但也是我们获得拯救的希望：这便是卢梭用来取代基督教教义的世俗的历史。

由于发现他人对自身的关注，即由于由此带来的对自我的意识，人类与动物分离，因而脱离自然状态，投入到一种自我改造的过程：如同

<280> 卢梭所说，人是可能变得完美的。然而，这种自由正是善恶的共同源头：两者的起源相同。在人身上，并没有一部分来自上帝，另一部分来自魔鬼。"抱怨上帝没有阻止他作恶，就是抱怨上帝给了人类杰出的天性，抱怨上帝让人的行为具有让人升华的道德，抱怨上帝让他能达到美德。"（《爱弥儿》，IV，587）

必须从中得出结论，卢梭的某些最著名的表述不应该从字面上来理解。人们往往以为可以这样总结他的学说：对于卢梭而言，自然人是好的，社会是坏的。然而，这两种论点都不准确。在自然状态，当然，人不作恶；但是，人也不行善：人无视他人，他根本不懂善恶概念的意思；这就是为何他还不完全成其为人。另一方面，社会为人开辟了同时通往善和恶的道路。无法设想人彻底根除了自身的恶：他会因此被去除他的人性。所以，当人们准备改造社会，以便通过革命者的方式用一代人的时间让所有人都善良和幸福的时候，他们不可以理直气壮地以卢梭为依据；因为不管社会多么完美，任何社会都无法消除构成人类共同生活的道德的二元性。如果说人是邪恶的，这并非某个社会的错：人是邪恶的，这是因为他们是群居的、自由的和道德的生物，换言之，这是因为他们是人。

<281> 此处，人文主义道德的基础是人文主义的人类学说；并不奇怪，从这一角度看，卢梭比较接近于蒙田。蒙田了解人可能感到"谋杀的快感"（II，11，432），但这并不会让人变得完全邪恶，而是让人变成一些双重的或者二元的生物；而且这种恶的快感是与善的快感不可分割的："在同情中，我们内心中感到某种看到别人受罪的恶意的尖刻而甜美的快感。"（III，1，791）这种快感并不具有独立的源头，它正是从对他人的爱中迸发的。或者，按照一种矛盾的表述："恐怕天性本身赋予人某种非人道的本能。"（II，11，433）人性再次让人意外：它本身包含着非人性。这种恶的倾向从何而来？来自于人们可以在没有他人的情况下生活这一事实本身。蒙田著作中最简短的一篇随笔在其题目中就提供

了一种解释:《对一个人有利就是对另一个人的损害》(Le profit de l'un est dommage de l'autre, I, 22),他提醒人们注意这种错综复杂的情况:每个人都追求获利,然而我们人数众多;所以,不可能在不损害他人的情况下得到满足。"如果每个人都扪心自问,他会发现我们内心的大多数愿望的产生与培养是不顾他人利益的。"(107)

人仅在社会状态,通过社会来发现善恶;但是,这一发现并不从这种或者那种意义上决定他,它仅仅提供"变成"善良或邪恶的可能。从道德的角度看也一样,人受到自身的可臻完善性的影响,即他的不确定性和自我改造的能力。再一次,卢梭的人文主义没有任何"天真"的东西,它不是把人想象得比他本来的样子更好,而是将人看作一种潜在性,能够向善,也能够为恶。这一选择使他区别于冉森派教徒,但却并未同基督教传统分离。"人们说上帝不欠他的造物们任何东西;我认为他欠他们一切在赋予他们生命的时候许诺给他们的东西。让他们认识到某种好处,并让他们感觉到需要,这本身就是许诺给他们的一种好处。"(《爱弥儿》,IV, 589)上帝不欠我们什么:冉森派的这一表述意味着我们在俗世中不应当期待来自上帝的奖励来作为对我们的德行的努力的回报。人不是自由地拯救自己或让自己堕落;拯救只能来自于神恩。与此相反,卢梭认为区分善恶的可能性本身就是上帝存在于我们自身的证明;但他同时认为并没有其他的证据。所以,应当由人来行动,去接近善。上帝的奖赏正是通过这种行动而体验到的安适感。

<282>

同样本着这种伯拉纠派的精神,卢梭继续说:"正统派的基督徒,他们是作为坚信的人活着,他们坚信不仅应当忏悔这种或那种事项,而且这样做就足以到达天堂了;我则相反,我认为宗教本质的东西在于践行,不仅必须做善人,慈悲的、有人情味的、仁慈的人;而且任何真的做到如此的人都足以相信自己会得到拯救。"(《致博蒙书信》,962)对于卢梭如同对于伯拉纠,原罪假设不再是可接受的(从这一点上说,教会有理由将他们视作异端)。但是与伯拉纠不同,卢梭不认为人能够变得

完美：社会状态无可改变地同时为他提供了恶行与德行。最初，人并非完全邪恶，但是他也不是善良的；对于卢梭而言，人必然的社会生活起着与基督教正统派所认为的原罪相同的作用。所作所为足以达到拯救，根本不需要神恩；但是这种拯救永远只是部分的拯救。人的手中掌握着自己的一部分命运，所以他自己要为他所达成的善和恶负责——如果他是完全邪恶的，这将是不可能的。

<283> 良知与理性

　　卢梭的道德概念既不同于个人主义者的生活艺术（因为他强调群居性），也不同于基督教道德（主要因为他对自主的选择），但与它们并不彻底对立；卢梭的道德概念向它们分别借取一些元素，将这些元素以一种崭新的方式布局。我们已经看到 [259]，卢梭将人类的存在看作双重的，既是个体的，又是社会的（消极与积极的双重的教育也由此而来）；这种区分延续到道德方面。同个人主义者一样，卢梭感受到与自我相一致的审美要求，但是他限制其范围。当涉及与同类沟通的问题，这一原则是不足的：他人的善并不会因为我与自己保持一致而增加。要求经验具有最大强度，要求个人内心的一致和存在的和谐形式，这些要求并非不合理；在很大程度上，这些要求让我们理解了为何人们可能感受到对某一个人的崇拜。但是，一旦拒绝对这些要求有所限制，并想要将它们扩展到整体存在，那么便不能再去捍卫这些要求。

　　加以限制的理由是这些价值没有考虑到人类的群居性。如果人独自活在世上，那么是没有问题的：内心的一致，其内在标准也因此是一种普遍标准。只不过，不存在孤立的人，我们的每个行为哪怕其唯一目的就是为自己获得内心的快乐，它仍旧对我们身边的人有所影响。必须考虑到对自己的快乐的追求对周围每个人和社群造成的后果；善仅仅存在于与他人的关系之中。因此可以划出一个界限，将个人性与社会性区分开来。在清晨一点钟在一个房间写出几句诗，像波德莱尔一样说话，这样的行为在界限的一侧；打破玻璃商的无色的玻璃以惩罚他没有为美化生活做贡献，这样的行为则在界限另一侧。内在标准不应被忽视，但是它们不能独霸，因为它们背离人们必然的共同的存在。 <284>

卢梭努力用良知的概念来克服普遍性与特殊性之间的对立，这是他的道德理论的关键。良知是人类的一个区别特征，它就是区分善恶的能力，所以它是人类自由的制衡物，没有良知，道德就没有意义："你是善恶的永远正确的裁判者，让人变得与上帝一样；没有你，我便感觉不到自己身上有让我超越于禽兽之上的东西。"（《爱弥儿》，IV，600—601）卢梭后来还说，这是人类身上的上帝的一个片段，证明"公正的基础在俗世生活的利益之外"（《对话集》，III，972）。所有人都有良知，但是每个人都以个人的方式具有它，良知仅仅存在于个人的精神之中，从来不存于诸如民族、种族或阶级这样的抽象实体中："在这些集体中从来没有任何对公正的无私的爱；自然只将它镌刻在个人心中。"（965）卢梭将对善恶的权衡置于每个人的内心，所以他仍然是忠实于基督新教的传统的。不能以为他在走向个人主义的专断：良知的法则是所有人共同的，它们隶属于对人类的定义本身，它们是上帝存在于人身上的部分，而上帝是唯一的。卢梭后来明确说出这些法则，即自主、目的性、普遍性。

良知，或者说道德判断能力，既要区别于感情，也要区别于理性。 <285>
感情因人因形势而异；良知在所有人身上都是相同的，它是我们共同归属同一物种的标志，因为它来自于将社会现实内在化。人拥有良知，因为他是人；这并不意味着不存在非人性的人，这些人让自己身上区分善恶的道路消失了。另一方面，理性同样是所有人共同的能力，但是它没有任何内容，它可能将我们引向任何目标。道德不会被化简为服从传统，但是卢梭并不寻求将道德建立在理性的基础上。"我不是从某种至高的哲学的原则得出这些规则,而是发现它们被自然用抹不去的字迹写在我内心深处。我只需问问自己想做什么就可以了:一切我感觉是善的都是善的,一切我感觉是恶的都是恶的——善恶的最佳裁判就是良知,只有在与良知斟酌的时候,人们才借助于巧妙的推理。理性常常欺骗我们;我们有充分的权利拒绝它;但是,良知从不骗人,它是人的真正的向导。"(《爱弥儿》,IV,594—595)

这并不意味着良知永远不会从理性中得到帮助。人能够享有两者的互补,而不必在两者中做出选择。没有良知,理性就是哑巴:"仅仅借助理性,独立于良知之外,人们不能确立任何自然法则。"(523)但是,另一方面,没有理性,良知就是瞎子,可能迷路:"只有理性才能教会我们识别善恶。良知让我们喜爱善而憎恨恶,虽然良知独立于理性,却不能脱离理性得到发展。"(I,288)"识别善,并非爱善,人并不天生能识别善;但是,一旦理性让他认识到善,他的良知就会让他去爱善。"(IV,600;另见《新爱洛伊丝》,VI,7,683)所以必须寻求两者的共同作用:道德概念是"理性照亮的灵魂的一些真正的情感",一种"我们原始情感的有序的进步"(《爱弥儿》,IV,523)。如同卢梭思想中常见的,这种综合立场不仅仅出现于他的思想发展后期,而是贯穿于他的思想,它是与一些更立场鲜明的视角相互竞争的;早在1751年他就写道:"如果没有精神与理性指引,最纯洁的灵魂也可能在向善的路上迷失。"(《论英雄的德行》[*Discours sur la vertu du héros*],1269)

人们还可能用另一种方式来展现良知与理性的互补性。在天主教传统中,个人对自己的良知并不会提出问题:他只要询问律法或者律法在俗世的阐释者即教会,就足以知道正确的道路。共同价值同样是由一个共同机构进行肯定的。这一结构可能存在于基督教之外:比如霍布斯想让国家与君主为所有人规定正确与不正确的事情;个人不应诘问自己,而是应该服从。在基督新教传统中则相反,教会的中介作用不再存在,每个人必须审视自己内心来从中听到上帝的声音。这赋予他质疑那些机构和法律的权利。留给个人的这种主动权正是让霍布斯害怕的东西：它难道不会直接导致宗教战争吗？

卢梭大致上追随加尔文教派的选择。但是，他首先关注将普通的个人倾向与良知的声音区分开来，他认为良知是所有人身上共同的，因为它是受到上帝的启发，这让他能够明确其内容。难道不能设想出两个个体的良知相互矛盾，设想天主教与新教的信念，基督教徒与穆斯林，信徒与无神论者的信念互不重合？卢梭并不从这些内容来审视问题，但是正是在这一点上理性可能介入其中。虽然良知的启发是普遍性的，但良知只能通过个体的表达来被人认识。理性则具有一些所有人共知的共同规则；所以，在人们的良知发生冲突的情况下，理性可以充当中间调解者。正是在这一意义上，"灵魂的情感被理性照亮"：理性提供了一个框架，普遍性在这个框架中被所有人识别出来。

<287>

义务与快乐

怎样行事才能满足良知的要求？在设定人的天性不是邪恶的而是中性的，或者不如说是不确定的之后，卢梭想象出一种善的双重形式：人可以到达善，或者通过遵循自身好的倾向，或者通过战胜邪恶。第一条道路是善良之路：就是服从于（一部分）天性。第二条是义务与美德之路：人们服从意志的指令，人们克服自己天性的另一部分。所以，一方面，善良的人"通过奉行公正而顺应自己的天性，而恶人通过敌意来顺应自己的天性。满足让我们向善的爱好，这是善良，而非美德"（《致弗朗基埃书信》，1142—1143）。另一方面，是有德行的人："美德不仅仅在于公正，而且在于战胜自己的激情，主宰自己的心。"（1143）

卢梭对于这二元选择中的两项不总是持有同样的判断。人们可能

<288> 会说，在纲领性的文字中，他偏爱美德，而不看重善良：善良是不确定的，因为它来自于我们之外，美德值得信任，因为它是我们自己意志的产物。"善良的人只有在他乐于这样的时候才是善的，在人类激情的冲击之下，善良会被打破，会消亡；仅仅是善良的人，他只是善待自己。"（《爱弥儿》，V，818）相反，有德行的人是在了解原因的情况下行事，因为他的意愿是好的；他值得因自己的行为得到赞许。卢梭思想中道德的这一侧面，康德后来将之加以系统化。

但是，在另外一些时候，特别是在更为私密的文字中，卢梭对本性的善良比对意志的美德表现出更多好感，或者至少表现出一种遗憾，惋惜美德总是代替善良。他想象一个与自己相似的人，他行善是由于自然倾向而非因为义务，卢梭评论说："他善良是因为天性使然；他行善是因为他这样做幸福：但是，如果涉及的是打击他最珍视的欲望，撕裂他的心去履行义务，他还会同样那么做吗？我对此表示怀疑。自然法则，它的声音至少达不到那么远。必须要有另一种法则来主导，必须让天性噤声。"（《对话录》，II，823）当善与自己的快乐相反，必须要让义务来代替天性；最好的办法就是避免让自己陷入这样的冲突中。此处，卢梭更信任我们的善良本能，而不是强加的美德。"自然本能肯定比美德的法则更加可靠"，他这样写道。（864）只要听凭我们自身的自然的善良做主，与通过美德得到的结果相同，甚至更好。

<289> 在《漫步遐想录》中，卢梭在这一方向上走得很远，以至于他走出了人文主义的框架。他不再确信他的倾向是好的，但他仍然决心服从这些倾向。现在，他准备放弃对善良的奢望，满足于欲望的简单满足给他提供的幸福。"在我所处的情况下，除了在一切事物上都遵从自己的不加限制的倾向，我不再有其他行为准则。明智的办法是在我力所能及的范围内做讨自己喜欢的事，除了我的兴趣别无其他规则"（VII，1060）。但是如何肯定讨自己欢心、满足自己倾向的东西同样对他人是合理的，而不仅仅是对自己？采用一种纯粹个人的标准，这可以确保人的经验的

质量，却不能告诉我们关于美德的任何东西；此处，卢梭立身于"善与恶之外"。

但是，他想从这种态度中看到"大智慧甚至大德行"（1061）。然而，没有什么东西来支持这种要求。个人可能因不加限制地将自己交付给自己的倾向而感到幸福；他却无法在不预先改变词义的情况下为自己要求智慧和美德这些词。实际上，卢梭在这里拒绝追求道德，而是致力于追求一种生活艺术。他知道两者并不一定相辅相成。比如在《爱弥儿》的一个段落中，他苦涩地写道："一个幸福的人的样子不是引起其他人的爱，而是引起他们的嫉妒。"（IV，503）怜悯是人自然有的东西，但是如蒙田所言，嫉妒和恶意的快感同样也是；我们不一定不更愿意看到周围的人全都不幸而非幸福。如果情况如此，我们还能信任我们的心和我们的选择吗？只要预先宣布自然倾向比那些舆论产生的倾向更加可取就足够了吗，我们确定总是能够区别出两者吗？这样的立场与个人主义者的立场不再有什么区别。

此处，卢梭面对着确定欧洲道德思想史的格局的一个重要的二元对立，即幸福与美德的二元对立。我们已经遇到过一次［235］，它帮助我们定义个人主义者的生活艺术；我们主要从中记取它关于群居性的内涵。这里我们要从它本身来重新看看这一二元对立。古代的道德旨在与自然的和谐，其目的是幸福。对于基督教道德而言，天性受到原罪的影响，基督教道德渴望的是善。或者应该这样说：每一次都是这两项中的一项服从另一项，对方充其量是个可选项而已；但是，每次两者的等级关系是不相同的。这里是美德获胜，那里是幸福获胜。在这两种传统的每一种内部都同样能够找出这一对立。比如斯多葛派的主张如果简化到极点，就变得与基督教接近，那就是：美德即幸福，你们要有德行，你们将会幸福。犬儒派的主张则相反，还有犬儒们的现代弟子，即个人主义者与功利主义者：幸福即美德，除了渴望幸福的德行别无其他美德（从这个角度看，蒙田是个犬儒派）。

<290>

卢梭了解这两条道路,他可以借取任何一条。他如下表述了第二条道路:"做个义人,你将会幸福"(《爱弥儿》,IV,589);"行善"仍旧是一种"享受生活"的方式(V,771)。但是,这种逻辑关系并不明显,卢梭知道善良和美德并不足以幸福;只是如果没有这些,人肯定不幸福。"美德并不给人幸福,但是只有美德才教人在得到幸福的时候享有幸福",他在给德·奥弗维尔(d'Offreville)的书信里这样写道。(1761年10月4日;IX,147)第一条道路更接近《漫步遐想录》中的道路:我享受生活,所以这是正当的。

当这种二元对立表现为在全部和乌有之间选择,那么便存在某种不尽如人意的东西。将这两个选项分别来看,人文主义者无法从任何一项中得到满足。将个人的幸福变成终极目标,这就是忽视人类的共同生活。但是,要求人服从义务和美德,这意味着不太多考虑个人的自主。同样不可能逃避两个选项中的某一项。放弃美德、义务、意志,这是危险的:并非我们所有的倾向都是好的,必须对它们加以控制,这种控制要考虑到他人的利益,也要考虑到自身利益。但是,另一方面,放弃幸福,即放弃对善良的珍视,总是努力战胜自己的激情,这也不会更能让人满意;除非我们得出这种矛盾的结论,认为只有恶人才可能是有德行的:因为善人没有任何东西需要克服!

此处,如同对于自然与人为之间的关系(而且出于相同理由),人文主义的立场不是选择某一项,而是超越于选择本身。这如何可能呢?康德的一个表述提到这种对平衡的追求,这也是卢梭渴望的,虽然卢梭并不总能意识到这一点:"伊壁鸠鲁想要赋予美德某种动机,他剥夺美德的内在价值。芝诺(Zénon)想要赋予美德某种内在价值,他却剥夺它的动机。只有基督赋予美德内在价值和动机。伊壁鸠鲁教人们追求幸福,而不一定要特别有尊严。芝诺教人有尊严,而不以幸福为目的。基督教人幸福,同时有尊严。"(《政治学残篇》,XIX,6838、6894)

美德与幸福之间、义务与善良之间的张力在爱之中得到解决。卢梭写道:"对自己的爱以及友谊(即分享对自己的爱)除了启发爱的那种感情别无其他法则;人们为朋友做一切事情,就像为了自己,不是出于义务,而是出于快乐。"(致索菲·德·乌德托的书信,1757年12月17日;IV, 394)快乐,即爱中的幸福,它通往善。通过他对爱的阐释,通过整合天性与自由,卢梭还可以设想善与幸福的结合:爱让人幸福,同样爱产生善。享受本身不是善,但是善可以变成享受:比如在爱之中。此处,人不再是孤独的,同时他不违背自己的倾向。必须爱自己才能接受自己和接受世人:这是《漫步遐想录》所探索的道路,也是蒙田所走的道路。必须倾向于利他主义而非自私自利,必须渴望美德,如同《爱弥儿》所教导的那样。但是,还必须了解我们需要爱他人,他们的幸福造就我们的幸福。

<292>

通过将你作为我的行为的终极目标,人文主义对爱的观念与道德的观念相会合;但是,道德是束缚,而爱是快乐。蒙田早就指出过爱的主宰可能超越义务的道德:"某些朋友们的团结真的很完美,这种团结让他们失去了对某些义务的感觉。"(I, 28, 190)区别这两种力量的不是它们的目的,而是它们的作用领域:人们只可能爱某些个人,而人们却可能对所有人都具有道德。私人生活与公众生活各有其原则;必须将两者协调,而不是混同;让它们互补,而不是冲突。区别这两种力量的,不是它们的意义,而是它们的存在方式:道德属于意志,爱却不是。这便是为何要用道德来弥补爱。但这也是人不应有任何"骄傲"的原因:人永远无法完全成为自己命运的主宰,因为他永远不能控制他的爱。如果人的行为完全隶属于意志,那么控制了意志就足以产生一个符合预定计划的新人。但是,卢梭是人文主义者,而非唯科学论者;他不相信人是无限可塑的材料,人既非由自己掌握(一切都是意志),也非由上帝掌握(意志是乌有)。人是双重的,或者说是混合的;他必须有道德和爱。

<293>

善意既非自然,亦非人为;善意在于培育我们身上既存的东西。因为发现自己是群居性的,人感到有感情寄托的需要。因此,爱与友谊是

人的构成成分。这便是为何在对真实性的要求与对美德的要求之间没有矛盾,两者皆存于卢梭的思想之中。真实的人,即首先对自我忠实的人,他并不因此是孤独的,也不是自私自利的:为了真正成为自己,必须经由他人;没有了依恋,人就不再真正成其为人。有可能在真实性中消亡的不是卢梭思想中的有爱心的或者德行的人,而是萨德思想中的自私自利的人。通过爱,人们不是在牺牲自己的存在;人们是在成就自己的存在。

但是,通过爱一个人,我爱他胜过他人,我也想让他爱我胜过他人。"随着爱和友谊而生的是纷争、敌意、仇恨。"(《爱弥儿》,IV,494)但是,道德行为本身同时由此而来:"从爱与恨的情感中产生出最初的善与恶的概念。"(522)人们明白为何教育如此重要:构成我们的那些激情本身既非善亦非恶,它们只会变成善或恶。

天性和意志,必然与自由,它们是可以调和的。人是一种不完全确定的存在,潜在地能够变成善的、恶的。一切皆有可能,没有什么是完全肯定的。不应该反对天性,也不应该服从天性:必须从天性中做出选择,引导天性。向善的倾向存在于我们,但是如果不加以培育,它就会枯萎和死亡。"自然与秩序之永恒法则是存在的。它们为智者充当着实际的律法;它们是由良知与理性镌刻在心底的;为了获得自由就必须服从这些法则。"(V,857)奴役与自由在此找到某种一致。

<294>

脆弱的幸福

对别人行善,就是将别人当作自己行动的目的;与基督徒不同,卢梭不是通过人类去达到上帝,也不旨在任何抽象概念。爱是对善的完成,并不成为一种美德:人们不是因为义务而爱,而是因为快乐。通过爱，关于善的道德、关于幸福的伦理、对善意的理想和对"好生活"的理想得以会合在一处。

卢梭所憧憬的人的幸福，与其他关于幸福与"好生活"的理论家们所说的幸福并不相似。他的探寻不可能得到彻底的答案。卢梭思想里的人（他与卢梭这个人不同）不渴望使人能接受生活的多样性的这种睿智；他绝不会说存在的就是合理的。像蒙田一样说人永远无法克服自身的不完美，这对他已经不够，他不同意蒙田的这种恬淡。另一方面，他不再可能借助于与上帝、与这无限的不可能出错的存在的直接关系让人获得的那种确信。卢梭的人的幸福局限于严格意义的人类范围。正因为这个原因，这幸福总是受到威胁。

就像是为了让我们警惕轻易的乐观，在他为《爱弥儿》写的未完成的续篇《爱弥儿与索菲》（*Émile et Sophie*）中，卢梭讲述这对男女分开来，遭遇新的磨难。但是，早在《爱弥儿》中卢梭就让我们对这种结局有所准备：这种结局属于人类的命运，由于需要他人，由于生活在依赖之中，人具有其构成上的不完整性。人必须依靠他人来达成幸福，而他人却同他一样是有限的，不值得信任，因为他们自己的欲望是多重的和多变的。"如果我们中每个人都不需要他人，他就不大会想与他人联合。因此从我们的残缺之中生出我们脆弱的幸福。"（IV, 503）

卢梭说，没有他人就没有幸福。"每个人都会感到自己的幸福根本不在于自己，而是依赖于周围的一切"，他在《关于美德的书信》（325）中这样写道；他在《爱弥儿》中写道："我想不出什么都不需要的人能够爱什么；我想不出什么都不爱的人能够幸福。"（IV, 503）人们幸福是因为爱，人们爱是因为如果没有了他人的话，人就是不完整的。但是，如果我们的幸福仅仅依赖于他人，那么他人便拥有能够摧毁幸福的潜在的手段。"我们生活的惶惑更多来自于我们的情感而非我们的需要。"身体的与物质的需求当然首先应当满足；但是，构成人类生活的本质的东西却是情感，而情感是依赖于他人的。"人的依恋越是增加，他的苦痛就

<295>

更多。"起初，增加依恋是强化自己的存在感；但是，因此而使自己依赖于他人，人们会有无尽的风险。因为"我们所爱的一切迟早会脱离我们而去，而我们依恋于它们，好像这一切会永恒持续下去"（V，816）。在爱之外不存在幸福，但爱却是脆弱的。

  那么怎么做呢？要将自己禁锢于骄傲的孤独之中，就像斯多葛派所主张的那样，省得以后失望？如同教会的教父们和帕斯卡所建议的那样，超脱于俗世的财富，而仅仅无限热爱唯一的无限的存在即上帝？卢梭大概乐于相信灵魂的不朽，他同样重视灵魂的不朽在俗世的等价物，即由人的作品所确保的不朽。但是，在他思考平常人——他告诉我们，平常人毫不逊色于那些"哲学家"——可行的道路的时候，他仅仅承认所有人都能企及的道路：依恋、友谊、爱以及它们不可避免的幻想和失望的成分。

第九章
对热忱的需要

道德与人类学说紧密相关,即便人们拒绝将道德建立在人类学说的基础之上:必须了解人类是怎样的,才能确定想要人类变成怎样。然而,在欧洲历史上,一种人类形象比其他形象更具影响力,以至于这种人类形象在保守派与唯科学论、个人主义思想中均能看到,虽然它们各自从这一形象中得出的结论不同:这就是一种本质上孤独和自私自利的人的形象,是由"人对于人来说是狼"这句俗语所总结的形象。此处,关键词变成"利益":用这个词来说明主宰人的行为的动机。邦雅曼·贡斯当的道德学说正是建立在与这种人的概念的冲突之中。

如果立身于基督教背景之外,法国的拉罗什福科是利益学说的首位雄辩的代言人;所以,我们可以从了解他所提出的利益学说的版本着手。

利益的主宰?

《道德箴言录》整部书的题记是这句话:"我们的美德往往是一些伪装的恶行",这句话来自被删去的一则箴言(第一版的第181条),这则箴言原本明确指出完成这项伪装工作的就是自尊心。在整部书里，拉罗什福科都提及这一主题，他谈到掩盖激情的面纱（M12）、隐藏的欲望、秘密、意志所走的迂回道路（M54）、掩饰（M62）、伪善（M218），"我们的所有美德"实际上"只是一种假装诚实的艺术"（MS33），只是"由我们的激情构成的一种幻影，人们给予它诚实之名，为的是不受惩罚地做自己想做的事情"（MS34）。在集子的最后一则箴言中，他将自己著作的主题总结为"所有表面上的美德的虚假"（M504）。

可以说这是拉罗什福科的箴言的首要意义之一：向我们指出我们天真地当作美德的东西，哪怕是出于最高尚的动机而完成的行为，其实只是我们自私自利的产物，是由于我们渴望为自己的利益服务——自私与利益却小心地为它们的作用戴上遮羞（或"美德的"）面纱。拉罗什福科的目的是向我们揭示我们的渺小，让我们不可能对自己有高度评价，是为了"羞辱人心中充斥的可笑的骄傲"，因为人们满足于"美德的骗人的表象"（《致托马斯·埃斯普里》[À Thomas Esprit]，1665年2月6日）。我们所有的道德都是伪善：这是因为我们的利益在于顺应道德。"人们指责恶行，赞扬德行，这仅仅是出于利益。"（MS28）我们声称以善的名义完成的事情，其实是出于自私自利。"如果人们看到所有那些产生行为的动机，我们会经常为我们最高尚的行为感到羞耻。"（M409）

确实，在卷首的开场白中，拉罗什福科特意肯定说他的分析涉及的只是异教徒的德行，而非基督教所培育的美德。"古代的异教哲人们所大肆宣扬的德行，是建立在虚假的基础上的"，他在给托马斯·埃斯普里神父的信里这样为自己辩解。用美德的表象，人自欺欺人——但是，只是当"丝毫没有基督教信仰介入的时候"，在人还"没有受到基督教义的支持与驯化的时候"才是这样的（1665年2月6日）。所以，存在一种德行，它似乎得到拉罗什福科的赞同：那就是谦卑，这是"基督教德行的真正证明"（M358）。承认我们的缺陷、我们的邪恶、我们的无知，这实际直接与自尊心的利益相反。但是，拉罗什福科很快就反悔了：

<299>

这种德行不仅十分罕见,而且它还会受到它的对立面即骄傲的操纵,于是它变成骄傲的最佳的伪装:"谦卑往往只是一种伪装的服从,人们利用它来征服他人。"(M254)

许多箴言不仅再次肯定这一教诲,而且效仿卷首题记的句法结构。可以如下表述:"A(某种美德)往往(这是谨慎的说法)只是 B(某种恶行、激情)(的伪装)。"我们可以找出很多例子,这是一种真正的生产箴言的模子、机器。"对公正的爱在多数人身上只是对遭受非正义的恐惧。"(M78)"表面的慷慨往往只是一种隐藏的野心。"(M246)"多数人身上的忠诚只是自尊心的一种发明"(M247),凡此种种……

所以,人们的所有行为都是由他们的利益支配的。确实,拉罗什福科担心他的诠释原则被无限发挥,在《道德箴言录》第二版的"致读者"(Avis au lecteur)中他赶紧加以明确:"'利益'这个词的意思不总是指财富意义上的利益,而常常指荣誉或荣耀上的利益。"这一说明让他的论断更容易加以捍卫,但是大大削弱了这一论点最初的彻底性:如果人类活动的主要激励物不是对物质财富、自私自利的满足这类好处的渴望,而是对光荣与荣誉的向往,那么人们怎么可能脱离他人,既然他人是唯一可能提供这些激励的?人自身不可能自足。当拉罗什福科肯定"人们从不是毫无私心地称赞人"(M144),必须从两者中选一样:要么"利益"这个词保留其普遍意义,这样一来它不足以涵盖所有的褒奖;要么它的意义扩展到包含任何对满足的要求,这样的话,它正好适用,但是这样的普遍性不再能为我们说明什么。

<300>

利益与感情

在19世纪初,邦雅曼·贡斯当尝试建立反对利益说的一套论证。

我们知道，在他的青年时代，贡斯当自视为爱尔维修的门徒，继拉罗什福科之后，爱尔维修将利益概念当作他的哲学的试金石。在他最初的论著中，比如《论共和国宪法》(La Constitution républicaine)中，贡斯当要求人们考虑到利益问题。普遍意志是由共同利益引导的；而共同利益来自个人利益的结合：贡斯当不喜欢沉湎于笼统词汇而不去弄明白这些词对应哪些个人现实。要想让一种政治结构牢固，就必须让它符合参与者们的利益："这些原则的保障在于统治者与被统治者的利益，在于这一利益所产生的公众精神。"(VIII, 11, 420) 终其一生，贡斯当都提醒自己不要忘记人类行为的这一首要驱动力。"虽然利益并非所有个体的行为的动机，因为有些个人的更高贵的天性让他们超越于自私自利的狭隘观念，但利益仍然是所有阶级的动机。"(《费朗吉埃利全集》，I，5，204) 在他的《日记》中，贡斯当对人类行为的这一首要动机给予了多种说明：只要从各位活动家的公开的目的之外去寻求，就能发现利益。

按照自身的利益行事，这是所有人的共同特点，这与特权与荣耀不同；因此，在以平等理想为基础的世界观之中，利益容易有自己的一席之地。尊重每个人的利益，就是赋予每个人同样的尊严。但这却不足以为像爱尔维修或拉罗什福科那样仅仅使用这一概念来对人类行为进行分析提供合理解释。在19世纪初，在贡斯当翻译戈德温著作的那一年里，他研究边沁(Bentham)的著作和普遍意义上的功利主义思想，这一思想以"不言而喻的利益"的概念为依据，与利益为动机相对应的内容往往伴随着某些保留：利益存在于人的行为中，但是它不足以解释一切。正是从这一刻起，贡斯当的人文主义与他们的个人主义分道扬镳。一种仅仅拥有利益这一范畴的普遍人类学说是一种瘸腿的学说。这便是为何贡斯当对那些他觉得支持这一学说的人（不管从历史上看他是否正确）进行批判分析：古人中的伊壁鸠鲁（《论古罗马多神论》，VIII，1），现代人中的则是爱尔维修本人（见《论宗教的起源、形式与发展》，"前言"；I, XXXI）和边沁（见1806年的《政治学原理》），也就是说对功利主义进行批评。

　　首先，必须弄明白这个词的意思。我们刚刚看到 [300]，拉罗什福科试图扩展这个词的意思，让它包含任何对于主体直接或间接有利的东西；按照这一用法，利益可能存在于为了人类的福祉而牺牲个人福祉的行为中；在这个词的普通意义上说，所涉及的总是个人利益。但是，卢梭早已警告过这样扩展词义的危险，这会剥夺这个词的所有区分效力。"人们说每个人都是出于自己的利益而促进公共利益；但是，义人不顾个人利益而推动公共利益，这是为什么呢？为自身的利益而赴死这要怎样解释？大概，没有人是完全为了自己的利益行事；但是，如果不存在一种人们应当加以考虑的道德上的善，那么能够仅仅用利益来解释的就永远只有那些恶人的行为。"（《爱弥儿》，IV，599）在与此同一时期的一封书信中，卢梭更详细地进行了解释。从普通意义上说，任何行为的完成都不是反对主体利益的（反对"自我之爱"）。但是，这里必须区别寻求获得金钱上的好处的商人利益与"精神或道德利益"，后者不损及任何人的利益，致力于"我们的绝对福祉"（《致德·奥弗维尔》，1761年10月4日；IX，144）。

　　在同一意义上，贡斯当多有论述：如果自己的利益在于给他人好处，那就不再谈得上"利益"；唯一的真正的"利益"是直接服务于自私自利的利益，不通过义务的概念或者外在于自己的受益者来充当中介。"不言而喻的利益？这可悲的体系建立在一种荒谬的模棱两可概念的基础上，它必然任由激情充当这种利益的裁判者，将最自私自利的个人算计与最崇高的献身精神放在同一水平线上，用同一个名词来让它们变得贫乏无力。"（《论宗教的起源、形式与发展》，I，3；1，73）因此，最好放弃"利益"一词或者"功利"一词的这样制造混乱的用法。

<303>

　　试图用利益来解释一切，贡斯当对此的批评有两类：要么是道德上的批评，要么是从事实上来批评。如果人们认为主宰人的只有利益，那么人们就不得不放弃任何道德（《政治学原理》，II，7，64），而我们对

自身的认识会影响我们的行为：认为自己是不道德的人会变得不道德。但是，如果拒绝这一主张的理由只是因为采用它而可能造成的后果，那么人们并不是真的脱离了这一主张，因为这样做的话就是按照其功用来判断这一原则。因此，贡斯当提出第二类理由来拒绝利益的绝对主宰：利益不能解释人类的大部分行为，即人类灵魂"独立于甚至背离于自身利益而受到征服、主宰、激励"的能力（《论宗教的起源、形式与发展》，"前言"；I, XXVI）。贡斯当习惯上用来说明这种能力的例子是宗教感、爱、热情、奉献精神（后文我们还会谈到 [307]）。此处，以人的本来状态的名义，而非以人的应有状态为名，利益遭到排斥。

唯一以利益为主宰的理论是错误的，但是这一理论并不因此而得不到广泛传播。在近代历史上，这一理论甚至有过一个强大的化身，即拿破仑本人。据贡斯当看来，这位皇帝所奉行的哲学可归结为这一原则。拿破仑就是"精于算计的化身"（《征服的精神和僭主政治》，"附录"，2, 259）。"他不将人看作有道德的生物，而是当作物品。"（《百日王朝》，II, 1, 206）"人类的使命只是其自身的利益，他们只服从于强力，只配受到蔑视"，这样的信念在贡斯当看来就是拿破仑精神的特色（I, 6, 130）。他的政治学正是建立在对人类的这种观念的基础之上："如果人心中只有利益，那么专制只要威吓利益或者引诱它就可以主宰它。"但是，这种有害理论的责任不仅仅在于拿破仑。在 18 世纪，绝对君权早就奉行和推广这一理论，绝对君权信奉的是一种"野蛮的"犬儒主义；另一方面，这一理论又受到"启蒙运动"的唯物思想家们的推崇，他们庄严断言"人的动机只是自身的利益"。然而，事实却对人们有不同的教诲：拿破仑的专政得到民众自身的鼓励，他们喜欢服从于强者。众多的人"急于受到他的奴役"（《征服的精神和僭主政治》，"附录"，2, 260），而且贡斯当没有忘记在 12 年中他看到的只有"哀求的手在努力获得锁链"（《百日王朝》，II，"第八则说明"，303）。岂能仅仅从中看到某种"利益"的显现？

<304>

这一理论的贫乏最终导致拿破仑的败亡；同时，这种败亡本身说明了理论的虚假。"想要认识人类，仅仅蔑视他们是不够的"，贡斯当大声疾呼（《征服的精神和僭主政治》，I，4，128），他以此反驳现代西方思想的大潮流。真理会得到信服，即使要花时间。这里，我们隐约从中看到保留给作家与思想家们的职责：批评与改善对人和社会的共同认识的职责。拿破仑的专政至少部分地归咎于那些将人约简为服从利益主宰的生物的哲学理论的成功。

就贡斯当来说，他不同意将人类表现为完全以自我为中心的形象。人类中的无私行为的存在怎样得到解释呢？在贡斯当最具哲学意义的一篇作品中，他将之归结为思想对于感觉的优越性：每个人都准备牺牲当下的感觉而"寄望于未来的感觉，即寄望于一个想法"（《论可臻完善》[De la perfectibilité]，584）。从此，我们不再满足于当下，我们考虑到对他人和世界的依赖，这些东西不再仅仅被化简为自私的利益。总之，利益理论合乎逻辑的唯一版本就是将人化简为即时快感的纯粹消费者；而这一理论显然是错误的。人具有对自身和自己的时间归属的意识，因此他意识到自己的有限。如果人不会死去，人可能会想去过一种仅仅为了利益的生活，去最大限度地积累和保存利益；但是情况并非如此。"死亡打断这些算计，让这些成功变得无用；死亡抓住权势，将它赤裸裸而且手无寸铁地推进深渊，死亡是所有那些让我们出离尘世的感情的雄辩的和必然的同盟军。"（《论宗教的起源、形式与发展》，II，4；1，286）对死亡的意识让利益的专断统治变得不可能。

<305>

换言之：仅仅用利益原则来解释人类行为并不足够，因为这一解释意味着每个个体都与自身完全重合。然而，每个人都是在时间与空间中扩展到自身之外的。在时间中如此，因为人与其他动物不同，他可以想象自己的死亡，因此能够想象没有自己在内的世界的生活。在空间中也是如此，因为其他人属于他的一部分，这一事实同样存在于他的意识中。因此，人无法在没有他人的情况下来思考人类；因此人文主义道德是必

要的，而不仅仅是一种个人主义的生活艺术。

<306> 最初，对个人利益的重视是具有解放性的，它宣告了"现代性"的到来。考虑到每个人的利益，这要比整个社会服从一种不变的等级制度而让权威的掌握者从中获利更加可取。掌握权威者无视臣民的利益，通过向他们分发荣誉来安抚他们。人民主权还意味着民众按照自己的利益行事。但是，在"现代性"的内部，几种理论互相对峙：即主张利益为唯一主宰的理论与主张用热忱来克制利益的理论。从人文主义的角度看，热忱的价值大于利益。

去中心的人

我们已经看到[134]贡斯当为群居性保留的地位，他拒绝接受每个个人的中心在于自身。但是，如果这中心不在于己，那么它在何处呢？贡斯当大概会回答说，这中心是变动的：时而位于我们内部，时而位于我们外部。最主要的是任何人都不是系统化地局限于此时此地，局限于自己的需求和生物学意义的本能。"人总是有这样的想法，即人在此世并不仅仅是为了享受，出生、繁殖和死亡不构成人的唯一宿命。"（《论宗教的起源、形式与发展》，II, 2；I, 257—258）成功满足自己所有利益的人，他仍不是圆满的；他受到自身之外的某种东西的召唤。"因此，在我们身上存在着一种倾向，它与我们表面的目标相互矛盾，与帮助我们接近这一目标的所有能力相矛盾。这些能力都为我们所用，它们彼此呼应来为我们服务，通向我们的最大功利，将我们作为它们的唯一中心。我们刚刚描写的那种倾向却相反，它促使我们走向我们之外，<307>让我们的行动不以我们的功利为目的，它似乎将我们带向一个未知的、隐形的、与日常的生活与寻常利益没有丝毫可比性的中心。"（I, 1；I,

31—32)

与日常行为的自我中心主义相对立的是人们可称为"他人中心主义"的那些更为少见的却不属绝无仅有的行为。两者都是自然的行为。"自然赋予人自我之爱来保全自己的人身,赋予人同情心、怜悯来让他不会为了自己而牺牲同类"(《费朗吉埃利全集》,IV,6,401)。此处,贡斯当是与卢梭同路的。

通过观察贡斯当提供的事例(这些例子已经出现于1806年《政治学原理》中,但在1824年版中得到补充和细致区分),我们可以尝试把握这种"神秘禀赋"的内容。他写道:"所有这些激情都具有某种神秘的、自相矛盾的东西。""爱,即这种对一个对象的排他性的偏好,而这对象在长时期中间曾经是我们可有可无的,是与其他许多对象差不多的;对荣耀的需要,即这种对于能够延及死后的知名度的渴望;我们从奉献精神之中得到的享受,这享受与我们天性的惯常的本能相反;忧郁,这无来由的伤悲,中间有一种快感是让人分析不出的。"(《论宗教的起源、形式与发展》,I,1;I,32—33)群居性是人文主义道德的基础,因此它也属于这种以他人为中心的禀赋,这种人类的特性。此外还要加上某种面对自然的广袤而感到的心醉神迷,"在夜晚的宁静中,在海岸边,在乡村的孤寂中",它抓住我们的心,就如同"感伤与热忱"一样。(30)贡斯当将他的著作的研究对象定位于这种感觉之中,那就是宗教感,被他定义为对我们"向往未知,向往无限的冲动"的回应(35),"人所感受到的与周围的自然以及那些他认为在推动着自然的未知力量进行交流的需要"(II,1;I,219)。贡斯当是法国重要的人文主义思想家中唯一一个为宗教保留着如此核心地位的;但是,他的思考对象从来不是神祇们的属性,他思考的仅仅是人类的宗教感。

<308>

所有这些例子的共同之处,首先是我们行为的表面上的非理性,它们缺少任何直接的功利性(它们不合利益的逻辑)。更确切地讲,它们的特点(忧郁除外,它是尤其让人难解的:为何它是种快感?卢梭早已

注意到:"忧郁是快感的伙伴",见《爱弥儿》,IV,515)同样是其"他人中心主义":自然与上帝、所爱之人与让人为之献身的人、作为荣耀的源头的那些伟大理想,它们的共同点在于都处于主体之外,它们超越于主体,而非内在于主体。贡斯当认为,没有人不感受到这种超越自身的需要:"对热忱的需要是属于所有时代的。"(《论宗教的起源、形式与发展》,XV,1;V,170)最后还有一种功能性的特点:我们其他的行为举止可能有用处但无法被树立为终极目标,而这些"激情"却可以定义为终极目标,即确定人生的意义;这些激情不再是手段,而是目的(I,1;I,30)。

不应被一些让人宽心的幻想欺骗,不应赞同"天真的"人文主义:人并非受到这种对热忱的需要的驱动,而是受到自身利益的驱动;贡斯当所肯定的一切内容,就是人无法在仅仅考虑到利益原则的情况下来完全地反映人类行为。这便是为何人是"一种双重的和难以索解的生物",他"有时像是被放逐到这俗世上的"(34)。因此,在任何情况下,"最主要的问题是了解占主导的是感情还是利益"(II,2;I,264)。

人们可能提出,除了人类行为的这两个重要动机,还有第三种动机,即理性、思考、智性。我们的某些行为难道不正纯粹是它们的产物?不,贡斯当回答说,因为理性可能被降伏,可以为所有的主子服务;它是工具,而非力量。"逻辑提供一些难解的三段论来赞同和反对所有的命题。"(I,3;I,75)理性不值得任何特别的褒奖:不论要达到怎样的目的,它都能提供相应的论据。出于一种与卢梭相近的精神,贡斯当后来说思想"在与良知分离的时候,便是最有奴性的工具"(I,4;I,91);"以永不出错的理性之名,人们用基督徒去喂野兽,把犹太人送上柴堆焚烧"(I,3;I,76)。相反,却不可能以个人幸福的名义去屠杀个人。贡斯当得出结论,只存在两种"体系"。"一个让我们以利益为向导,以安适为目的。另一个把完善当作我们的目的,以私人感情、自我牺牲和献身的能力为向导。"("前言";I,XXXIX)

人类的这两个侧面之间的力量对比如何？在这个问题上，同样不应被幻想蒙蔽。多数情况下，获胜的是利益；无私情感仅仅"在那些如此短暂，与我们人生其余时间如此不同的时间里"占据主导地位（I，1；I，31）。爱是每个人都体验到的，它挫败我们"各自以自己为中心和目的"的倾向，但爱本身仅仅进行一种"短暂的颠覆"（X，10；IV，190—191）。大多数人抑止这种感情：这便是贡斯当在"60岁的时候"终于得出的苦涩的结论；仅有某些人能成功维持这种感情。"人们似乎被天性分成两个类别：智性超越个人利益和关系的那一类，以及禁锢在利益和关系范围内的那一类。"（《历史记忆》[*Souvenirs historiques*]，80）问题不大：最主要的不是去了解哪一部分民众受到正义与爱的理想的驱使，而是了解这种理想不可能消亡。"始终会有这样一些人，对于他们而言，正义是一种激情，捍卫弱者是一种需要。自然让它传承下去；任何人都从未能够中断它，任何人以后也绝不可能中断它。"（《征服的精神和僭主政治》，II，18，221）

<310>

"热忱"与"利益"之间的对立使贡斯当能够明确说出他对同时代的功利主义的反对，由此阐明人文主义者与个人主义者之间的关系。边沁的功利主义不是简单的自私自利，它并不意味着每个人都仅限于追求符合自身利益的东西；它让善恶的判断服从族群的决定，来确定什么对族群是最有利的东西。贡斯当立即发现了其中的危险。个人将没有属于自身的任何权利，他只能在利益符合共同利益的情况下获得受到允许的好处。然而，这些好处是脆弱的。如果我人身的安全只因为对社会有益才得到保护，那么当社会的判断不同的时候它将不再得到保护。同样，如果一个行为对社会有益，但是对另一个人有害，那么它并不因此是正确的。由此可以得出结论，个人幸福和族群幸福，如果不加以任何明确，都不能成为道德生活的终极目标：个人幸福不能成为终极目标，因为它可能对周围的其他人有害，族群幸福不能成为终极目标，因为它可能要求牺牲个人幸福或者其他族群的幸福。

<311>　　人类了解正义、奉献精神、爱，这一认识使人能够从另一视角来思考道德。贡斯当写道，"道德的定义"在于它"指示给人们他们如何通过让同类幸福才能让自己幸福"（《增补》，525）。指示出达到幸福的方法，这让贡斯当与功利主义者区别开来：他人的幸福对于我们自己的幸福是必要的，个人与族群都不可能独自获得幸福。社会本身不是相似的个体之间的简单叠加；我们彼此需要对方才能生活得幸福。

　　贡斯当更多倾向于"热忱"，而非"利益"，通过将"利益"的意思缩小为物质的自私的利益，通过与功利主义者有所区别，他忠实于卢梭，同时却反对更早的传统，这种传统想要将利益看作每个人的理性要求，将利益当作抗拒激情的倒行逆施、抗拒不可控制的对荣耀的渴望这种封建社会的古老遗存的一剂良药。马基雅维里、霍布斯、斯宾诺莎认为，利益能够充当抗拒激情的有害后果的城墙。孟德斯鸠同样赞同这一看法，他写道："当他们的激情让他们认为自己是邪恶的，而他们的利益却在于变得不邪恶，处于这一情况下对于人来说是幸福的。"（《论法的精神》，XXI, 20）

　　在这一问题上追随卢梭而非孟德斯鸠，贡斯当可能有所犹豫，这尤其是因为他最常想到的那些有害后果，即大革命恐怖时代的过激行为，这不能通过对私利的盲目服从、通过对功利的无节制追求来得到解释，而是更多地由激情的失控来解释。罗伯斯庇尔属于这样的一些人，对于他们而言"正义是一种激情，捍卫弱者是一种需要"；我们知道这种由感情与热忱指引而非由对各自的利益指引的政治学会导致怎样悲惨的<312>后果。所有时代的革命者们都任凭自己受到某种崇高理想的指引，而不是仅限于自己同胞的利益；这种偏好是否要为各民族现代历史上的那些革命留下的血淋淋的痕迹负责呢？

　　为了面对这种反驳，就必须对两种"感情"或"热忱"的形式进行区分，这两者却都是与狭义的利益对立的。贡斯当所表述的区分不是使用抽象概念，但只要他转向例证的时候他就会重新使用抽象概念。人们能够克服自己的利益，或者以某个抽象的事业为名，或者是为了关注自己之外的其他个体。当这两种超越自我的形式发生冲突，贡斯当就选择第二种形式。他完全赞成斯达尔夫人的选择，他提醒人们注意她拥有自己的政治倾向，但却准备无差别地帮助保皇党和革命党，只要他们受到威胁和遭到迫害。"看到一个人受苦，这提醒她在世上存在某种对于她来说远比某个事业的成功或者某种观点的胜利更加神圣的东西。那些不论遭到何种舆论放逐的人，他们在厄运中从她那里得到的庇护的热忱，远胜过在他们在得势的时候在她那里遭遇的抵抗的强度。"(《斯达尔夫人》[De Mme de Staël]，212—213) 正是通过类似的词句，与基督教对邻人的定义相似的词句，他称赞他的女友朱莉·塔尔玛 (Julie Talma)。"她憎恨自己的敌人，但是她满怀热忱地不懈地捍卫任何她看到的受压迫的人；在所有人都相继成为受害者的那些政治风暴中，我们经常看到她对受迫害的人和他们的敌人同样用她的行为和勇气进行全力援救。"(《谈及朱莉的信件》[Lettre sur Julie]，187)

　　此处，我们识别出作为人文主义根本价值的以你为终极目标。对个人的爱、奉献精神、柔情与人们借其名义来启用断头台的那些价值不属于同一系列。他人的苦难与压迫最容易引发这些感情，但是苦难与压迫并非唯一能让人产生感情的东西。贡斯当所说的"对热忱的需要"，仅仅要求人们准备好牺牲自己的利益，或许甚至牺牲自己的生命，而不是牺牲他人的生命。对于贡斯当而言，道德就是一种拒绝个人偏好的能力，而不是追求高尚目标的能力；他称作"牺牲的力量"的东西就是"作为任何美德之母的力量"(《斯达尔夫人》，222)。

<313>

道德与宗教

在任何人内心都有两个倾向互相对立：他的利益为一边，他的感情为另一边（即他的自我中心主义与他的"他人中心主义"）。即便抛开投身那些抽象事业的例子，他人中心主义也可能具有两种形式：外在于个人的这一场域有可能化身为另一个人，也可能不这样。一方面是爱、奉献精神、对荣耀的欲望；另一方面是自然与神圣属性。这两种变体，通常前者被称作道德感，后者被称作宗教感。这两种感情本身让人走向自己之外，两者相互和谐地结合在一起。但是，实际的道德与宗教并不总是如此。两者维持怎样的关系呢？对这一问题的审视，是贡斯当论宗教的著作的一个主要动机，在一段时间里他给了这本书这样一个具有启示性的标题："论古代民族中宗教与道德的关系。"（《日记》，1804 年 9 月 6 日）

<314> 道德一词从其普遍意义上讲就是超越个人利益，道德是贡斯当所言的感情的一种纯粹体现；道德也是普遍性的，是人类的一个特征。"人类社会的关系到处皆同，作为这些关系的理论基础的道德法则也到处皆同。"（《论宗教的起源、形式与发展》，XII，11；IV，492）这并不妨碍个人并非彼此都同样有道德，而是或多或少地接近于这种理想：道德"被揭示给所有人"，但只是在"他们受到启迪的时候"（XII，12；IV，503）。但是，与感情不同，实际的宗教或宗教形式是无限多变的，它们可能是道德感的产物，也可能是利益的产物。人们实际上可以利用宗教来尝试与无限建立联系，比如请求上帝在自己的日常事务中提供助益（因此，法术是纯粹功利性的，这是缺乏宗教感的一种宗教）。

可以说，宗教在无私与利益、道德与政治之间摇摆。宗教的一个主要形式，即要求一个垄断宗教事务的阶层的宗教形式——用贡斯当的术语来说就是"神职宗教"——比另一形式更加倾向于同政治进行妥协，

另一个形式就是无神职的宗教，贡斯当也正因为这一原因而更加倾向于无神职的宗教。从这一角度看，基督新教优于天主教。因此，这种审视的第一个结论是负面的：宗教不能充当道德的基础，宗教越是独立于政治权威就越好。第二个结论是正面的：虽然宗教不能奠定道德，但道德却是能够评估各种宗教的衡量标准：每种宗教越是无私，越是远离政治权力，它就越接近于宗教感。"因此，道德成为检验宗教概念的一种试金石，一种考验。"（XII, 12；IV, 358）上帝之路不是不可参透的，它们服从于公义原则。 <315>

　　对宗教现实的这种再诠释使人能够理解贡斯当为宗教在民主制度之内设想的地位。他的理想就是世俗国家的理想，在国家中中央权力确保每个人都有权奉行自己选择的宗教。与其从宗教中进行选择，为何不将它们全部接纳，只不过要注意让它们被包含在个人的私人领域之内，让它们不会导致新的宗教战争？"人们担心教派的众多，这种多样性对于宗教而言是最有益的。"（《政治学原理》，VIII, 3, 146）宗教多元主义（显然并非回归多神教）不仅符合公私分离的自由政治，同样有利于宗教本身的完善和它对社会的作用。"分流，或者不如说让它自己分成千万小溪。它们将会肥沃被洪流冲毁的土地。"（《论宗教的起源、形式与发展》，XV, 4；V, 207）同样的模式可以应用于善的不同概念。贡斯当拥有自己的（人文主义的）道德观，但是在他之外的其他人，一些是保守派，他们偏重于符合规范；还有另一些人是个人主义者，他们只关心个人的充分发展。必须让国家来进行选择吗？当然不是。对善与真的自由追求在此处是国家的唯一价值观：国家的信念应当是多元主义，而不是人道主义。而且，国家只应该守望，让任何群体都不会攫取政治权力，也不会暴力镇压其他人：人们不可以容忍不宽容。

　　在这两个概念的第一次衔接中，道德看起来就像一种纯洁化的宗教，这种衔接还不能说明一切。具有道德，这首先是能够倾向于他人而非自己。通过想象出极端的情况，人们大概会说：具有道德就是能够自 <316>

我牺牲，能够找到比自己的生命更崇高的价值。但是，如果人们认为此生就是唯一存在的生命，那么如何会爱某样东西超过爱自己的生命呢？"对于从彼岸中只看到虚无的人来说,有什么超过生命的东西呢？"(《论宗教的起源、形式与发展》,I,4;I,89)如果此生就是我所拥有的一切，为何要拿生命冒险，为何不努力从中得到最大限度的即时的快乐呢？如果上帝死了，岂非一切都可以允许？"如果生命其实只是一种奇怪的表象，没有未来也没有过去，它如此短暂以至于人们几乎不会认为它是真的，那么献身于那些原则有什么用，至少那些原则的应用是远离生命的？最好从每时每刻中受益，既然人们不肯定下一刻会怎样，最好陶醉于每一次快乐，既然快乐是可能的。"(88—89)

贡斯当断言:"道德需要时间"(《征服的精神和僭主政治》,I,5,96),也就是说需要一种对死后生活的参照。古代民族除了宗教之外还拥有另一种手段来达到道德:那是因为他们相信荣耀的价值，荣耀的所居不在于我们之内，而在于我们之外，包括在我们之后的世代中。这便是为何古代英雄阿基琉斯可能更愿光荣战死而非没有光彩的永生。但是，现代即个人时代、日常生活时代的人们放弃了追求荣耀，他们满足于自己的私人享受。在这一点上不应搞错:"我们所缺少的，我们大概缺少的东西，即为舆论而牺牲利益的确信、热忱和力量。"(《论宗教的起源、形式与发展》,"前言";I,XLI)因此，贡斯当想知道如果道德被剥夺了基础，道德本身是否有消亡的可能。

人们可能觉得贡斯当这里的论证有些勉强，面对那些唯科学论者他着意为宗教感辩护，他忘记了自己在其他著作中提出的另外一些途径。超越自我的唯一可能的基础在于对永生的信仰，即在于宗教？他本人提醒我们，我们所有人都了解另一种大家更为熟悉的自我超越的形式，它标志着我们生活的任何时刻，它不是在时间中而是在空间中——即对于每个我来说他人代表着那种超越形式。贡斯当写道:"牺牲的概念是与所有鲜活的和深沉的情感不可分割的。爱乐于为它所倾向的人牺牲它所珍视的一切。"（II, 2; I, 250）在他的论宗教的著作的开篇，当贡斯当提及"以他人为中心"的禀赋的其他形式，继宗教感之后，他列举了：爱、热忱、同情、奉献精神（"前言"; I, XXVIII）。但是，如果爱和其他真实的情感在日常生活中说明了牺牲的能力，那我们还需要永生吗？与其依靠死后的生命，难道不能依靠存在于我们之外的这些人？他们与我们是一体的，他们的幸福造就我们的幸福。即便我们只有一次生命，在死亡的时候此生彻底结束，难道我们不能得出结论，认为我们并非注定要将此生当作至高无上的价值，因为在我们的内心与外部之间存在着延续性：即用群居性代替永生。人类的伟大正来自于此，但人类的苦难也来自于此，因为他人同我们自己一样也是不可靠的。

道德与真理

在人类世界中道德的地位如何？贡斯当提出区分两种互补的却不能彼此化简为对方的视角。第一种视角是客观世界的角度；第二种视角是看待世界的人的主体的角度。第二种角度不仅仅是通往第一种角度的途径，就像没有结果的尝试引领人们到达成功；而且它独立地具有自己的理想。第一种角度就是科学的视角（贡斯当所说的哲学的角度），其目的在于真理。第二种角度是道德的视角（因此从历史上讲就是宗教的角度），它不渴望真理，而是向往善。两者之间的选择取决于我们所追求的目标。

<318>

下面便是宗教历史上所反映的对它们的描述，多神教赞同第一种视角，基督教则赞同第二种（因此这更接近本书开篇提到的古代人与现代人之间的对立）："在哲学占主导的古代信仰［多神教］中，人被贬低到广袤宇宙中不可见的原子的地位。新的形式［基督教］归还给人世界中

心的地位,世界仅仅为了人才被创造出来:人既是上帝的作品又是上帝的目的。哲学对于人的概念也许是真实的;但是,另一种概念更加具有热情和活力;从某种角度来看,这种概念具有更崇高的真理性。如果将伟大定位于真正构成伟大的东西,那么在骄傲的思想中,在深层的情绪中,在奉献的行为中,比在宇宙的运行机制中存在更多的伟大。"(《论宗教的起源、形式与发展》,I,5;I,99—100)其实,人只是一个失落于宇宙中的原子;但是人类世界不仅仅是客观真理的世界,它还是热情与伟大构成的世界。道德与科学不应彼此征服;如果仅限于严格意义上的人类的视角,那么道德便拥有一种更高的价值。

在他30岁左右的一部早期作品中,在进行政治学的论述时,贡斯当早已间接地遇到这个问题。他强调有必要在抽象的设定与具体事实之间引入他称为中间原则的东西;他通过对康德的一个命题的批判来阐明这一需要。"比如,说真话是一种义务,这一道德原则,如果以绝对的和孤立的方式来看待它,它就会让任何社会都变得不可能。在一位德国哲学家从这一原则中得出的结果中我们可以找到对此的证明,他竟然声称,面对杀人者询问你他所追捕的你的朋友是否躲在你家,你说谎也是一种罪行。"(《政治反应》[*Des réactions politiques*],VIII,136)这一结果的荒谬促使贡斯当将普遍原则定位于适当的背景中;这是贡斯当的人文主义与康德的理性主义的区别之处。说真话只有在一个各个个体彼此合作的社会内部才能成为一种义务。杀人者与他们的受害人并不构成一个社会,不如说他们仿佛两个交战国;此处不再有义务的任何用场。"因此,说真话只是对于那些有权得到真话的人的义务。然而,没有任何人有权得到有害于他人的真话。"(137)社会原则战胜了真理原则,友谊的要求准许说谎。

在了解到贡斯当的论证之后,康德感觉自己被刺中要害,同年,即1797年,他通过题目为《关于所谓的出于人性而可以说谎的权利》(*Sur un prétendu droit de mentir par humanité*)的小册子予以回应。最让康德困扰的就是贡斯当使用每个人的切身经验；对于康德而言，原则来自于理性，与可能观察到的某个特殊的苦痛无关（在这里就是被迫害者的死亡）。康德不关注行为的实际后果：说谎本身与善的原则相悖，不论说谎的情境是怎样的。贡斯当所赞同的价值等级是不同的：不损害他人是目的，这一目的经常可能受到真理性的帮助（比如在所有的契约关系中），但另一些时候却可能得到谎言的帮助（比如面对杀人凶犯）。按照贡斯当的看法，对邻人的爱应当战胜对真理的爱。道德行为的出发点是你，而非我。可以做一切，只要不危害他人：正是这一点可能让自杀变成有德行的行为。"感到自己一旦受到酷刑就会出卖友人、揭发不幸的人、叛卖委托给他秘密的人，他的自杀是履行义务。"（《论宗教的起源、形式与发展》，XIII，4；V，75）所有其他的原则都让位于这一原则。这并不意味着我们所有人都能成为英雄；而是意味着我们能够分享同一理想。

<320>

再一次，贡斯当表现出他对我称之为以你为终极目标的人文主义的公设的依恋。拒绝认为他人的福祉可以服从某个更高的目标，哪怕这一目标是一种普遍性的道德义务，这让我们看到他在用康德的原则来反对康德本人。他对于具体事物的可靠把握让他做到了这一点：与其思考人类的幸福，不如思考一个个的人的幸福。他人始终是目的而非手段，甚至也不是让道德法则取得胜利的手段。正是出于同样的原因，贡斯当批评戈德温，戈德温想让人类所有的关系都服从于正义，他不明白正义之外还有爱，爱比正义更高。"不是通过压制那些最甜美的情感就能让人类幸福的。"（《戈德温》，565）

两个个体之间的关系不从属于科学的客观视角，它们不渴望真理，而是服从友谊的要求。当然，他人的苦难并不应当支配我的行为的整体，因为他人的苦难可能是真的或者伪装的或者两者兼有，可能是遭受的或者选择的或者两者兼有，可能让第三方受苦也可能不——第三方也可能变成一个他者（一个你）。要想持有同贡斯当一样的看法，必须用

<321>

一种"中间原则"来定义普遍公设。而且,在我对于他者的行为中,我让自己受到善的原则的指引,而非受到真的原则指引。贡斯当最好的朋友朱莉·塔尔玛正在他眼前死去。他要告诉她真相吗?"我想知道是否讲真话并非一种义务;不管朱莉害怕听到的真相会造成怎样的结果吗?"(《谈及朱莉的信件》,198)爱、友谊、情感战胜义务。他住在热尔梅娜·德·斯达尔家里,她与自己的亲人的利益不可调和。他必须厘清所有问题吗?"我不说任何假话,但我并不说出所有真相。"(《致罗莎莉·贡斯当》[À Rosalie Constant],1803年7月23日)他在做出选择时可能出错;但他不因此放弃他的原则。"您大概会说在我的行为中具有两面性;但是,对于一个有激情的人,在我看来能避免让人痛苦的两面性比让人更加痛苦的坦率更有价值。"(致德·拿骚伯爵夫人书信,1809年7月13日)在激情方面,真相并非首要的。"我是这世上最真实的人,除了在爱情方面",贡斯当在他的《日记》中写道。(1805年4月13日)

在私人世界里,讲真话的义务只起着次要作用。同样,在公共世界里,最主要的也并不是讲真话,而是有可能寻求真理。如同蒙田,贡斯当可以宣告:真理本身只适于神祇,我们人类生来就要远离真理。在他1806年的《政治学原理》中,他用一章的内容来探讨这一问题。当然,维护谬误对公众精神有害。但是,将一种既定的真理强加于人同样有害。对于有关客观世界的内容,真理是必不可少的;但是,当真理被当作由权威强加于人的义务,由于真理的这种社会存在方式,真理的益处可能会被消灭。缺乏真理是有害的;但是盲目服从同样有害。如果人们致力于追求真理而非仅仅服从真理,那么人们同样会接受构成真理的"自然道路"的东西:"推理、比较、检验。"(XIV,3,310)在此,方法的效力超过结果的效力。这便是为何贡斯当能够得出结论认为:"自由的谬误胜过强加的真理。"(《费朗吉埃利全集》,IV,6,408)强制的真理是贫乏的,自由的追求是富有成果的;对于贡斯当而言,自由真正的力量正在于它使人能够审视所有的观点，进行任何论争。矛盾由此而来："如果必须在迫害与保护之间进行选择，迫害对于启蒙更有价值。"（《政治学原理》，XIV，4，316）

贡斯当并不是说：每个人都相信自己的真理，这样更好。而是说：观点的自由对峙、矛盾双方的有理据的争辩、批评并尊重对手的对话，是一种比赞同以教条形式构成的真理（不论是神启的还是国家强加的公理）更高的社会价值。"发现的需要让人进行追求真理的活动，真理因此而尤其可贵。"（《邓诺耶》[*De M. Dunoyer*]，561）辩论只是真理的手段，在此它成为目的。将真理纳入社会范围，这显然并不意味着拒绝真实。追求真理，而非通过让人愉悦的谎言来得到安慰，这仍然是进行认知的起点。但是，人与认识主体本身显然是属于这个世界的，对世界的客观的认识并不消灭主体间关系的特殊性。在属于他的道德世界中，如果在真理与人性之间存在终极的对立，那么贡斯当会选择人性。

结语

人文主义的赌约

对过去的认识首先满足人的一种根本需要,即理解和组织世界的需要,赋予相继事件的混沌以意义的需要。即便我们不是总想到这一点,但我们了解我们是由过去造就的;让过去变得清楚明白,这同样是开始认识自己。借助于过去,当下得到改变:我们不再从字面上来理解当事者喜欢给予自身行为的自我辩解或自我褒扬的诠释,而是从纵深中来理解。词语可用于所有用途,因此我们不能相信我们同时代人的描述;与过去对比,这表面上看是曲折的道路,我们通过它可以更容易更直接地触及我们周围的世界。理解昨日的思想,使人能够改变今日的思想,而今日的思想又会影响到未来的行为。直接作用于人类的意志是困难的事,而且也是无益的:游移不定的并非是人们的意志(人们总是想要自己的利益),而是他们的判断(他们在这利益不存在的地方寻找它)。开启人的判断,这是影响他们的意志的一种手段,历史在这方面能够有所助益。由历史学家建构的对过去的再现,这是在当下进行的行动:以不同的方式来思考自己,这使人能够改变自己的行为方式;在此,说话就是行动。

在20世纪末,在千年的终点,我们今天到了哪一步?研究欧洲思想的一个小局部能够告诉我们什么关于欧洲的过去与现在的东西?

在整个 19 世纪（1789—1914），世界的这一部分接受了向现代性的过渡：托克维尔说这是从贵族制时代向民主制时代的过渡，从一个预先组织好的等级制的世界和社会，过渡到一种人们可以平等原则为依据并珍视自己意志的选择的状况。上个世纪的哲学家们的思想，在政治与制度层面上已经进入我们的现实。但是，这种转变产生了多种新的苦难，人们从某些拒绝现代性的那些重要选择的企图中寻求对此的解药——这些企图主导了短暂的 20 世纪（1914—1989）。

在意识形态方面，这些企图受到两个不同的精神家族的启发，一个是保守主义家族，另一个是唯科学主义家族。保守派以古代社会为依据；在实践上，他们满足于古代形式与现代形式之间的妥协。同每一个体一样，他们接受从医学的进步中受益，送孩子上学，参与选举（只要人们行使自己的意愿和选择），而不是仅限于接受由上帝和自然早已规定的东西。在政治上，保守派赞成威权政体，但是却不至于消灭所有的个人自主：他们尊重公与私的区分，鼓励在经济方面采取主动，因为经济被认为是财富不竭的源泉。他们与教会结盟，却并不追求建立真正的政教合一的国家：根除良知的自由，这是一项太过昂贵的事业。他们依据的是民族主义，所以他们倾向于集体而不顾个人，但是却不要求将个人在民族的祭坛上做无条件牺牲。保守派的这种复辟企图在本世纪在南欧（从葡萄牙到希腊）享有一定的成功；从那之后，它便在各处都让位于一些表面上更加民主的政府形式。

威权政体往往以过去为参照；极权主义政体则往往以未来为参照。但这并非唯一的区别：极权主义的捍卫者同样自称以某种对世界的精确认识为依据，因为他们设定人类是完全由一些不因人而异的无情的法则决定的；这解释了他们对于唯科学主义精神家族的关注。精确的知识是他们蔑视传统的理由，这让他们更加倾向于借助快捷的方法，甚至暴力的方法，来达到他们的目的。德国纳粹从属于保守派的理想，但是因为他们借助科学和暴力的革命手段来改变世界，他们与保守主义家族的其

<325>

他成员区别开来。在这方面，他们与唯科学主义乌托邦的另一版本会合，斯大林主义声称保留着某些现代的理想，同时却因为所选择的达到理想的手段而叛卖了这些理想：人类的普遍性被无情的阶级斗争否定，阶级斗争必然导致对敌对阶级的肉体上的消灭；主体选择自己命运的自由、对普遍理性的召唤由于它们实际上对集体意志的服从而被否定，集体意志本身也被一个由职业活动家组成的政党攫夺，它实际上服从于几个个人的意愿。这种革命的乌托邦虽然自称以科学作为依据，实际上却没有任何科学性：这是决定论的一种变质形式，它首先将决定论加以绝对化，继而声称从中得出一些价值。

<326>

这医治的药方再次被证明比病痛更糟糕，而且危害更重。在造成了数不尽的受害者之后，这药方被抛弃了：对于德国的纳粹主义而言，事情进行得很快，这多亏了他们在军事上的失败；对于斯大林主义而言要慢得多，因为它被更好地掩饰在慷慨无私的表面之下。唯科学主义的乌托邦，如同政教合一，如今仅仅在欧洲以外的地方还继续掌权；在欧洲之内，它们的确继续启发着一些极端主义群体，但这些群体目前可能危害到民主，却无法颠覆民主。

在政治方面，短暂的20世纪呈现为一段插叙，由尝试并拒绝的药方构成的插叙；从这一角度看，21世纪重新与19世纪接续起来。从19世纪，21世纪继承了对民主制方案的赞同，但同样继承了某些弊病：民族主义和排外主义重新萌醒，虽然传统形式的殖民思想已经死亡；物质的不平等以及社会矛盾加剧。另外一些危险是新的，特别是那些作用于自然界的威胁：由于长期倾向于悬想而不顾既定条件，人类就如同歌德笔下的巫师学徒难以驾驭手中的技术，他们由于毁灭自然资源而威胁到他们自己的生命。在过去遗留下来的意识形态的各种武器中，是否有另外一些武器可以打击这些弊病？

拒绝以遥远的过去或者无尽头的未来的名义来改革当下，这实际并不意味着拒绝对当下采取任何行动，而是希望将行动的基础建立在一些可与当下兼容的原则之上，比如建立在民主原则之上。这里呈现出两种新的选择，我们可以从我们周围看到它们在起作用：一方面是加强狭义的个人主义，另一方面是奉行一种技术的而非乌托邦的唯科学论。

　　有时，人们将整个现代运动称作个人主义，这是因为现代运动赋予个人自主的崭新地位。但是，从狭义上讲，个人主义者是那些肯定个人意志的权利而不考虑人类生活必然具有的社会性的人。自主意味着一种由主体承担的法则，它是承认社会的；独立作为个人欲望和意志的表述，是个人主义者所珍视的东西。1968年"5月风暴"，制定社会共同准则的政治方案五花八门，而矛盾的是这一时期同样标志着个人主义的（象征性的）伟大胜利，个人主义高举着这一座右铭："禁止去禁止"。没有了禁令，也就没有了法律，也就没有了来自社会的对个人的约束。

<327>

　　个人主义并不总是采取如此无关痛痒的形式；从当代社会的各个侧面我们都可以看到个人主义在起作用。在城市与乡镇，综合的而有等级的居所逐渐被独栋的居所代替，在那里房屋一座接着一座，或者这些居所被大厦组成的小区代替，住房与住房大同小异。每个人都独自待在自己的汽车里——矛盾的是，在公共交通工具上，人同样被迫处于一种隐匿无名的无差别状态。在我写作的时刻，一场运动正在城郊的小区中蔓延，那就是攻击公共汽车，而公共汽车却是小区与城市其他地方之间仅存的联系。新的沟通与资讯形式并不一定便利人们的互动；每个人都独自面对自己电脑的屏幕，即便当我们几个人看同一个电视节目，我们的视线仍旧是平行的，没有任何相遇的机会。某些人在宗教中寻求逃避，但是宗教并不总是让人联系起来，因为每个人都可以选择自己的宗教，从诸多世纪与文明的巨大储备中汲取自己的宗教。孩子虽然还不是被独自抚养成人，但孩子经常只看到单亲的父母，或者轮流地看到双亲。

<328>

　　这种正在增长的孤独、这种社会自闭症并不会像人们预期的那样导致个人之间更大的分化，恰恰相反。蒙田早已明白了这一点：孤立地看，人们彼此相似；具有唯一性的是人们的组合，这是没有任何相似物的。

当人的行为服从同一模式，努力符合于相同的形象，自由便是幻想。

我们在民主社会中看得到唯科学主义的痕迹，这种唯科学主义与我们在极权主义中看到的那种不同：这里没有革命的方案，没有对个人的暴力征服，所以没有恐怖。但是，此处与极权主义中一样，人们以为在遵循一些在社会中起作用的不变法则，人们用这些法则来指引自己的行为。因此，政治变成这样一个领域，关于它的问题人们请教专家，唯一的争论针对的是方法的选择，而不是针对目的的选择。我们进入了工具理性的统治，任何问题在这里都应该找到一种纯粹技术上的解答。这种视角深刻影响到社会生活的组织。不仅仅"专家"（通常是集体意义上的处于无名的无差别状态的）享有很大的威望，而且做事情的可能性变成能够做成这件事情的充分条件：能够变成想愿，而想愿又变成义务。技术官僚与行政官僚被加以神圣化，程序与规章变成不可触犯的。

<329> 大概没有什么会比经济实践从中所起的作用更好地说明工具理性在民主社会中的统治。问题不是将某种经济观念与另一种对立起来；而是经济范畴本身达到了过度的规模。大家经常感觉经济繁荣成为这些社会的唯一尺度和唯一目的，所有政治目标都居于其次；社会地位反映为消费能力，这使得社会中的行动元居于被动地位。然而，这种经济的排他性的主宰是虚幻的。在对更高工资的要求的背后，往往隐藏着对更高的社会认可、更多尊重、更有尊严的共同生活的要求。并非人的所有需要都可以用金钱来衡量：消费社会使我们忘记这一显著的事实。

在乌托邦的唯科学主义中，人非但不是终极目标，反而被改造为达到某个超越于人之上的目标、达到理想国家的手段。在专家的唯科学主义中，变成终极目标的是获得人类福祉的工具——效率、生产、消费；但是，人们因此变成了工具的工具，成为自己的工具的奴隶。然而，如果终极目标是经济效益，那么就有可能对个人实行越来越多的限制。这里，与极权主义国家中的压迫不同，压迫并非是暴力的；它是间接地和分散的，但是它因此而更加难以分辨和拒绝。

专家的唯科学主义是由两个表面上不兼容的原则主导的：一切都是被决定的（生命服从于一些严格的法则，必须让科学进步才能最终完全认识这些法则）；一切皆有可能（只要想做，人们就能达到任何目标）。我们的社会的这最后一个形式产生一种不断增加的需要，即从任何不幸的背后去追究某种法律责任。我再也不愿承认一些不可控制的力量导致了我的房屋淹没，灾害天气让我们的房顶坍塌，或者雪崩夺走我儿子的生命。既然一切都可能得到控制，那么必须有一个人为这灾难负责， <330>即一个人们可以送上法庭的人。我再也不愿疾病感染我：这是社会的错，社会导致疾病，或者是医生的错，他们不愿治愈疾病；两者中的一方应该付出代价。

而且，近几十年来影响人类命运的可能性显著增加："想愿"的成分在增加，"既定"的成分在减少。极权主义的导师们梦想着打造出一些摆脱了先天缺陷的新人类，但是他们只拥有一些粗浅的方法：思想灌输、酷刑、集中营。民主社会的技术专家们正在掌握生物物种的基因代码；因此，他们能够制造出一些新物种。如果他们想做，他们可以通过修改我们的基因来消灭我们的遗传缺陷；最终，他们可以促成人类本身的突变。历史上人类将首次可能让自己符合于自己的愿望。

对个人主义民主和技术官僚的民主的批评并不新鲜；这些批评通常是保守派或极权主义者的方案的出发点。但是，我们真的被禁锢在这种二元选择中了吗？在民主传统本身中没有什么东西能让人打击它的失控吗？我认为是有的：那就是它的人文主义内核，它的形成是与现代民主的方案在同一时间，而且出于同一精神。为了更好把握这一新人文主义纲领，应该从它在16至19世纪的形成过程中来认识人文主义。对我们有益的是，先驱者们的思想的严密与我们今日熟悉的那些温和的学院版本形成反差，后者已经不再能让我们感兴趣。这便是为何这本书专注于研究从蒙田到托克维尔的法国人文主义传统，中间经过笛卡尔、孟德 <331>斯鸠、卢梭和贡斯当。

首先，人文主义是一种关于人的观念，一种人类学说。它的内容并不丰富。它仅限于三个特征：所有人且仅仅只有人，他们全都归属同一个生物学意义的物种；他们的群居性，即他们相互依赖，不仅是为了获得食物或自我繁殖，而且是为了成为有意识的会说话的生物；最后还有他们相对的不确定性，即对于他们而言，有可能投身于不同的选择，这些选择是他们集体历史或个人历程的构成成分，为他们的文化和个人认同负责。这些特征——或者说这种"人类天性"——本身并不被赋予价值；但是当人文主义者在这种最起码的人类学说之上加上一种道德观和一种政治学的时候，他们选择一些价值，这些价值与这种"天性"一致，它们不是纯粹人为的价值，不是自由意志的产物。这里，自然与自由不再对立。这便是他们的普遍性、以你为终极目标、我的自主。人文主义道德的这三个支柱实际就是：承认人类所有成员拥有平等的尊严；将我之外的他人抬高为我行为的终极目的；最后还有，人们倾向于自由选择的行为，而非在束缚下完成的行为。

这些价值中任何一个都不可化简为另一个；有时，它们甚至可能彼此对立。然而，人文主义学说的特点正是这些价值的相互作用，而非彼此的简单存在。对自由的颂扬、对主权的选择在其他学说中同样能看到，比如个人主义或唯科学主义学说；但是，在人文主义中，它们受到以你为终极目标和他们的普遍性的限制：我宁愿行使我个人的自由，而非仅限于服从，但只是在行使自由不危害他人的情况下才这样（我的拳头止于我邻人的面颊，约翰·斯图尔特·密尔如是说，他是出于一种人文主义者共有的精神）；我想让我的国家独立，但是这并不赋予我的国家征服其他国家的权利。自主是一种受到博爱和平等克制的自由。你和他们同样不是相等的。作为公民，一个社会的所有成员都是可以互相替换的，他们的关系受到正义的支配，正义是建立在平等的基础上的。作为个人，同样是这些人，他们绝对不可能彼此化简，重要的是他们的差异，而不是他们的平等；他们之间的关系要求偏爱、情感、爱。这种价值的多元性解释了为何存在几种反人文主义的方式：波纳德或丹纳，他们（出于不同的原因）否认我的自主；帕斯卡拒绝以你为最终目标；戈比诺、勒南或波德莱尔，他们反对他们的普遍性。

　　人文主义者不"信仰"人，也不为人唱颂歌。首先，他们知道人不是万能的，他们受到他们的多元性本身的局限，因为一些人的渴望很少能同另一些人重合；他们受到自身的历史、自身的文化的局限，这不是他们选择的；他们受到自身肉体存在的局限，他们很容易到达身体的极限。他们尤其知道人不一定是善的，他们能做出更坏的事情。人类在 20 世纪相互造成的苦难还存在于记忆中，而且这阻碍人们认为任何建立在人性本善基础上的假设是可信的；说实话，这些证据屡试不爽。但是，正是在生活于战争与集中营的恐怖之中的时候，普里莫·莱维（Primo Levi）、罗曼·加里（Romain Gary）、瓦西里·格罗斯曼（Vassili Grossman）这样的人做出了他们的选择，他们肯定了对人类同样能够自由行事、同样能够行善的能力的信仰。现代人文主义者并非无视奥斯维辛集中营和科雷马集中营的惨祸，而是把这些惨祸当作出发点；他们既不傲慢，也不天真。

<333>

　　如果我们同时赞同不确定性的概念和共同价值的概念，那么存在一条可以将它们连接起来的道路；我们称之为教育。人不是善的，但他们可以变成善的：这便是教育的最普遍的意义，学校教育只是其一小部分。在现代西方世界，多数孩子不再是（由偶然性）天赐的，这也是西方的另一个新事物；他们通常是父母想要的。因此，所有能够影响孩子转变为自由和互助的成人的人们，他们的责任更大了：首先是孩子的家庭，但还有学校，甚至整个社会。因为这不仅仅涉及孩子延续生命，为他的成功提供便利，而且涉及让他能够发现那些最崇高的快乐。为此，必须培养他的某些特性，将另一些特性边缘化，而非只是因为这些特性的存在就满足于全盘赞同它们。

　　人文主义并未明确定义一种政治学；多样的选择甚至相互矛盾的选

择都可能与人文主义的原则兼容（比如"自由派"与"共和派"之间的区别：集体自主可能与个人自主对立）。然而，对人文主义价值的赞同指引着统治者的选择，以及被统治者的态度。对平等的要求从民主制度奠基以来就在起着作用，今天继续在起作用；但这一要求并非唯一的政治价值。在这种最起码的消极的人文主义之上，又加上一种积极的更具雄心壮志的人文主义。将个人变成我们的制度、我们的政治和经济决定的终极目的，这可能会导致一场平静的革命。相信群居性是个人的构成成分，这意味着人们重新定义社会的目标。侧重我的自主，这并不仅仅意味着确保人们的投票权，让人能选择自己的领导人，还意味着打击谨小慎微的因循成规。国家及其建制有着自身的逻辑，促使它们成长和得到加强，直至它们本身变成一种目的；每个公民都应当抗拒这一倾向，因为这涉及一个应当为公民服务的国家及其建制。相反，屈服于所谓的社会或经济"法则"的宿命，这是与人文主义原则相悖的。

<334>

人文主义丝毫不反对技术本身，而是反对技术不再是手段而成为目的。从人文主义的视角看来，让人疲惫的体力劳动被消灭，机器代替人来完成最艰苦的任务，如何可能不为此感到高兴？让人有可能生活更加舒适，更容易彼此相见，学习得更多更好，如何可能不赞同于此？但是，当作为奴仆的技术变成只关注自身利益的主子，那么由技术带来的所有这些好处就不再是好处了。在这一点上，并非仅仅涉及机器：只要观察一下那些我们最不可或缺的机构，医院、学校、法庭，就能发现应当服务于人的东西可能反而让人沦落为工具的角色。

有人会反驳说：我的自主就是无限地弥散各个个人的意志；以你为终极目标就是禁锢于孤独的私人生活；"他们"的普遍性就是用冰冷的国家准则来代替当地社群的温情。然而，这些偏颇是不可避免的。自主并非拒绝共同的法律，而是参与建立法律。对邻人的爱并不代替政治参与，它为政治立场加以补充，而且为之提供其价值。爱的对象的不完美并不妨碍爱本身的完美，笛卡尔如是说；必须提醒大家，对一个卑微的

<335>

个人的爱可能比庄严宣称人类的福祉更加可贵。人文主义肯定说，必须为一个个的人服务，而不是作为抽象范畴的人。而且，属于普遍性的法律与人道主义的领域并未穷尽整个公众世界，也不禁止维护由出身或利益构成的社群。

与波纳德所建议的相反，堤坝可以从洪流中诞生——或者，用卢梭所使用的更加贴切的隐喻来说，解药可能来自于疾病本身。人文主义者肯定人们不必为他们刚刚取得的自由付出代价：他们不必放弃共同价值，也不必放弃社会关系，也不必放弃自我的完整性。魔鬼索要欠账所凭据的契约实际上从未存在过。但是，必须让"想愿"来帮助"既定条件"。价值并不是自发的，必须通过一种有意的行为来担负起这些价值。自愿的联合、友谊的选择和爱将会弥补亲缘关系或邻人关系的缺陷。自我当然是多元的；这并不妨碍自我作为负责任的主体行事。他人无处不在：他人在自己身上，在自己周围，甚至在那些自己珍视的价值之中；多亏了他人，自己才能面对魔鬼的威胁。他人远不是地狱，他人代表着一种走出地狱的机会。

人文主义学说并不因此而针对人类的所有需要。它并不涉及生存的根本要求：吃饱穿暖，不为明天或亲人担心。它并不告诉我们哪些是当前最好的经济机制，不告诉我们市场是否应该决定一切，或者国家也有发言权。它是与爱一体的，但是却不涉及让人们倾向于日常经验并造成我们如此多的快感的那些内容：瞬间的强度、享受、狂喜。至于我们理解世界并且与世界和谐相处的深层需要，人文主义什么也没有告诉我们，这种需要可能将我们引向科学，也可能将我们引向超脱于利益的对自然的参悟。它不告诉我们是否应该信仰宗教。人文主义思想仅限于引导人际世界的分析和行动；但是，所有其他的世界都处于人际世界内部。

民主制度与人文主义思想有一些近似点，就像威权制度与保守思想、极权主义与乌托邦的唯科学论或无政府主义与个人主义有近似点一样。但是，这些近似点并不成为强制要求，民主制的特色就是宽容学说

‹336›

的多元，只要它们各自都不等同于政治权力，也不导致其他学说的臣服或消亡；若非如此，学说一旦变成官方的教条，它的存在方式就会违背和取消民主的意义——即对自主的肯定。民主和世俗的国家不会从各种善的概念中进行选择，只要这些概念不与国家的最终原则相矛盾；在这一宽广的框架内，国家给意识形态争论留有开放空间。其他现代思想家族的赞同者不一定是愚蠢和邪恶的；他们所把握和强调的人类经验的一些侧面是人文主义者看作边缘性的东西，但是人文主义者也可能出错：对世界的自由审视应该始终继续下去。那些伟大的人文主义者，他们本身成为这些冲突的舞台，他们的思想正因此而有所发展：他们的事业并不简化为对某种学说的陈述。

<337> 人文主义的事业永远无法停止。它拒绝地上乐园的梦想，这种梦想会确立一种终极秩序。人文主义的事业从人类当下的不完美之中来看待人，并不设想这种状态能够改变；同蒙田一样，人文主义接受这一想法，即他们的花园永远都是不完美的。人文主义知道自主的愿望受到自愿的奴役的快感的打击；将他人作为自己行动的终极目标所带来的快乐遭到将他人变成自我满足的工具的需要的掩盖和桎梏；普遍的尊重轻易让位给对"自己人"胜过"其他人"的偏爱。西西弗的石头永远不会停止滚落，除非有另一个义人从旁协助——但是西西弗的命运并非一种诅咒；这只不过是人类的命运，人类既没有决定性，也没有完美。或者不如说，就像在炼金术的操作中，人类命运就在于将相对性转化为绝对性，用最脆弱的材料来建筑牢固的东西。

与其说是一种科学或一种教条，不如说人文主义思想提供一种实际的选择：一个赌约。人文主义告诉我们，人是自由的；最好的东西和最坏的东西都可能从中产生。最好，打赌人们可以按自己的意志行事，可以纯洁地爱人，可以平等地相互对待，而不是相反。人可以超越自己；正因为这样，他才成其为人。"必须打赌。这不是自愿的：你已经上了贼船。"不打赌，那就是赌注押在相反的东西上；然而，在这种情况下，就什么也赢不到。但是,与帕斯卡不同,人文主义者不要求信仰上帝;他们仅限于鼓励知识和依靠意志。在这一点上,他们追随那些基督教人文主义者,他们早就拒绝屈从。伊拉斯谟在16世纪初大声疾呼:"如果上帝在人身上起作用,就如同陶工对待黏土,那么人又有何用?"伊拉斯谟认为任何人都不是无合理解释、无"终极理由"地来到这个世界上的,他从人类的存在中看到一种不完全确定的存在,所以人懂得自由,这证明上帝不仅给人恩赐,还让人能够通过自己的所作所为来追求拯救。如果一切都是预先确定的,人还有什么用?法国传统的人文主义者们不一定相信终极理由,但是,诉诸行动就好像这条道路真的是向人类敞开的,他们认为这是有益的。确实,与帕斯卡不同,他们并不向打赌的人许诺"某种永恒的生命与幸福",而仅仅许诺一种脆弱的转瞬即逝的幸福。 <338>

上帝不欠我们什么;天意不欠我们什么;自然也不欠我们什么。人类的幸福总是处于延迟不来的状态。但人们可以宁要人类的不完美的花园,而不要这之外的整个的王国,这样做并非权宜之计,而是因为这条道路能让我们生活于真实之中。

参考书目

(除了特殊注明之外,著作出版地均为巴黎)

I. 原作

阿贝拉尔和爱洛伊丝(Abélard et Héloïse), *Correspondance*, UGE—10/18, 1979。

亚里士多德(Aristote), *L'Éthique à Nicomaque*, Vrin, 1959。

—— *La Politique*, Vrin, 1982。

圣奥古斯丁(Saint Augustin), *Commentaire de la Première Épître de saint Jean*, Le Cerf, 1961。

—— *Confessions*, Garnier-Flammarion, 1964。

波德莱尔(Ch. Baudelaire), *Œuvres complètes*, Gallimard-Pléiade, 1975—1976, 2 vols。

旺塔多的伯纳德(Bernard de Ventadour), *Chansons d'amour*, Klincksieck, 1966。

贝尔纳丹·德·圣皮埃尔(J. H. Bernardin de Saint-Pierre), *Paul et Virginie*, Flammarion, 1966。

贝吕勒(P. de Bérulle), *Opuscules de piété*, Aubier, 1944。

《圣经》La Bible, Gallimard-Pléiade, 1956—1971, 3 vols。

波纳德(L. de Bonald), *Législation primitive*, 1829, 3 vols。

—— *Mélanges littéraires, politiques et philosophiques*, 1838, 2 vols。

—— *Théorie du pouvoir politique et religieux*, 1796, 3 vols。

切利尼(B. Cellini), *La Vie de Benvenuto Cellini*, Scala, 1986。

西塞罗(Cicéron), *De l'amitié*, Les Belles Lettres, 1971。

—— *Traité des devoirs*, in: *Les Stoïciens*, Gallimard-Pléiade, 1962。

孔多塞(M. J. A. N. de Condorcet), *Vie de Turgot*, in: *Œuvres*, t. V, 1849。

贡斯当(B. Constant)。

[著作]

Additions, in: *Principes de politique applicables à tous les gouvernements*, Genève, Droz, 1980。

De l'esprit de conquête et de l'usurpation, Garnier-Flammarion, 1986。

Constitution républicaine = *fragments d'un ouvrage abandonné sur la possibilité d'une constitution républicaine dans un grand pays*, Aubier, 1991。

Filangieri = G. Filangieri, *Œuvres*, t. III, 1840, 邦雅曼·贡斯当评论。

De la force du gouvernement actuel de la France..., Flammarion-Champs, 1988（也包括 *Des réactions politiques*, 另见于 éd. 13 bis, fac-similé）。

De la liberté chez les Modernes, LGF-Livre de poche-Pluriel, 1980, 1997 再版于 Gallimard-Folio, 题目为 *Écrits politiques*（*De M. Dunoyer, De Godwin, Pensées détachées, De la perfectibilité*）。

Œuvres complètes, Tûbingen, M. Niemeyer.（*Les Cent-Jours*, t. XIV, 1993; *Histoire abrégée de l'égalité, Littérature du 18^{e}s.*, t. III, vol. 1, 1995）。

Œuvres, Gallimard-Pléiade, 1979（*Adolphe, Cécile, Ma vie [Le Cahier rouge], Journal*）。

Du polythéisme romain, 2 vols., 1833。

Portraits, Mémoires, Souvenirs, Champion, 1992（*Lettre sur Julie, De Mme de Staël, Souvenirs historiques*）。

Principes de politique, Hachette, 1997。

De la religion considérée dans sa source, ses formes et ses développements, t.I, 1824; t. II, 1825; t. III, 1827; t. IV 和 V, 1831。

[通信集]

Lettres à Isabelle de Charrière, 载于: I. de Charrière, *Œuvres complètes*, Amsterdam, G.A. Van Oorschot et Genève, Slatkine, 尤其是 t. III, 1981 和 t. IV, 1982。

B. 和 Rosalie de Constant, *Correspondance*, Gallimard, 1955。

Lettres de Benjamin Constant à sa famille, 1775—1830, Stock, 1931（收录致德·拿骚夫人的书信）。

Benjamin Constant 和 Mme Récamier, *Lettres 1807—1830*, Champion, 1992（还包含致 Annette de Gérando 书信）。

笛卡尔（R. Descartes）, *Œuvres et lettres*, Gallimard-Pléiade, 1953（*Discours de la méthode, Les Passions de l'âme, Principes de philosophie, La Recherche de la vérité par la lumière naturelle, Correspondance）。

——Œuvres, t. X, Vrin, 1966（Cogitationes privatae）。

鹿特丹的伊拉斯谟（Érasme de Rotterdam）, La Diatribe sur le libre arbitre, 载于: Œuvres, LGF, 1991。

欧里庇得斯（Euripide）, Les Suppliantes, 载: Œuvres, t. III, Les Belles Lettres, 1959。

萨尔的圣弗兰西斯（François de Sales）, Correspondance: les lettres d'amitié spirituelle, Desclée de Brouwer, 1980。

霍布斯（Th. Hobbes）, Le Citoyen, Flammarion, 1982。

——Léviathan, Sirey, 1971。

雨果（V. Hugo）, Poésie, t. II, in: Œuvres, Imprimerie nationale, 1909。

康德（I. Kant）, Œuvres philosophiques, Gallimard-Pléiade, t. II, 1985（Fondements de la métaphysique des mœurs）; t. III, 1986（Théorie et pratique, Sur un prétendu droit de mentir par humanité）。

——残篇, Gesammelte Schriften, t. XIX, Berlin, 1934。

拉博埃西（É. de La Boétie）, Discours de la servitude volontaire, Bossard, 1922。

德·拉罗什福科（F. de La Rochefoucauld）, Maximes, Garnier, 1967。

——Œuvres complètes, Gallimard-Pléiade, 1964（Correspondance）。

——Les Libéraux, Hachette, 1986, 2 vols。

马拉美（St. Mallarmé）, Œuvres complètes, Gallimard-Pléiade, 1983。

密尔（J. S. Mill）, Three Essays, Oxford, Oxford UP, 1985。

——L'Utilitarisme, Toulouse, Privât, 1964。

蒙田（M. de Montaigne）, Essais, PUF-Quadrige, 1992, 3 vols,（按照 Arléa 版本转成现代拼写法, 1992）。

孟德斯鸠（Ch. de Montesquieu）, De l'Esprit des lois, Garnier, 1973。

——Œuvres complètes, Seuil, 1964（Considérations sur les causes de la grandeur des Romains et de leur décadence, Essais sur les causes, Essai sur le goût, Explications sur l'Esprit des lois, Lettres persanes, Mes Pensées, Traité des devoirs）。

尼柯尔（P. Nicole）, Les Visionnaires, 1668。

帕斯卡（B. Pascal）, Pensées, Garnier, 1966. 前附他姐姐吉尔贝特（Gilberte）的

Vie de Pascal。

皮科·德拉·米兰多拉（G. Pic de La Mirandole），*De la dignité de l'homme*，Combas，Ed. de l'Eclat，1993。

柏拉图（Platon），*Œuvres complètes*，Gallimard-Pléiade，1950，2 vols。

普鲁塔克（Plutarque），*Sur les délais de la justice divine*，收入：*Œuvres morales*，t. VII，Les Belles Lettres，1974。

波菲利（Porphyre），*Isagoge*，Vrin，1947。

普鲁斯特（M. Proust），*Le Temps retrouvé*，收入：*A la recherche du temps perdu*，Gallimard-Pléiade，t. IV，1989。

勒南（E. Renan），*Œuvres complètes*，Calmann-Lévy，1947—1961，10 vols.（*Le Désert et le Soudan*，t. II；*L'Avenir de la science*，t. III.）

卢梭（J.-J. Rousseau），*Œuvres complètes*，Gallimard-Pléiade，1959—1995，5 vols。

——t. I：*Confessions, Dialogues, Rêveries, Lettres à Malesherbes, Mon Portrait, L'Art de jouir, Ebauches des Confessions*。

——t. II：*La Nouvelle Héloïse, Pygmalion, Préface à Narcisse*。

——t. III：*Discours sur les sciences et les arts, Observations, Discours sur l'origine de l'inégalité, Lettre à Philopoulos, Économie politique, Le Contrat social première version, Du Contrat social, Fragments politiques, Écrits sur l'abbé de Saint-Pierre, Lettres écrites de la montagne, Discours sur la vertu du héros*。

——t. IV：*Émile, Émile et Sophie, Lettre à Beaumont, Lettre à Voltaire, Lettre à Franquières, Lettres morales*。

——t. V：*Lettre à d'Alembert, Essai sur l'origine des langues*。

Correspondance complète，Genève，Institut Voltaire，其后由 Voltaire Foundation（Oxford）出版，1965—1995，51 vols。

"Lettre sur la vertu, l'individu et la société»，*Annales de la Société Jean-Jacques-Rousseau*，XLI（1997），313—327。

萨德（D. A. F. de Sade），*La Philosophie dans le boudoir*，*Œuvres complètes*，t. XXV，J.-J. Pauvert，1968。

塞内加（Sénèque），*Lettres à Lucilius*，t. II，Les Belles Lettres，1947。

丹纳（H. Taine），*Derniers Essais de critique et d'histoire*，1894。

托克维尔（A. de Tocqueville），*L'Ancien Régime et la Révolution*，t. I，Gallimard-

Idées, 1967; t. II, 收入: *Œuvres complètes*, t. II, vol. 2, Gallimard, 1953。

—— *De la démocratie en Amérique*, Garnier-Flammarion, 1981, 2 vols。

维奥（Th. de Viau）, *Œuvres poétiques*, Minard, 1951。

II. 评论
（目录中只收录直接参考的著作）

阿尔基耶（F. Alquié）, *La découverte métaphysique de l'homme chez Descartes*, PUF, 1966。

巴迪（R. Bady）, *L'Homme et son «institution»*, Les Belles Lettres, 1964。

贝尼舒（P. Bénichou）, *Le Sacre de l'écrivain*, Corti, 1973。

—— *Le Temps des prophètes*, Gallimard, 1977。

布朗（P. Brown）, *La Vie de saint Augustin*, Seuil, 1971。

布伦施维奇（L. Brunschvicg）, *Descartes et Pascal lecteurs de Montaigne*, Neuchâtel, La Baconnière, 1942。

布洛克（A. Bullock）, *The Humanist Tradition in the West*, New York-Londres, W.W. Norton, 1985。

卡西勒（E. Cassirer）, *The Individual and the Cosmos in Renaissance Philosophy*, New York, Harper, 1963。

—— *La Philosophie des Lumières*, Fayard, 1966。

孔帕尼翁（A. Compagnon）, *Nous, Michel de Montaigne*, Seuil, 1980。

孔特-斯蓬维尔（A. Comte-Sponville）, *Valeur et vérité*, PUF, 1994。

—— *Petit Traité des grandes vertus*, PUF, 1995。

（与费里合著）, *La Sagesse des Modernes*, Laffont, 1998。

孔什（M. Conche）, *Montaigne et la philosophie*, Treffort, Ed. de Mégare, 1987。

迪蒙（L. Dumont）, *Essais sur l'individualisme*, Seuil, 1983。

埃吕尔（J. Ellul）, *La Technique ou l'enjeu du siècle*, A. Colin, 1954。

费拉里（J. Ferrari）, *Les Sources françaises de la philosophie de Kant*, Klincksieck, 1980。

费里（L. Ferry）, *L'Homme-Dieu*, Grasset, 1996。

费斯蒂吉埃（P. Festugière）, *La Sainteté*, PUF, 1942。

菲吉斯（J. N. Figgis）, *Studies in Political Thought from Gerson to Grotius*, New

York, Harper, 1960。

弗里德里希（H. Friedrich），*Montaigne*, Gallimard, 1968。

菲雷（F. Furet），*La Révolution française*, Hachette, 1997, 2 vols。

—— *Le Passé d'une illusion*, Laffont, 1995。

戈尔德施密特（V. Goldschmidt），*Anthropologie et politique, Les Principes du système de Rousseau*, Vrin, 1974。

—— *Écrits*, Vrin, 1984, 2 vols。

古耶（H. Gouhier），*L'antihumanisme du XVIIe siècle*, Vrin, 1987. 格里马尔 P. Grimal, *Les Erreurs de la liberté*, Les Belles Lettres, 1989。

希尔施曼（A. Hirschman），*Les Passions et les Intérêts*, PUF, 1980。

霍姆斯（S. Holmes），*The Anatomy of Antiliberalism*, Cambridge, Mass., Harvard UP, 1993。

科拉科夫斯基（L. Kolakowski），*Dieu ne nous doit rien*, A. Michel, 1995。

克里斯泰勒（P. O. Kristeller），*Renaissance Concepts of Man*, New York, Harper ÔC Row, 1972。

拉加德（G. de Lagarde），*La Naissance de l'esprit laïque au déclin du Moyen Age*, Droz, 1946, 6 vols。

拉莫尔（Ch. Larmore），*Modernité et morale*, PUF, 1993。

勒福尔（Cl. Lefort），*L'Invention démocratique*, Fayard, 1981。

列维纳斯（É. Levinas），*Entre nous*, Grasset, 1991。

马南（P. Manent），*La Cité de l'homme*, Fayard, 1994。

梅絮尔和雷诺（S. Mesure, A. Renaut），*La Guerre des dieux*, Grasset, 1996。

马松（P.-M. Masson），*La Religion de J. J. Rousseau*, Hachette, 1916, 3 vols。

莫里斯（C. Morris），*The Discovery of the Individual*, 1050—1200, Toronto, Toronto UP, 1987。

菲洛南科（A. Philonenko），*J. J. Rousseau et la pensée du malheur*, Vrin, 1984, 3 vols。

昆顿（A. Quinton），*The Politics of Imperfection*, Londres, Faber & Faber, 1978。

雷诺（A. Renaut），*L'Ère de l'individu*, Gallimard, 1989。

里戈洛（F. Rigolot），*Métamorphoses de Montaigne*, PUF, 1988。

罗宾（L. Robin），*La Morale antique*, Alcan, 1938。

罗米伊（J. de Romilly），*La Grèce antique à la découverte de la liberté*, Ed. de Fallois, 1989。

施内温德（J. B. Schneewind），*The Invention of Autonomy*，Cambridge，Cambridge UP，1997。

西奇威克（H. Sidgwick），*Outlines of the History of Ethics*，Boston，Beacon Press，1960。

斯金纳（Q. Skinner），*The Foundations of Modem Political Thought*，Cambridge，Cambridge UP，1978，2 vols。

泰勒（Ch. Taylor），*La Liberté des Modernes*，PUF，1997。

托多罗夫（T. Todorov），*Nous et les autres*，Seuil，1989。

特罗尔赤（E. Troeltsch），*The Social Teachings of the Christian Churches*，New York，Harper，1960，2 vols。

—— *Protestantisme et Modernité*，Gallimard，1991。

维莱（M. Villey），*Seize Essais*，Dalloz，1969。

弗拉斯陀思（G. Vlastos），*Platonic Studies*，Princeton，Princeton UP，1973。

沃尔克（A. J. Voelke），*Les Rapports avec autrui dans la philosophie grecque*，Vrin，1961。

III. 说明

在当前著作中，我使用了我从前已发表作品中的几部，尤其是：«Droit naturel et formes de gouvernement dans L'Esprit des lois»，载于 *Esprit*，3，75（1983），35—48；«La comédie humaine selon La Rochefoucauld»，载于 *Poétique*，14（1983），53，37—47；«L'Être et l'Autre：Montaigne »，载于 *Yale French Studies*，64，1983，113—144；«Benjamin Constant, politique et amour»，载于 *Poétique*，56，14（1983），485—510；*Frêle bonheur, essai sur Rousseau*，Hachette，1985，96 p.；«Rousseau：la troisième voie»，载于 *La Revue Tocqueville*，17（1996），2，151—164；«The Gaze and the Fray»，载于 *New Literary History*，27（1996），1，95—106；«Thg Labor of Love»，载于 *Partisan Review*，3，1997，375—383；*Benjamin Constant, La Passion démocratique*，Hachette，1997，214 p. 我要特别感谢阿谢特出版社准许我在此引用这些作品的一些章节。

索 引[1]

(索引中未包括文学作品和神话中的人物,也未包括书信的收件人名字)

阿贝拉尔 Abélard(P.):187,13。

达朗贝尔 Alembert(J. d'):158。

亚历山大大帝 Alexandre le Grand:241。

阿里斯托芬 Aristophane:128,176。

亚里士多德 Aristote:69,122,128—129,132,168,176—177,184,188,223,228,235,243。

阿明尼乌 Arminius:67。

圣奥古斯丁 Augustin(saint):27,35,43—44,58,80,93,176,185,190,213,268。

培根 Bacon(F.):58。

巴尔贝多尔维利 Barbey d'Aurevilly(J.):254。

波德莱尔 Baudelaire(Ch.):250—255,284,332。

贝尼舒 Bénichou(P.):250。

边沁 Bentham(J.):301—302,310。

贝吕勒 Bérulle(P. de):59。

旺塔多的伯纳德 Bernard de Ventadour:194—195。

圣皮埃尔 Bernardin de Saint-Pierre(J.H.):145。

波纳德 Bonald(L. de):21,23—32,40—41,68,122,232,332,335。

伯克 Burke(E.):28。

加尔文 Calvin(J.):24,27,35,91,286。

康宾 Campin(R.):213。

---

[1] 索引页码为法语版页码,参见正文边码。——编注

加图 Caton：105。

切利尼 Cellini（B.）：213。

沙里埃 Charrière（I. de）：136。

瑞典女王克里斯蒂娜 Christine de Suède：166。

西塞罗 Cicéron：144，176，188，235，245—246。

孔德 Comte（A.）：35，233。

孔什 Conche（M.）：209。

孔多塞 Condorcet（M. J. A. N. de）：21，35，38，143，233。

贡斯当 Constant（B.）：15—16，21，41，52，55，57，64，68—69，71，74，101，106—116，133—139，143，155—159，162，169，178，195，199，231，257，297，300—322，331。

君士坦丁大帝 Constantin（empereur）：7。

达尔文 Darwin（Ch.）：39。

笛卡尔 Descartes（R.）：24，35，58，70，83—92，99—101，103，108，112，132，141—142，164—166，190，192，331，334。

狄德罗 Diderot（D.）：35，45，145，271。

陀思妥耶夫斯基 Dostoïevski（F.）：25。

爱比克泰德 Épictète：145。

伊壁鸠鲁 Épicure：46，238，290—291，302，304。

伊拉斯谟 Érasme de Rotterdam：67—69，91，94，337。

欧里庇得斯 Euripide：101。Eyck（J- van）：213。

费奇诺 Ficino（M.）：58。

德·萨勒 François de Sales（saint）：185—186。

伽利略 Galilée（G.）：35，85。

加里 Gary（R.）：332。

戈比诺 Gobineau（A. de）：332。

戈德温 Godwin（S.）：301，320。

戈尔德施密特 Goldschmidt（V.）：42。

古耶 Gouhier（H.）：238。

格林 Grimm（M. de）：271。

格罗斯曼 Grossman（V.）：332。

格劳秀斯 Grotius（H.）：102，126。

爱洛伊丝 Héloïse：187。

爱尔维修 Helvétius（C.A.）：44—46, 68, 300—302。

霍布斯 Hobbes（T.）：61, 65, 91, 98, 108, 113, 120—121, 286, 311。

荷马 Homère：140。

贺拉斯 Horace：176, 241。

雨果 Hugo（V.）：250—251。

耶稣基督 Jésus-Christ：7—8, 58, 67, 115, 182, 185, 221, 236—237, 269, 276—278, 291。

康德 Kant（I.）：49, 73—74, 125, 278, 288, 291, 319—320。

拉博埃西 La Boétie（É. de）：180, 187—189, 194, 209, 222—224, 227—228。

拉马丁 Lamartine（A. de）：250。

拉罗什福科 La Rochefoucauld（F. de）：43—45, 104—105, 191, 214, 220—221, 244—250, 254, 264, 297—302。

莱辛 Lessing（G. E.）：243。

莱维 Levi（P.）：332。

列维纳斯 Levinas（É.）：195。

洛克 Locke（J.）：113。

路易十六 Louis XVI：7。

路德 Luther（M.）：24, 27, 35, 68。

马基雅维里 Machiavel（N.）：114—115, 214, 311。

迈斯特 Maistre（J. de）：26, 28。

马勒伯朗士 Malebranche（N.）：212。

马尔萨斯 Malthus（T. R.）：135。

马拉美 Mallarmé（S.）：254。

马克思 Marx（K.）：39。

米什莱 Michelet（J.）：250。

密尔 Mill（J. S.）：238, 332。

莫利纳 Molina（L.）：67。

蒙田 Montaigne（M. de）：14—16, 21, 56—57, 59—60, 66, 68, 71, 74—86, 88, 99—101, 103, 108, 112, 115, 139—141, 145, 160—164, 166, 173—174, 177—178, 180—182, 187—190, 194, 201—217, 222—229, 231, 239—244, 272, 280—281, 289—290, 292, 294, 321, 328, 330, 336。

孟德斯鸠 Montesquieu（C. de）：52—53, 55—56, 60, 63—64, 92—100, 102—103, 107, 110—113, 116, 120—122, 209, 231, 311, 331。

拿破仑·波拿巴 Napoléon Bonaparte：159, 303—304。

尼柯尔 Nicole（P.）：186。

尼采 Nietzsche（F.）：70。

奥卡姆 Occam（G. d'）：43, 52, 67, 213。

帕内休斯 Panétius：245。

帕斯卡 Pascal（B.）：36, 44, 103—104, 131—132, 186, 189, 209, 249, 264, 295, 332, 337—338。

圣保罗 Paul（saint）：35, 94, 185, 236, 278。

伯拉纠 Pélage：35, 57, 67, 94, 132, 268, 282。

贝当 Pétain（Ph.）：40。

费罗南科 Philonenko（A.）：151。

皮科·德拉·米兰多拉 Pic de la Mirandole（G.）：80—82, 206。

柏拉图 Platon：80, 182, 184, 186, 192, 252, 278。

普鲁塔克 Plutarque：81。

波菲利 Porphyre：228。

普罗达哥拉 Protagoras：80。

普鲁斯特 Proust（M.）：254。

勒南 Renan（E.）：35, 252—253, 332。

雷诺 Renaut（A.）：42。

里戈洛 Rigolot（F.）：223。

罗伯斯庇尔 Robespierre（M.）：90, 311。

卢梭 Rousseau（J.-J.）：15—16, 21, 24—25, 33, 52, 60, 64, 69, 71, 91, 99—106, 108—110, 115—116, 122—136, 139, 142—155, 166, 171—172, 174—175, 177—178, 181—183, 190—193, 196—197, 202, 215—222, 231, 257—296, 307—309, 311, 331, 335。

萨德 Sade（D.A.F. de）：21, 44—46, 58, 293。

萨特 Sartre（J.-P.）：54。

圣西门 Saint-Simon（H. de）：41, 68, 233。

塞内加 Sénèque：141, 163, 241。

西哀士 Sieyès（É.）：109。

苏格拉底 Socrate：105, 225, 235, 252, 269, 277。

斯宾诺莎 Spinoza（B. de）：311。

斯达尔 Staël（G. de）：158, 179, 312, 321。

司汤达 Stendhal：191。

丹纳 Taine（H.）：35—36, 233, 332。

塔尔玛 Talma（J.）：312, 321。

托克维尔 Tocqueville（A. de）：29—34, 46, 55, 64—65, 68, 70, 90, 114, 197, 201, 324, 330—331。

维奥 Viau（Th. de）：238。

伏尔泰 Voltaire（F. M.）：258。

王尔德 Wilde（O.）：254。

芝诺 Zenon：291。

译后记

托多罗夫的这本《不完美的花园》，题目的灵感来自蒙田所谓"人生是不完美的花园"。在西方传统中，也就是基督教传统中，伊甸园是最早的花园也是最完美的花园，堕落之前的人类作为园丁居住在这乐园之中。花园的意象是很明确的，它指涉的首先是人类失去的乐园，建设人间乐园是不可能的，我们只能满足于我们不完美的花园，也就是满足于我们在俗世的人生。蒙田是法国人文主义传统的开创者，以"不完美的花园"为题，这暗含着对先哲的敬意。花园的不完美指的是我们的人性的不完美，乐园中的人接近于卢梭的"自然人"，是无邪的，而失乐园的人不再天真，卢梭认为脱离自然状态的人才"成其为人"。曾想过将题目译为"不完美的乐园"或者"不完全的天堂"，但是这样的译法或许太过落在实处了，花园的意象同时还让我们想到伏尔泰所云"种自己的园子"，所以，我们仍然选择《不完美的花园》。

两种语言之间对译，词的多义性往往构成一些问题。本书中"nature"的概念在"自然"、"本性"与"天性"之间不断地游移，这些概念都是涵盖于"自然"之下的。晚清的谭嗣同是位自然人性论者，他的《仁学》中指出那些"世俗小儒"的存"天理"灭"人欲"是"妄生分别"，实则"天理"为善，"人欲"亦为善，"天理即在人欲中；无人欲，则天理无从发现"。此处"天理"似可对应"自然规律"，而"人欲"似可对应人类"天性"，将"天理"与"人欲"分开似乎是中国思想固有的。

当然，人文主义的"不完美的花园"并非是说自然和本性是善的，实则自然无善无恶。

值得一提的是谭嗣同与蒙田的一个相似处，那就是他们对于友情的看重。蒙田写作《随笔集》最初是为了纪念亡友拉博埃西，蒙田认为孩子不如书籍，而书籍不如朋友。谭嗣同对于中国传统的君臣、父子、夫妇、兄弟、朋友五伦，他认为四伦可废，只留朋友一伦。朋友"于人生最无弊而有益，无纤毫之苦，有淡水之乐"，朋友是"四伦之圭臬"。通俗地讲，我们大约要说友情是本质。

托多罗夫将人文主义的主旨归纳为："我"的自主、以"你"为终极目标、"他们"的普遍性。也就是说，个人自由原则和人的社会性原则都不足够，还需要"仁爱"的勾连，也就是爱和道德的范畴。这又与谭嗣同的思想有所呼应。

鉴于译者所识有限，难免有所不足。讹误之处，望方家指正。

译者

2010 年 9 月

v